出口食品农产品
供给侧结构性改革
探索与实践

山东出口食品农产品质量安全示范省创建纪实

· 实践篇 ·

山东省商务厅◎编

中国农业科学技术出版社

目　　录

第一章　那十年，走过的路

一、快速发展的外向型农业

山东省坐落在我国东部沿海，黄河下游。山东半岛突出于渤海、黄海之中，与朝鲜半岛及日本南部列岛隔海相望。这里气候温润，四季分明，光照充足，土地肥沃，适合各类农作物生长。

山东历史悠久，对我国的政治、经济、文化都有深远的影响，是儒家文化、农耕文化的发祥地。山东人知礼逊、习节俭、好读书、厚道豪爽、吃苦耐劳的品格享誉中外。这里的农民亦是敏而好学，种养技术独步天下。

山东是我国的农业大省，以占全国1%的水资源、5.6%的耕地，生产全国7.6%的粮食、15.6%的蔬菜，素有“全国农业看山东”之说。2017年山东省第一产业增加值4 876.7亿元，占全省生产总值（GDP）的6.7%，农村居民人均可支配收入为15 118元，比全国平均水平高1 686元，居全国第8位。

山东农民收入明显高于其他地区的最主要原因，就是充分发挥外向型农业的优势。优质的农产品，极具竞争力的生产成本，再加上毗邻日本和韩国的区位优势，为山东省农产品的出口创造了得天独厚的外部条件。改革开放以来，山东省农产品出口快速发展，1980年出口4.56亿美元，1995年出口18.11亿美元，2005年出口达到72.65亿美元，自1999年起始终位居全国首位，占全国农产品出口的1/4左右。

山东省外向型农业和食品加工业获得成功的秘诀，就是认真学习和消化国外先进技术，努力掌握进口国家市场信息并开拓市场。以安丘市引进日本大葱种植技术为例：1995年，山东潍坊安丘市东方红食品有限公司董事长吴卫东在考察日本市场时发现，3棵大葱在日本的超市卖到了28元人民币的天价，种植大葱的想法由此而生。第二年，在日本专家的指导下，东方红食品有限公司试种了50亩①大葱获得成功，日本先进的大葱种植技术很快在安丘扎根。1998年，日本受台风影响，国内大葱大面积歉收，紧急从中国进口。以此为契机，安丘大葱种植面积迅速扩大。2005年，我国大葱对日本出口量增加到10万吨，其中50%来自安丘市，安丘市对日出口大葱种植面积更是增加到了5万亩，山东出口大葱质量上乘，深受日本消费者的喜爱，日本大葱进口几乎全部来自中国，特别是安丘市。

山东省农产品出口的持续增长，对解决“三农”问题具有重大意义。一是增加农

① 1亩≈667平方米，全书同。

民收入，因为出口农产品的价格普遍高于国内市场；二是带动农村就业，农民可以在农闲季节到农产品出口加工企业打工，挣第二份钱；三是出口企业给地方政府带来可观的税收。正是由于出口农产品的带动，奠定了山东省成为全国农业强省的地位。

二、来自国际市场的挑战

20 世纪 80 年代中后期，日本经济陷入高速发展泡沫期，当时日本的农业政策是扩大农产品进口，压缩国内生产，为工业产品出口创造更大的空间，结果造成日本蔬菜种植面积大幅度下滑。1988—1992 年，日本蔬菜产量由 1 605 万吨下降到 1 561 万吨，蔬菜种植面积由 66.82 万公顷下降到 63.13 万公顷。1993—1997 年，日本蔬菜产量由 1 477 万吨下降到 1 431 万吨，蔬菜种植面积下降到 56.96 万公顷。1998 年，日本蔬菜产量进一步下降到 1 365 万吨，蔬菜种植面积减少到 56 万公顷。2002 年，日本蔬菜产量仅 1 323 万吨，蔬菜种植面积仅存 51.45 万公顷。对于 1.27 亿消费人口的日本来说，其国内的蔬菜供应量远远难以自足。

日本蔬菜产量下降的另一个原因是收入减少和年轻人不愿意务农造成的农业劳动人数锐减。1988 年，全日本拥有农户 420 万户，1990 年下降到 297 万户，1995 年 265 万户，2000 年 234 万户，到 2001 年仅剩下 229 万户，13 年间，农户减少了 191 万户。

尽管日本蔬菜产业逐渐萎缩，但因其已进入高龄化社会，蔬菜消费不减反增。为了弥补国内供给不足，日本逐年增加蔬菜进口量，这就为中国，特别是山东省蔬菜出口日本创造了良好机会。中国对日蔬菜出口数量从 1988 年的 52 万吨，一路增加到 1993 年的 130 万吨、1998 年的 182 万吨、2000 年的 205 万吨，2002 年以后下降到 160 万吨，2004 年又增加到 182 万吨。对日蔬菜出口金额，1988 年 210 亿日元，1994 年 500 亿日元，1998 年 720 亿日元，2000 年 980 亿日元，2002 年 920 亿日元、2004 年 1 150 亿日元。

20 世纪 90 年代初，泡沫经济的崩溃导致日本经济出现大倒退，随后进入长达 1/4 世纪的衰退和萧条期。面临越来越大的经济压力和不满，日本政府不得不调整多项政策来保护国内产业和维持就业机会，其一就是设法限制国外农产品进口。进入 21 世纪以后，由于日本产业政策的变化，中日贸易摩擦逐渐升级，属于劳动密集型的蔬菜产业就成为贸易摩擦的焦点。

20 世纪 90 年代后期，日本大葱主产地鸟取县着手调查中国大葱生产与出口情况。2000 年 8 月，日本香菇产地要求日本政府依据世界贸易组织（WTO）协定发动保障条款。同年 12 月 19 日，日本农林水产省、大藏省、经济产业省等共同宣称要尽快对大葱、鲜香菇和灯芯草展开调查。2001 年 3 月 27 日，日本农林水产省大臣单方面宣布，当年 4 月 1 日至 10 月将对进口农产品实施检疫管理。4 月 10 日，日本财务省、经济产业省、农林水产省联合签署《对大葱等 3 种产品实施临时保障措施》的文件，确定自 2001 年 4 月 23 日起的 200 天内（至 2001 年 11 月 8 日），对主要来自中国的大葱、鲜香菇和灯芯草 3 种农产品实施配额管理。2001 年 4 月 17 日，日本政府不顾中国政府的强烈反对，以中国3种农产品过量出口冲击其国内产业为由，依据WTO协定第19条和日本国内的关税率法，单方面宣布，从2001年4月23日起，对主要从中国进口的大葱、鲜香菇和灯芯草3种农产品实行紧急限制进口措施。

2001年6月4日，中日两国政府在北京举行关于“紧急限制进口”事务性谈判。中国政府要求日本撤销日本单方面发动的限制措施，并再次强调“保留采取报复措施的权利”的一贯立场。同年6月22日，中国对原产日本的汽车、手机、车载无线电话、空调机在现行关税的基础上加征100%的特别关税。

2001年12月20日，时任中国外经贸部部长石广生与日本经济产业大臣平沼纠夫和农林水产大臣武部勤举行会谈。根据双方达成的备忘录，日本决定不对中国的大葱、鲜香菇和灯芯草启动正式保障措施。作为回应，中方也撤销了对原产日本的汽车、手机、车载无线电话、空调加征100%特别关税的决定。

未达到目的后，日本政府又以食品安全为由，限制中国对日农产品出口。从1994年到2002年的8年期间，日本对卷心菜、南瓜、绿菜花、牛蒡、洋葱5个品种的蔬菜共设定了171种农药残留标准。日本对进口冷冻蔬菜也追加设定了农药残留标准，特别针对芋头、土豆、枝豆、菠菜4种冷冻蔬菜追加设定了130种农药残留标准。经过多次修改的农药残留标准约8 000种，包含了针对130种农产品。

2001年12月，中国某报刊刊登了关于我国蔬菜农药残留检测结果的文章，称我国有40%以上的蔬菜存在农药残留超标问题。日本见这一消息有机可乘，立即将中国产进口蔬菜作为农药残留含量重点的检查对象，强化了对中国产蔬菜进口的检查限制。1999年在日本食品卫生检疫中，被查出的进口中国蔬菜农药残留超标数仅11件，2001年则增加到127件。2002年1月，日本卫生部开展了名为“加强检查中国蔬菜残留农药月”活动，对申报进口中国蔬菜实施100%的“监视检查”，该次活动共检查了2 515件进口蔬菜，其中9件超标。之后，又以多次检查发现农药残留超标现象为由，将中国的新鲜韭菜、冷冻韭菜等4种蔬菜改为“命令检查”对象。

2002年3月，日本东京农民团体从中国冷冻菠菜中检查出毒死蜱农药残留超标后，要求日本政府加强对中国冷冻蔬菜的检查。随后，日本检疫检查范围扩展到全部中国进口的冷冻蔬菜，并加强对中国产菠菜的检查，包括增加盐酸类农药等检查项目，增加“监视检查”“命令检查”和“自助检查”的样本数。

2002年4月16日到6月20日，日本检疫所共检查出35件中国冷冻菠菜农残超标，日本国内其他检测机关也相继发现有20件中国冷冻菠菜农残超标。检查出的残留农药主要是毒死蜱含量超过0.01毫克/千克标准（欧盟和美国标准均为0.05毫克/千克）。2002年3月20日至10月底，日本各地的食品卫生检疫所对1949件申报进口的中国蔬菜实施检查，查出农药残留超标73件，超标率为3.7%，以此为由，日本政府在同年的5月和6月两次向中国政府提出控制农药残留超标蔬菜对日出口的要求。6月，日本政府要求进口商对未经日本食品检疫所有机盐类农药检查的中国蔬菜，在进入日本国内前必须实施“自主检测”“进口自肃”。所谓的“进口自肃”即要求日本国内进口商先申请后进口，预交巨额检查费，对每个货柜抽取16个检体进行了检查，将检出农残超标的进口商在媒体曝光，甚至给予刑事拘留15天的处罚。“进口自肃”迫使日本进口商不敢进口中国的蔬菜，事实上起到了禁止进口的效果。2002 年 7 月，日本又以中国输日蔬菜毒死蜱残留超过国际标准 5 倍的限量为由，突然宣布全面禁止进口中国冷冻蔬菜。

2002 年 7 月 11 日，日本政府对现行食品卫生法进行修订，并于同年 9 月 7 日开始执行。该法律的修订之处主要针对多次违反农药残留规定的进口食品，违反率达到 5%以上的，不必进行检疫就可以禁止该食品的进口，并对违反规定的进口商加大罚款力度、公开进口商名字乃至判处劳役等措施。

2003 年 2 月，经中日多次交涉，日本被迫有条件地恢复了中国蔬菜对日本的出口，但前提条件十分苛刻。然而，2003 年 5 月 21 日，在距此不到 3 个月的时间，日方又以其检疫所检出原产于中国的两例冷冻菠菜毒死蜱含量超标为由，再次实施“进口自肃”。之后，日本厚生省多次派出考察团考察输日冷冻蔬菜安全控制体系的运作。2004 年 6 月 17 日，日本厚生省终于宣布解除对中国产菠菜的“进口自肃”措施，整个事件历时两年。

为了达到长期阻碍中国农产品出口日本的目的，2003 年 5 月日本政府修改了《食品卫生法》，健康、劳动与福利部门在 2003 年 10 月公布了“临时最大残留限量标准”第一次草案。2004 年 8 月公布了“临时最大残留限量标准”第二次草案、“统一限量标准”草案和“豁免物质”草案。2005 年 6 月 21 日，日本正式向各 WTO 成员通报了“临时最大残留限量标准”“统一限量标准”以及“豁免物质”最终草案。2005 年 11 月最终草案获批后，日本于 2006 年 5 月 29 日正式实施肯定列表制度。

日本肯定列表制度，简单而言就是禁止含有未制定最大残留限量标准（MRLs），且含量超过一定水平（一律标准）的农用化学品的食品销售，它涉及了对所有农业化学品的管理。在该制度下，所有农业化学品都被制定了限量标准，包括“暂定最大残留限量标准”（以下简称“暂定标准”）和“一律限量标准”，此外还制定了“豁免物质”清单。日本肯定列表制度涉及的农业化学品残留限量包括 4 个类型，“暂定标准”共涉及农药、兽药和饲料添加剂 734 种，农产品食品 264 种（类），暂定限量标准 51 392 条；沿用原限量标准而未重新制定暂定限量标准，共涉及农业化学品 63 种，农产品食品 175 种，残留限量标准 2 470 条；对未涵盖在上述标准中的所有其他农业化学品或其他农产品执行“一律限量标准”，即 0. 01 毫克/千克；豁免物质共 68 种，包括杀虫剂和兽药 13 种，食品添加剂 50 种，其他物质 5 种。

当时我国与日本化学品残留限量标准差异非常大，我国不仅设限项目少而且限量要求低。肯定列表制度对 516 种农药制定了具体的限量标准，而我国对其中的 405 种农药尚未制定任何限量标准，占总量的 78%。肯定列表制度对 236 种兽药和饲料添加剂制定了具体限量标准，而我国对其中 120 种未制定任何限量标准。

2005 年，山东蔬菜出口到亚洲、欧洲和美洲市场的份额分别占到 73%、11%和 9%，其中日本又是山东蔬菜在亚洲最大的市场。日本实施肯定列表制度初期，山东省农产品出口企业首当其冲遭受影响，因为，一旦蔬菜在抽样检查过程中被查出农药残留超标，产品就被退回，出口企业损失重大。因此，2006 年 6 月，山东省蔬菜出口同比减少 12. 8%，青岛、烟台、威海、潍坊 4 个出口大市甚至出现负增长。2007 年 1 月山东对亚洲国家（地区）的出口量、出口值分别下降 8.1%和 2.3%，对东盟、日本和韩国的出口量分别下降了 8.9%、37.1%和 14.1%。许多出口企业在肯定列表制度实施以后，停止了高风险蔬菜产品对日出口业务。

以安丘市凌河镇为例，21 世纪初，凌河镇大葱种植面积达到 1 万亩以上，由于 2003 年、2004 年和 2005 年日本连续搞配额制，出口数量接连缩小，2006 年肯定列表制度出台后，凌河镇能出口的大葱仅有 3 000 亩左右，剩下的 7 000 多亩大葱只能以极低的价格在国内市场销售，大葱种植户损失惨重。

2005 年，欧盟与韩国也相继出台新的食品安全法，提高对进口农产品的质量安全的门槛，使山东省农产品出口面临更加严峻的挑战。

三、各级政府部门在行动

（一）商务部①

在日本肯定列表制度出台和韩国、欧盟修改卫生法之后，我国政府各相关部门认识到问题的严重性。商务部在 2006 年制定的《农产品出口“十一五”发展规划》中指出“目前还有一系列问题影响我国农产品出口优势的发挥，制约我国农产品的资源优势、比较优势有效转化为竞争优势和出口增长。”主要原因有 6 个方面：“质量卫生问题；日本、欧盟相继修改食品安全卫生法，抬高我国农产品出口门槛；出口政策扶持体系尚未形成；贸易促进机制还不完善；农产品出口企业缺乏国际竞争力，农产品行业组织发展滞后；农产品加工程度低，技术创新能力薄弱，缺乏品牌产品。”

为此，商务部决定采取积极措施，强化出口农产品质量安全管理，提升出口农产品竞争力。商务部《农产品出口“十一五”发展规划》要求提出要强化对出口农产品生产源头的控制。支持农产品出口企业建立自有种植、养殖基地，推广“公司+基地”的农产品出口经营模式，建立可追溯体系，实施全程质量控制。对农业投入品的使用进行严格规定，加强对肥料和农药合理使用的监测和管理，严格禁止生产、销售和使用高毒、高残留农药。要强化对农产品出口加工环节的控制。加强对出口食品加工企业的监管和引导。企业自觉提高食品质量，保证食品安全。要进一步完善和加强出口农产品的检验检测、安全监测体系。全面加强农产品检验检测基础设施建设，提高出入境检验检疫装备和检测技术水平，加强专业技术人员的业务培训。引导和督促行业组织和出口企业提高自检、预检能力，加强行业、企业实验室建设，培养专业检测人员。为支持农产品出口企业购买检测设备，创建农药残留化验室，商务部专门拿出 3 亿元预算让企业申请课题，申请成功的企业可以自己选购检测设备，包括色谱、质谱仪等。企业凭借购买设备获取的发票，可向商务部报销 50%的费用。

---

① 中华人民共和国商务部，全书简称商务部。

（二）山东省

日本颁布肯定列表制度之后，山东省以“促进农产品出口联席会议”为平台，及时对全省应对工作进行统一调度、部署。省里分管外经贸和农业的两位副省长亲自协调，外经贸、检疫、科技、财政、农业、渔业、质监、畜牧等部门具体落实。联席会议成员单位都成立了由一把手亲自挂帅、业务骨干具体负责的应对肯定列表制度的工作领导小组，定期召开会议，积极主动开展工作，有力促进了全省应对工作的推进。

为提高全社会对日本肯定列表制度的认识，更加积极主动地做好应对工作，山东省利用各种机会，通过各种渠道进行广泛宣传。原山东省对外经济贸易合作厅与原山东出入境检验检疫局①分别于2005年12月和2006年4月，邀请日本、韩国等国外专家，以及商务部、出入境检验检疫局专家，在青岛、菏泽两地举办了以农产品出口企业、外经贸和检验检疫人员为对象，重点针对肯定列表制度的国外食品安全法规培训班，山东省1 000余家农产品出口企业共1 500多人参加了培训。青岛、威海、潍坊等农产品出口大市也由外经贸局会同检验检疫各分支局对辖区企业进行了各种形式的培训，引导企业进一步提高对日本、欧盟、韩国等市场食品新法规的认识，积极采取更为有效的措施，加强应对。全省先后有近万人次接受了培训，切实统一了思想，提高了认识。

应对工作中，突出了企业主要应对责任人的地位，形成了省市县三级政府齐抓，政企互动，外经贸、检疫、农业等职能部门共管的应对格局，不断强化措施，从源头生产、加工、储运到出口进行全过程调整，努力使山东的农产品符合进口国的要求。联席会议各成员单位根据各自职责，制定措施，做好相关协调和配合工作。农业、畜牧、海洋渔业部门加强农药、兽药在流通领域的管理，严厉打击违法生产、销售禁用药品，规范各种药品的生产、销售；技术监督部门加大对国际食品安全标准的使用和监督力度；检验检疫部门加强对出口产品生产、加工的指导，使企业严格按照进口国的标准进行生产；外经贸部门引导农产品出口企业转变出口增长方式，实现市场多元化，并全力做好全省应对肯定列表制度的相关协调工作；财政、科技等部门加大对应对工作的财政扶持和科技支持。

（三）山东出入境检验检疫局

山东出入境检验检疫局采取多项积极措施，协助企业做好食品和农产品出口工作。发布了《山东省出口蔬菜种植基地登记备案管理细则（试行）》，明确规定蔬菜出口企业必须拥有自有种植基地。细则对基地认定做出具体规定。一是企业申报的蔬菜种植基地面积必须在100亩左右，申报企业对基地具有合法的管理权限，基地周围环境无污染，土壤、环境和灌溉水源条件等同于国家无公害蔬菜的用地标准，提供有效的土壤、水质检测报告。二是每个基地至少配备1名经检验检疫部门培训合格的专职植保员。申报企业要有农药使用管理制度和田间管理制度，并建立相关记录。三是基地连片种植，基地四周设置有效的隔离网，建立植保员工作室。四是企业设

① 2018年3月国务院机构改革，将出入境检验检疫管理职责和队伍划入海关总署。

立独立的基地管理部门，有专门部门和专人负责农药采购、核销、保管、发放、登记和使用指导。有专用农药存储存库。有健全的农药、化肥管理制度，采购渠道固定。有农药成分说明书，有生产单位的检验或企业对其成分检测合格的报告。五是有完善的农残检测监控机构，具有自检自控所必需的仪器设备，能够对原料及其产品进行准确检测。六是对出口蔬菜建立溯源体系。原料收购、产品生产加工、检测及装运出库等相关记录和标记都相衔接。

为了变被动为主动，检验检疫部门在工作模式上做了改进，将管理前移。中国质量新闻网上有一则报道：2003 年 12 月中旬，日本成田机场。一架来自中国的飞机在这里徐徐降落，日本国境迎来了一批特殊的客人。以国家质检总局进出口食品安全局副局长姜宗亮为团长的中国质检代表团冒着严寒，肩负着数百家企业和千万农民的期望来到了日本，他们此行的目的正是让日方尽快解除对中国产冷冻菠菜的不合理限制。“我们有足够的信心，让日本人认识到我们建立的食品安全控制体系是有成效的。”在异国他乡，即将参加谈判的中国质检官员们相互议论着。

中国质检官员的自信不是没来由的。“为防止类似事件再度发生，国家质检总局进出口食品安全局果断决定，将阵地前移！”时任山东出入境检验检疫局副局长姜宗亮提出，检验检疫部门将“由原来的对重点产品的检验，向过程控制转移，检验检疫人员结合日常监督管理，对企业自控体系运行的有效性进行动态评估。就在企业自控体系形成的同时，作为出口食品安全体系的另一重要组成部分，官方监控体系也在逐步建立和完善。”

姜宗亮提及的“将阵地前移”指的是检验检疫部门将要采取积极行动，优化出口食品和农产品的质量和安全程度，内容包括“三个全面提高、四个大力加强、两个全面增强和三个目标要求”。

1. 三个全面提高

（1）全面提高出口备案基地标准化水平

对出口食品农产品原料备案基地提高标准化水平，明确规定了每一种高风险出口产品的原料种植或养殖基地的硬件和软件设施、土壤环境、用药、防疫等标准要求，重点是农业化学投入品的使用、控制以及防疫或防虫措施的实施，蔬菜种植必须做到“六统一”，禽肉养殖必须做到“全进全出，网上饲养，封闭管理”等；生产基地必须设立兽医或植保员工作办公室，按规定建立完善的种植、养殖等生产记录，严格核销基地生产和销售的数量，保证基地管理档案完整齐全，确保每批原料的质量安全能够得到准确有效的追溯，对不符合要求的不予备案或取消已备案资格。

（2）全面提高出口备案基地规模化水平

鼓励企业扩大自属出口基地建设规模，对出口欧盟、日本等敏感国家的高风险蔬菜、肉类、水产等种植养殖基地全部实行自属备案管理，对出口其他国家的非高风险产品参照基地管理的要求实行自属或合同备案管理，引导走规模化种植、养殖道路。其中，每栋禽舍存栏规模最低 1 万只，每个饲养场一次出栏数量 10 万只以上。

（3）全面提高出口备案基地现代化水平

按照从源头抓质量的要求，在基地标准化、规模化的基础上，引进国外先进的养殖、种植技术，在基地安装现代化的硬件设施。在蔬菜种植方面，大力推广施用农家肥和有机肥，采用防虫网、现代化的种植大棚和滴灌、喷灌技术等。在家禽养殖方面，采用现代化的建筑材料改善动物饲养的条件，推行网上养殖，引进世界上最先进的饲养设备，实现了家禽供料、供水、通风的全部自动化。在水产品养殖方面，围绕打造山东半岛蓝色经济区，沿海水产养殖从传统的浅海滩涂养殖向深海和岸基养殖两翼拓展，大力发展贝类滩涂养殖、筏式养殖、海珍品底播增殖、深水网箱和工厂化集约养殖，推进海洋农牧化工程建设，使源头控制疫病和药物残留的水平大大提高。

2. 四个大力加强

（1）大力加强对出口食品企业的生产加工过程监督

按照分类管理办法，重点加强对出口肉食、水产、蔬菜等风险产品生产企业的过程监管，推行驻厂检验检疫官制度，配备检验检疫专用车 80 辆，派驻检验检疫人员 140 多人，协检员 283 人，巡回监管人员近 200 人，负责对企业产品原料、加工环节关键控制点、扦样、送样、产品包装、加贴标识、监装发运等全过程实施有效监管，实现检验检疫监管工作的“重心下移”。大力借助信息化手段，对高风险食品加工企业开发电子监管系统和视频监控系统，对生产加工过程和监装等关键环节实施电子监管。

（2）大力加强风险分析和预警机制建设

将风险分析作为日常检验检疫的重要工作内容和依据，建立完善总局、省局和分支局三级食品安全监控计划，充分利用食品安全监控计划数据和国内外通报的食品安全信息积极开展风险评估和体系验证，建立水产品、肉食、蔬菜、花生等敏感食品专家组，定期或不定期对出口食品农产品中存在的风险因子特别是突发质量安全问题进行评估，下发预警信息并通报给地方政府和有关部门，一线检验检疫人员结合对企业的日常监管情况，动态调整对出口企业和产品的分类管理级别和检验检疫监管措施，从而确保有效控制出口产品的质量安全风险。

（3）大力加强出口食品安全追溯体系建设

以出口企业为主体，在种植养殖基地、种植养殖过程、农业化学投入品采购使用、病虫害防治与疫病控制、收获、储藏、运输、加工、包装、出口各环节操作等全方面建立了可追溯体系。检验检疫系统加强对出口食品的追溯，依据信息网络技术和信息识别技术建立检验检疫系统出口食品安全追溯体系，包括食品身份识别、动态追溯、口岸识别与查验、内部管理和网络查询等，满足检验检疫部门对出口食品种植、养殖、生产加工、出口、过程监管、口岸查验与追溯信息查询的需要，增强了出口食品检验检疫监管工作的有效性和针对性。

（4）大力加强企业诚信体系建设

与出口食品农产品企业全部签订企业诚信承诺书，建立完善企业“一把手”首问负责制，建立包括各种生产加工和管理记录档案在内的企业诚信档案，教育和引导出口企业增强企业从源头严把质量关的意识。检验检疫对出口企业实施红黑名单分类管理制度，对诚实守信的企业给予优惠便利的监管和验放措施；对违法违规不讲诚信的企业，列入违规名单依法惩处，采取暂停出口、限期整改，乃至淘汰出局等措施。

3. 两个全面增强

（1）全面增强检验检疫实验室检测技术能力

按照出口食品农产品特点，进一步优化检验检疫系统实验室布局，整合实验室资源，建成国家级重点实验室、区域性中心实验室和常规实验室三级实验室网络架构。积极开展实验室业务培训，通过资质认定、能力验证活动、仪器设备效能评估和对外招聘高素质人才，提高实验室规范化管理水平和检测技术能力，解决“检不了、检不准、检不快”的问题。积极加强检测技术研发，重点开发快速检测和多残留同时检测方法，缩短检测周期 2~3 天，降低检测成本。

（2）全面增强企业实验室自检自控能力

帮助出口企业完善实验室管理体系，促其加大检测设备设施投入，严格按照 ISO/IEC17025 要求有效运转，加强检测人员技术培训，开展检测能力验证和水平测试，提高检测结果的准确性，使企业实验室具备基本的药残和有毒有害物质检测能力。出口企业举办培训班，培训技术人员；组织企业开展 16 次检测能力验证和水平测试。同时，为出口企业的原料安全控制和委托检测提供更加广泛的市场选择，实现公平竞争、公开透明，降低企业的委托检测费用，对符合条件、具备相应检测能力和资质的企业实验室和社会检测机构进行检测能力认定，通过 CNAS 认可的社会实验室作为企业自检自控和检验检疫检测的有力补充。

4. 三个目标要求

（1）着力加强出口食品企业分类管理，增强企业责任意识，努力实现提高监管能力和有效性的目标

对出口食品企业引入分类管理的做法，按照我国法律法规和国家质检总局关于加强出口食品农产品质量安全监督，鼓励企业诚实守信、依法经营，促进产品质量安全提高的要求，制定了《出口食品分类管理办法》，对出口食品生产企业从原料控制、企业条件、质量安全控制体系、自检自控能力、企业信用、人员素质、出口食品质量安全状况、产品追溯与食品防护能力等 15 个方面进行综合评定，按照企业保障其出口产品质量安全及满足进口国要求的能力和稳定性把全省企业分为一类、二类和三类 3 个管理类别，对不同类别的企业研究制定了不同的监督措施。通过分类监督，鼓励优秀企业更加诚实守信，提高责任意识，充分发挥第一责任人的作用，增强自检自控能力，保障出口产品安全。对一类企业给予更多的扶持措施，降低监督、抽检频率；对于三类企业要严格措施，提高监督、抽检频率，并在加强检验监管的同时，对企业进行培训和指导，督促其提高自检自控能力；对于诚信意识差、产品质量安全控制能力低，且提出整改后仍达不到要求的企业取消其备案资格。通过分类管理，可以有重点地针对不同企业制定监管方案，解决因平均用力而造成的人手紧张、监管不到位的问题，促使其全面提升质量意识和管理水平，从而大大提高检验检疫的监管工作效率。

（2）着力加强出口产品风险分级管理，采取有效风险预防措施，努力提高食品安全监控和抽检把关有效性的目标

针对出口市场主要是日本、欧盟、美国等敏感国家，出口产品以肉食、蔬菜、水产、花生、调理食品等大宗传统的食品和初级农产品为主，且高风险产品较多的实际，

在出口食品质量安全控制工作中引入风险分析的理念，成立专家组，从肉食、蔬菜、养殖水产品等产品入手，分别对重点出口产品进行风险研判研究，制定了风险分析的工作程序，发布《关于切实加强风险研判进一步提高出口食品质量安全管理水平的通知》。根据全省出口食品农产品监控、监测发现的问题，国外预警通报的问题和国内外食品安全信息等，结合出口产品的特性以及进口国法律法规和标准的要求，按照风险要素对出口产品进行综合研判，将出口食品分为高、中、低3个风险级别，规定凡是被检出禁用农兽药、禁用添加物或添加剂、疫病疫情、致病菌、重金属和生物毒素等问题的食品，一律判为高风险食品，相关危害因子判为高风险因子；把不含有高风险危害因子但仍然存在一定风险的食品判为中风险食品，把未被国内外检出有毒有害物质的食品判为低风险食品。按照产品风险高低，制定了出口食品安全监控样品抽检计划，确定各类食品的抽检比例和检测项目，在动物源性残留项目上，要求对高风险产品实施批批强化监控，对中风险产品实施一级每年不少于4次监控，对低风险食品实施每年至少1~2次的二级监控的抽检方式。通过对出口产品的风险分级管理，提高对高风险食品的预防控制能力和对中低风险食品的监督检查效果，提升山东辖区出口食品质量安全监控工作的针对性和有效性，为消除食品安全隐患，对全面提升出口食品质量，保障出口食品安全起到了关键的作用。

（3）着力加强检验检疫监管分档管理，切实做到监督和抽检工作的有机结合，努力实现出口食品质量安全检验检疫监管工作科学性和有效性的目标

在对出口食品生产加工企业分类以及对其生产加工食品进行风险分级的基础上，将企业监管频率与产品的抽检比例综合考虑，确定了“严密”“重点”“一般”和“验证”4个档次的检验检疫监管措施。根据企业类别和产品风险等级，实施不同档次的管理措施，其中，对一类企业的高风险产品实施重点监管，对中低风险产品分别实施验证监管；对二类企业的高风险产品实施严密监管，中风险产品实施重点监管，低风险产品实施一般监管；对于三类企业，不允许加工出口高风险产品，对于中风险产品实施严密监管，对低风险产品视情况分别采用重点或一般监管措施。各档次的检验检疫监管措施相互补充，动态调整，实现了出口食品监督、抽检工作的有机结合，健全完善了现有的检验检疫监管制度，分别规范落实了出口食品生产和检验检疫监管的不同职责，全面提升了检验检疫执法把关的能力，扶持了优秀企业的快速发展，实现了检验检疫监管工作的科学性和有效性目标。

四、区域化管理的探索

农产品质量安全区域化管理是指在政府及相关行政部门直接监管之下，覆盖整个行政区域的全食物链食品安全控制体系。

初期，为了提升山东省出口农产品的质量与安全水平，山东省各相关部门努力做好各项分内的工作，可是效果并不明显，很多出口产品依然跨不过日本等国家故意设置的农产品食品安全壁垒，被检测出农药兽药等超标。山东出入境检验检疫局在一份报告中

反映了当时实情：“由于国外技术贸易壁垒的标准越来越高，措施变化越来越快，以及国内农业生产‘大环境’相对落后的现实状况，近年来山东省受国外通报的出口农产品和检验检疫抽检不合格的问题中，70%左右是因农兽药残留、重金属、添加剂超标等源头管理不到位的社会大环境污染所造成的。”

姜宗亮在回忆起当时情形时也感叹地说：“不少农民食品安全意识和环保意识较弱，农药、兽药、化肥使用量不能按照科学的方法进行有效控制，甚至有些人为了节约成本和提高杀虫效用，仍在使用国家明令禁止的高毒剧毒农药，从源头上污染食物链。同时农资配售主要依赖于各种不同的市场渠道，缺乏有效管理，假种子、假农药、假化肥等时常给农民造成严重损失，对食品安全构成严重威胁。食品加工出口企业为了确保产品的安全，不得已延长产业链，到农村租赁、承包土地建农场或养殖场，这其实违背了社会分工原则，无形之中增加了企业的生产成本，更重要的是企业主这样通过各种方式对土地的租赁或占有，挤压了农民的生存空间，增加了社会的不和谐因素。”

当时即使蔬菜出口加工企业按照要求建立基地，也无法百分之百确保其产品可以通过日本肯定列表制度的检查。因为，肯定列表制度要求的 0.01 毫克/千克标准非常敏感，即使基地种植蔬菜时没有使用农药，其他意想不到的原因也有可能导致蔬菜被抽检出农药残留超标。山东省商务厅吕伟副厅长曾讲过一个典型案例。“一家出口企业出口日本的蔬菜被检测出农药残留超标，而这家企业的种植基地中确实没有使用过这类农药。调查后发现，临近的农户在自家玉米地喷洒农药，有少量的农药被风吹到这家企业的蔬菜种植基地上，污染了蔬菜，造成了农残超标。”

到底怎么做才好？山东省商务厅、山东出入境检验检疫局等相关部门提出各种各样的对策和办法。

曾经有人提出在企业基地外面建隔离带。后来发现，即使建立隔离带也不能保证农残问题得到百分之百解决。因为“我们不知道隔离带需要多宽才能有效防止周边农地使用的农药飘过来，而且在寸土寸金的山东来说很难实现。”

姜宗亮在接受采访时也说，“虽然我们（检验检疫部门）严格要求企业，各种措施都被用上了，包括提高抽检的频率和卫生要求的条件，却始终没有从根本上解决问题。”

毋庸置疑，当时还存在体制问题。时任山东检验检疫局副局长王洪兵曾经指出，“食品产业的链条很长，相关的管理部门众多。由于我国实行分段监管为主、品种监管为辅的食品安全监管模式，决定了在解决出口食品农产品存在的农药残留、兽药残留、重金属、黄曲霉毒素、非食用添加物质、添加剂等问题上，仅靠任何一个部门都难担此重任。单靠检验检疫一个部门更不可能完全解决。”

功夫不负有心人，苦苦思索更加彻底有效解决方法的姜宗良和他的同事们终于发现，要想彻底或者要从根源上解决出口食品农产品的质量安全问题，除了抓出口企业和基地外，还必须在更大范围，比如一个乡镇，一个县甚至更大区域范围内严抓农药兽药和化肥的使用与控制，做好食品安全防范工作。

在更大范围严抓农药兽药和化肥的使用与控制，无疑可以提升农兽药管控的效果，关键问题出来了，就是由谁来主抓出口企业和基地以外农作物种植和畜禽养殖呢？检验检疫部门一家来做力所不及，必须有合作伙伴。这时姜宗良他们有了“创建政府负总责、各有关部门齐抓共管、全社会共同行动的综合管理体系，营造了全社会齐抓共管的良好大环境”的思路。这个思路后来逐渐被发展成为农产品质量安全区域管理体系，即出口食品农产品质量安全示范区建设的理论核心和实践办法。

按照姜宗亮的说法，区域化管理即“覆盖整个食物链的食品安全控制体系”，目的是“建立一个体系，构筑三道防线”。

“一个体系”是指，由政府主导的能够覆盖食物链各环节的食品安全控制体系，地方政府切实负起食品安全责任，正确引导农民树立环保意识，科学生产，减少农药、兽药、化肥等可能对食物链构成的源头污染；充分发挥食品加工企业的龙头带动作用，做好原料基地的建设，食品生产加工环节的自检自控；整合行政管理资源，建立和完善一套务实高效的食品安全管理机制；加强食品安全知识的宣传和培训，提高全民的食品安全意识。

“三道防线”是指，一是对区域内的种植基地或养殖场合理规划布局，并实施备案管理，加强食品的源头控制，构筑食品安全的第一道防线；二是对区域内的食品加工企业派驻检验检疫官或实施巡回监督，加强食品生产加工过程的安全卫生控制，构筑食品安全的第二道防线；三是通过残留监控计划的实施以及企业和区域实验室的检测把关，掌握食品安全风险动态信息，及时启动预警机制或采取风险控制措施，构筑食品安全的第三道防线，目的是消除食物链各环节可能存在食品安全隐患，把食品安全风险控制在最低程度。

区域化管理的目标：一是对政府资源的优化配置，建立食品安全区域化管理体系，就是要在不增加编制的情况下，本着务实、便民、高效的原则设立食品安全管理部门，统一负责食品产业链各环节的组织、协调及管理工作；二是在政府的主导下，通过多种形式和渠道普及食品安全知识，提高全民整体食品安全意识；三是政府通过政策引导及重点扶持，有效整合区域内的检测资源，最大限度地发挥出现有检测设施的技术支撑作用，实现实验室资源共享；四是对农业化学投入品实行区域准入制度，凡在区域内销售使用的农业生产物资，特别是农业化学投入品，均由政府有关部门对其生产企业进行风险评估并登记备案。

通过什么方式能尽快地让农产品质量安全区域管理体系从构思和论证阶段飞跃到实践阶段，姜宗亮他们积极地选择机会。功夫不负有心人，机会很快来了，安丘市政府有兴趣试点农产品质量安全区域管理体系。

“为什么找到了安丘呢，这纯粹是一个偶然。”姜宗亮说，“虽然安丘是农业大市，但出口量也并不比其他县市多，譬如说莱阳、威海等县市。我记得大约是 2006 年 9 月，安丘外贸公司（现山东鲁丰集团）的罐头在一个全国评比项目中获得了一等奖，总经理刘海燕领奖回来路过青岛与先期已到青岛的王克学董事长一起拜访山东出入境检验检疫局，分享他们获奖的喜悦。我们在一起座谈时，提到了食品安全管理的第四次浪潮，并提到创建区域化管理的想法，他们对此非常感兴趣。回去就立即向安丘市委书记和市长作了汇报，安丘市委和市政府对此也非常重视，马上邀请我去安丘进行考察。第一次去安丘的时候，走访了几家企业和几处农户的种植基地，让我对安丘的农产品种植和出口有了大体的了解，接下来我大概又去了两三次同他们作对接，因为我必须弄清楚安丘是否有做‘部门联动和全民行动’试点的基础，考察后发现他们条件很不错，就确定了在安丘做区域化管理的试点。”

2007 年 6 月，山东出入境检验检疫局联合省商务厅、省农业厅等部门，在安丘市委市政府的大力支持下，开始在安丘着手出口食品农产品区域化管理试点工作。他们在安丘蔬菜种植和禽肉养殖等领域推广实施“政府主导、国检指导、部门联动、龙头带动、全民行动”的区域化管理工作模式。政府支持力度很大，企业也努力配合，试点工作很快就见到了一定的成效。试点当年，安丘市出口农产品达 2 亿美元，比上一年同比增长 30%。区域内农残检出率由 2007 年的 19.6%下降到 2008 年的 2.4%，下降了 17.2 个百分点，并被确定为国内首个供港蔬菜备案基地。安丘模式——一条食品农产品安全提升之路被探索出来了。下面我们来看安丘是怎样让出口食品农产品区域化管理落地开花的。

五、“安丘模式”的推广

（一）安丘概况

安丘市位于山东半岛中部，是国务院批准的首批沿海对外开放县市之一。市境总面积 1 760 平方千米，耕地面积 130 万亩，辖 10 个镇、2 个街道、2 个开发区，866 个行政村，总人口 95 万。境内渠河、汶河等主要河流均发源于原生态的沂山山脉，有大中小型水库 93 座，水质洁净，水资源丰富。全市耕地主要分布在汶河、潍河、渠河等河流的冲积平原上，山青水美土肥的自然条件和优美的生态环境，以及标准化规模化生产的实施，使安丘蔬菜、水果的品质和外观有口皆碑。农业发展独具特色，农产品资源丰富，盛产大姜、大葱、大蒜、小麦、玉米、小米、花生、樱桃、草莓等多种农产品，被称为中国姜蒜之乡、蜜桃之乡、草莓之乡和樱桃之乡。

安丘市外向型农业起步早、数量大，21 世纪初，食品和农产品出口已经成为当地企业、农民收入和政府财政的主要来源之一。日本推出配额制和肯定列表制度后，安丘的外向型农业深受影响。加工食品和农产品出口量从 100 多万吨，下降到 70 万吨。当时除了少数已成规模的大企业以外，中小型出口加工企业纷纷倒闭，最多时倒闭的比例高达 70%以上。农民收入也随之骤减。原来农民除了种植出口农产品外，农闲时还可以到加工企业打工，挣得双份收入。配额制和肯定列表制度出台后，不仅农产品收购价格下降，很多加工食品和农产品出口不出去，农民也失去了工厂打工的机会。

为了重整出口机会，安丘市委市政府极其重视与检验检疫等相关部门的合作项目，在他们的直接指导和支持下，安丘探索和建立起了食品农产品质量安全区域化管理体系——“安丘模式”。

（二）“安丘模式”

“安丘模式”的核心就是从源头控制和基础工作抓起，从农产品标准化基地建设入手，通过加强农业化学投入品控制管理，推行标准化生产，实施全过程监控，从根本上确保农产品质量安全，逐步把整个地区建设成符合国际质量标准要求的农产品质量安全区，具体做法归纳为“八大体系、四道防线。”

1. 八大体系的建设

（1）健全组织领导体系，实现管理无盲区

整合政府和社会资源，建立政府主导、科学指导、部门联动、龙头带动、全民行动的“两导三动”工作推进机制。政府主导，就是政府负总责，切实发挥好政府的主导和行政推动作用，搞好统筹协调和宏观管理；科学指导，就是依托业务部门的业务指导与技术支持，及时把握发展方向和工作重点，不断完善具体工作措施；部门联动，就是整合部门资源，明确部门职责，做到既各负其责，又密切配合；龙头带动，就是充分发挥农产品加工出口龙头企业和农村合作组织的辐射带动作用；全民行动，就是加强宣传培训，充分调动广大干部群众开展区域化管理的积极性。安丘市编制和印发了《安丘市初级农产品质量安全监管工作实施办法》等一系列文件，完善了责任落实和责任追究等各项制度。市里成立了由市长挂帅的农产品质量安全监管领导小组，设立了副县级规格的农产品质量安全监管办公室，各镇街设立农产品质量安全监管站，各村、社区设立农产品质量安全监管员和动物防疫员，市政府与镇街、镇街与村、村级监管员与种养业户全部签订农产品质量安全责任书或承诺书，以“军令状”的形式明确各级责任，形成了层层监管、上下联动、全员配合的工作格局，确保农产品质量安全监管横到边、纵到底、无盲区。

（2）健全质量标准体系，实现生产标准化

成立了农业综合标准化研究所，按照“有标贯标、无标建标、缺标补标”的原则，积极做好农业生产标准的制定及完善工作。安丘参与起草以“安丘模式”为主要内容的《初级农产品安全区域化管理体系要求》国家标准，制定安丘大姜、安丘大葱、安丘肉鸡等六大类标准综合体。建设了集检测监控、农技服务、登记备案、联合执法等职能于一体的农业综合标准化管理中心，大力推进标准化种植养殖园区建设，鼓励企业积极开展质量管理体系认证，在种植养殖、收获贮存、生产加工、包装运输、物流配送等环节全面普及农业综合标准化。全市建成标准化种植园区 122 个、养殖园区 120 个，“三品一标”① 农产品发展到 272 个，其中国家地理标志产品 7 个。

（3）健全控制管理体系，实现投入无违禁

抓住农产品质量安全工作的“牛鼻子”，对农业化学投入品实行全过程、全封闭管理。一是实行告知备案。制定印发了农兽药管理办法，所有进入安丘市经营的农兽药生产企业和产品必须严格落实告知备案和市场准入制度。对 542 个农兽药生产企业的 3 409 个农兽药产品进行了备案。二是推行连锁直营。全市 35 处农兽药批发企业和 973 处镇村连锁直营店全部实行封闭式管理，落实实名购买制度，确保农兽药来源可确认、去向可查询、质量可追溯。三是坚持联合执法。从农业、畜牧、食药、工商、公安等部门抽调人员，成立联合执法检查队伍，采取分组分片包干的办法，不间断地对全市农资

① “三品一标”指绿色食品、有机产品、无公害农产品及农产品地理标志。

市场进行检查整治，始终对农资违法行为保持严打高压态势。共出动执法人员 3 156 人次，执法车辆 967 台次，检查农药经营户 7 034 家次、兽药经营户 240 家次、种植（养殖）基地（场）735 个次、生产加工企业 506 家次，罚款 117 072 元，立案 92 起，其中移交公安机关 3 起。同时，建立有奖举报制度，鼓励群众举报经营及使用禁限用农兽药的行为，对举报属实的，一次性奖励举报人 2 000~10 000 元。

（4）健全检测监控体系，实现检测监控全覆盖

整合政府、企业和社会检测资源，建立以市级农产品质量检测机构为中心、出口龙头企业和镇街检测资源为主体，农业、畜牧、食药、环保等部门检测机构共同参与、分工协作、覆盖广泛的检验检测网络。按照抽检计划对初级农产品进行抽检，抽检种植类农产品样品 16 869 个，养殖类产品样品 7 100 个。通过抽检，对农产品质量安全状况进行评估，对出现的问题，按照事先制定好的应急预案进行纠偏控制和处理。同时，做年度产品质量安全风险评估报告。

（5）健全查询追溯体系，实现监管“数字化”

自主研发了农产品质量安全信息监管平台，及时采录农产品产地环境、施肥用药、检验检测等关键信息，对农产品实行“数字化”“身份证式”的标识管理，逐步健全完善了源头可追溯、流向可跟踪、信息可查询的质量安全查询追溯体系。消费者用手机、查询机等扫描农产品一维码、二维码，便能方便快捷地对农产品质量安全信息进行追溯查询，实现了知根溯源、放心消费。潍坊市级以上农业龙头企业、标准化生产基地、示范合作社等共建设农产品质量安全信息采集点 600 多处。

（6）健全科技服务体系，实现技术有保障

一是健全科技服务组织。在农业标准化管理中心设立了科技服务区，设置了农业远程教育中心、网上视频庄稼医院、土地流转中心、违禁农兽药有奖举报中心等服务窗口，组建了“农业 110”专家顾问组，开通了 12316“三农”服务热线，配备了“农业 110”服务车，为农民提供便捷的农业技术服务。二是加大科技培训力度。定期对部门业务骨干、镇村干部和农村带头户进行培训，普及农业综合标准化知识。举办了 89 期农业综合标准化培训班，录制讲课录像 24 期，制作并发放讲课光碟 3 万多套，发放农业标准综合体 16 万册，累计培训 26 万余人次。三是推行农业社会化服务。大力培育多元化农业社会化服务组织，初步建立起以公共服务机构为依托、合作经济组织为基础、龙头企业为骨干、其他社会力量为补充，覆盖全程、综合配套的农业社会化服务体系，采取“套餐式”“菜单式”等模式，为农户提供“耕种管收”全方位服务，提高了农业生产效率，有效保障了农产品质量安全。

（7）健全多元化市场体系，实现销售无障碍

坚持“一个标准，两个市场”，创新“争创名优名牌、发展连锁直营、运用电子商务”的营销思路，在巩固开拓国外市场的同时，以出口级农产品大力开拓国内高端市场，实现内外并重、优质优价。

（8）健全诚信管理体系，实现失信有惩戒

建立涉农企业生产经营诚信管理电子户口档案，定期评价、发布企业质量安全诚信信息，完善涉农企业信息共享机制。制定了失信行为举报、诚信信息甄别、申诉复核、

守信企业鼓励和失信企业惩戒等制度，对长期诚信守法经营的企业予以表彰奖励，对因失信造成恶劣影响的企业，列入“黑名单”，依法追究相关责任，涉农企业的责任意识、自律意识和诚信意识明显增强，为农产品质量安全区域化管理创造了良好信用环境。

2. 四道防线的设立

（1）源头控制

以“告知备案、连锁直营、集中监管、联合执法、规范使用”为主要内容，充分发挥农业化学投入品登记备案平台的作用，扎实搞好农业投入品集中整治，重点抓好农业化学投入品的生产、流通、使用管理，严厉打击违法生产经营使用违禁农兽药行为，严把农产品生产的“源头控制”。对农化投入品实行备案准入和专营直供制度，对符合标准要求的农兽药生产企业和化肥生产企业进行登记备案，作为区域化管理农业化学投入品的供应商，依托供销社和农村社区中心，建设农业化学投入品专营店，实行连锁加盟、定点直供，建立封闭式直供管理体系。由安丘市农安办牵头，每年组织农业、畜牧、市场监管、公安等部门的执法队伍集中开展农业投入品集中整治，对生产经营国家明令禁止的农业化学投入品行为进行严打整治，依法取缔非法经营网点，严厉查处不法商贩，坚决杜绝违禁农化投入品进入市场。通过把好“源头控制”关，全力维护安全的农产品生产环境，切实保障农产品质量安全。

（2）过程监管

重点抓好农产品生产加工过程的质量管理。对所有标准化基地实行统一生产资料供应、统一技术指导、统一组织生产、统一质量检测、统一收购销售的“五统一”管理模式，确保农产品种植、养殖环节全部达到标准化。在农资专营店配备专职技术人员，在基地配备植保员，加强技术指导，规范施肥用药行为。组织质监、农业、畜牧等职能部门的专业技术人员定期上门服务，指导减少农业化学投入品使用量，降低农残药残风险。市里成立了区域化管理在线监控中心，对农产品加工重点企业、农资专营店和备案基地的生产活动进行全程在线监控，基本实现了农产品从农资、土壤到生产、加工各个环节全过程、无缝隙实时监控。

（3）产地准出

食用农产品产地准出工作重点搞好组织领导、检验检测、监管平台建设和准出规划方面工作。建立市、镇、村三级食用农产品产地准出管理体系，明确部门职责，落实部门包靠责任和属地管理责任；完善食用农产品产地准出检测体系，保证检测能力与产地准出的需求相匹配；依托省农产品质量安全监管平台，全面建立完善集信息采集、上传、管理、追溯于一体的二维码追溯平台；摸清食用农产品底数，并分类建立台账，全部上传到市级农产品质量安全信息监管平台。制定出台《安丘市食用农产品产地准出工作方案》，明确三年工作规划。

（4）市场准入

在全面实施使用农产品产地准出的基础上，对全市范围内的大型农产品批发市场、各大商场、超市，严格实行凭产地准出二维码入场制度，禁止无二维码或追溯信息不正确的农产品入场交易。全面推广普及二维码识别专用设备和客户端，广大消费者全面了解并主动使用产地准出二维码，真正形成准入防线，确保消费者舌尖上的安全。

从“安丘模式”的具体内容来看，这显然是一项费时费钱费力的巨大工程，如果没有政府主导，这个体系完全无法创建。

安丘市农产品质量安全区域化管理办公室原主任李建芳对安丘区域化管理体系建设的有关介绍，可以使我们更加详细地了解“安丘模式”的具体操作情况。

李建芳介绍说：“在 2007 年 6 月，安丘市率先在国内提出并实施了农产品质量安全区域化管理体系建设，探索建立源头控制、全程监管的办法。‘安丘模式’的核心是在‘公司+基地+标准’的基础上把食品农产品质量安全管理引到区域体系的建立上，有效把住农业投入品这一关，真正做到源头无污染、投入无违禁、过程可追溯。农产品的质量安全涉及从田头到餐桌的整个供应链。原来这个供应链上每个环节都由不同的部门去监管，因此经常会出现环节之间有漏洞，出现问题时部门之间相互推诿扯皮的现象，这样就需要有一个专门的部门来协调这些部门，做好农产品的质量安全。于是在 2006 年 8 月安丘市设立了出口食品农产品质量安全区域化管理领导小组办公室，正科级单位，到 2009 年 9 月，这个部门升格为副县级单位，名称改为安丘市农产品质量安全区域化管理办公室，简称安丘市农安办。安丘市农安办刚成立的时候有只有 6 个人的编制。后来又增加了编制，总共有 22 个编制。”

李建芳介绍了安丘市农安办如何监管：“安丘市农安办（以下简称农安办）的职能概括起来就是规划、协调、监督和考核。规划指的是编制全市农产品质量安全管理规划。协调是协调农业局、畜牧局、市场监管局、公安局、农机局、林业局等 17 个政府职能部门。监督职能，就是监督镇、街和市直部门，看看镇、街政府和市直部门是不是按照农产品质量安全管理的职责对生产进行管理，具体干得怎么样，还要对其进行考核。农安办不仅要给十七个政府职能部门下达相关任务，还要借助监督职能来考察这些部门的执行情况。农安办赋予每个部门明确的职责，制定出界限。比如说在农药的生产、运输、储存、销售等环节，相关的责任主体都由安丘市农业局负责。如果检测出某一种农产品农残超标，农安办就需要研究是哪个环节出了问题，这样就能找到具体相关的责任部门，责令他们限时纠正。凡是在田地里，地窖里的农产品全部由安丘市农业局管。农产品只要进入市场，再出事就不用农业局负责。如果市场上出现有毒农产品，就要追究安丘市市场监管局的责任。必须做到整个链条上各个环节得到监管，不出现任何缝隙。农安办明确界定，需要行政处罚的，留在安丘市农业局处理；需要刑事拘留的，移交给公安处理；如果既需要罚款，又需要刑事拘留的，先由安丘市农业局罚款，再移交公安局拘留。”

李建芳详细介绍了他们如何管理农药：“农产品想要让它达到安全标准就必须规划出一整套的安全措施。当时安丘有 2800 多家农药零售商店，280 多家农药批发商店，这些商店中大部分都是由夫妻俩个人经营的，他们的受教育程度和诚信度都不很高，并且经营着可以说是五花八门的农药，因此如何对这些农药零售店和批发店进行管理是当时最大的难题。农药销售是农产品安全生产的源头，如果管不起来就谈不上安全生产。因此，农安办需要对农药经营主体，品种等都制定规划，出台有效管理办法。比如说，农安办制定出农药经营主体实行审批前置—连锁直营的模式。农安办还对照日本肯定列表制度，根据地区种植的农作物，规划出禁止经营、销售和使用的农药品种名录。规划制定出来后，对农药产品入市实行核准备案制度，没有经过农安办备案的农药，不允许在安丘范围内经营。然后由安丘市政府出台《安丘市农药管理办法》，对农化投入品实行备案准入和连锁经营制度。目前，安丘市已经备案 34 家批发商和 907 家零售商。不予备案、禁止在市场销售的农药达到 65 种。另外，农安办还给农药店下规定，如果违规，就取消其经营资格，终生不能在安丘经营农药。所以安丘市农资超市内每一种农药都有‘身份证’，如果卖出的药品不合格，相关部门就可以通过农药包装上的二维码追溯到农资店和生产厂家。为此安丘市政府拿出专款设立奖励基金，对生产、经营、使用高毒剧毒等违禁农药的违法行为实行有奖举报，应该说管住‘农药瓶子’是农产品质量安全示范区管理‘安丘模式’的关键。农安办不直接认定农药能不能用，而是针对日本肯定列表去协调各个相关政府部门来制定对策，让农产品能够顺利出口日本。比如说农业局是具体管理农药的部门，农安办的工作就是指示、支持和协调他们根据国家的规定，再对照日本的肯定列表，根据农药降解期，以及农作物的生长期，研究出禁限用农药，以及允许使用农药的安全使用方法。农安办需要协调农业局研究农药，畜牧局研究兽药。农安办是副县级单位，比农业局、畜牧局等部门都高半级，所以，从行政级别上可以做好协调工作。”

李建芳介绍了村协管员如何配合监管人员工作抓好检测和追溯：“农安办在安丘市的每个村都设立了至少一名农产品质量监管员（全市总共设立了 1 229 个监管员），负责监督农民使用农药。假如发现村里有在人使用违禁农药，监管员就要及时向农业部门报告，并协助农业局执法大队进行执法，因为监管员是没有执法权的。如果农民在使用违禁农药过程中被拍照了，或者被录像了，执法大队可以直接处理。如果没有被拍照，执法大队会把样品送实验室检测，确实被检测出违禁农药，就可以按照检测报告进行立案。如果使用一般违禁农药，农安办作行政处罚；如果使用有高度剧毒违禁农药，一律移交公安部门立案追究刑事责任，同时农业局追究行政处罚责任。事后，安丘市农业局还需要把使用违禁农药的农产品通过无害化手段处理掉。此外还要按照被使用农药降解期来处理土地。假如说农民使用的违禁农药降解期是 5 年，安丘市农业局就要另下处罚书，处罚该土地在 5 年内不准种植任何农产品。监管员除了随时监督农户有没有使用违禁农药外，还需要为每家农户作好农事记录。监管员先使用 GPS 定位系统将每户每一块地的 4 个坐标定下来，建立地块档案。如果这块地张三种了玉米，他就必须填上几月几日张三种植玉米用了什么肥料，用了什么农药，这叫建种植档案。档案建起来以后，这块地每打一次药，农户就必须向他报告，如果农户忙了忘记报告，那么监管员每月至少上户一次询问农户。农安办开发建设了安丘市农产品质量安全监管平台，监管员可以用手机随时将这些详细的农事记录上传至平台。为了提高农事记录的可靠性和精确度，农安办设计了抽检，查看记录准不准确。若不准确，监管员是要被从严处罚的。此外，还有产地准出管理办法。比如大姜，要求在收获的时候每一户都要做农残检测。监管员在大姜收获前 15 天左右必须和户主一起去地里取样，通过可定位的手机在地头拍照上传，农安办马上就能知道检测员到哪块地里去了。监管员取样后把样品送到社区农产品检测站，社区检测员立即做检测，然后把检测结果，连同监管员记录一起上传到平台。

上传之后就能自动生成这块地生姜的产品二维码，并马上就可以打印出来，这个检测和打印都是免费的。全市 102 处社区检测站，配备了专职检测员 106 名，另外农安办还有 17 部流动检测车，随时可以到田间地头和市场进行抽检，从而实现了全市农产品质量检测全覆盖。在这方面，安丘市政府每年都投入了大量的经费。比如说，农安办工作人员、各村的监管员、社区检测员等每年工资与办公经费就需要 2 000 多万元，还有每给农户做一次检测就需要 5 元钱的材料费，这方面的投入也是非常大的。安丘出产的农产品上都贴有一个二维码，二维码信息包括，农产品是谁种的，什么时候种的，什么时候施了什么肥，什么时候打什么农药，农药残留的检测结果是什么。这是我们政府做的检测，有公信度，没有相关利益。客户一扫码就知道这家农户生产的农产品是否安全。这样一旦出现农产品质量问题，可以根据信息源直接追溯到种植、收购、储运、加工、销售等每一个环节，及时采取纠偏措施。此外，安丘还在农产品批发环节搞准入办法。因为安丘本地主要种植出口为主的生姜和大葱类农产品，安丘批发市场上的菜大都来自外地。所以农安办在批发市场门口都配置了检测室，外地不经过检测的蔬菜是不准进入批发市场的，本地的蔬菜可以凭借刚才谈到的二维码检测直接入市，主要目的就是为了保障农产品质量安全。”

显然，安丘在农药残留的整个链条上的管理可以称得上“无缝隙。”

（三）唱响全国

安丘的做法非常典型和有效，前来考察和参观学习的人越来越多。最让安丘人念念不忘的是 2007 年的 10 月 25 日时任国务院副总理吴仪视察安丘市。

吴仪在听取了出口农产品质量安全区域化建设情况汇报，参观了种植基地后，指示说：“你们安丘做的这个事情是好事情，这是促进中国农产品出口的有效办法，食品安全就应当从源头抓起，你们要把这个事情做好。”后来在全国商务工作会议中，吴仪副总理再次肯定了“安丘模式”，她提出：“全国都要学习山东的经验。”

吴仪副总理给予安丘区域化管理经验的重视和高度评价，使得山东省政府部门对食品农产品质量安全区域化管理模式更加重视了，安丘经验到了总结和推广的时候了。

2008 年 4 月 21 日，山东省出口农产品质量安全区域化管理第一次现场会在安丘市召开（以下称“安丘会议”），主题是“总结安丘区域化监管模式的经验，在全省扎实有序地推广‘安丘模式’”。时任山东省副省长才利民出席并讲话，17 个市分管外经贸的副市长、检验检疫局局长、外经贸局局长、农业局局长，37 个县（市）的县（市）长出席了此次会议。在这次会上，安丘市实施农产品质量安全区域化管理的做法被正式确认为“安丘模式”，并组织在全省 37 个县（市）推广，形成区域化管理的规范化和制度化。

才利民在讲话中首先肯定了“安丘模式”的重要意义，认为安丘实行这种区域化监管模式，不仅仅是一种监管模式的转变，而是一种发展方式的转变，为外贸出口方式的转变提供了有效的经验，是确保农产品安全，突破贸易壁垒的有效途径，同时也是外经贸服务“三农”、促进发展现代农业的有益尝试。

才利民认为，“两导三动”是“安丘模式”的核心，实施出口农产品质量安全区域化管理，就需要实行政府推动、科学指导、龙头带动、部门联动、全民行动的管理模式。

为有步骤、有计划和有目标地在全省推广“安丘模式”，才利民在讲话中提出：“第一是要搞好规划、明确重点。第二是完善标准，制定规范。国家有标准的要执行国家的标准，国家没有标准的省内要制定标准。检验检疫部门、质监部门，包括农业、畜牧部门，要把行业标准制定好，还要制定好规范。第三是加强培训，培养人才。第四是建设基地，壮大主体。第五是依法监管，强化服务。区域化的问题，除了标准问题、规范问题外，就是监管问题，所以这是一种聚焦式的监管。能够集中起来搞依法监管，这样能做到监管不会流失，监管不会缺位。在监管的同时还要抓服务，这需要有中介组织、服务组织来强化这种服务，包括外贸企业本身，也是这种服务的载体。检验检疫、农业、畜牧、外经部门都要为它提供有效的服务。监管要寓于服务之中，要实现监管与服务的统一，这才能够把我们的工作做好。”

才利民在此次会议上还给各个政府部门布置了具体任务。“外经贸部门作为区域化推广的牵头部门，要做好区域化建设在全省的推广工作，及时向出口企业提供出口政策导向、国家优惠政策、国际市场动向等相关信息，引导企业积极开拓国际市场。农业部门要搞好优质农产品基地的管理，组织引导企业开展无公害农产品、绿色食品和有机食品认证，积极组织技术培训，并配合检验检疫、畜牧等部门对农业化学投入品生产企业、专营店进行评审。畜牧部门要制定区域化养殖基地管理标准，搞好重点市场和重点区域食品安全专项执法检查，加强动物防疫体系建设。环保、质监等部门要搞好农业区域化管理区的检测管理，指导标准化生产。龙头企业要稳定和扩大基地规模，提高基地管理水平，不断开拓国际市场，带动农业增效、农民增收。要努力把各级干部、各类农业龙头企业、全体农民群众的积极性调动起来，共同支持、参与区域化建设。”

此次会议的意义是农产品质量安全区域化管理体系建设已经从检验检疫部门同安丘市政府合作试点工程，上升山东省政府领导下，山东省外经贸厅、农业厅、财政厅等部门直接参与，由国家检验检疫总局大力支持的重大项目。

时任山东省委书记、省人大常委会主任姜异康曾给予“安丘模式”很高的评价，他说，“检政合作推行的出口农产品质量安全区域化管理‘安丘模式’，实行农业专业化生产、基地标准化建设、生产规范化管理，提高了农民的组织化程度，提升了农产品的质量安全水平，抓住了核心、抓住了关键、取得了明显成效。”

2008 年 7 月，中央党校课题组在实地调查后，以《引入新机制解决农产品质量安全问题——‘安丘模式’是对现有生产关系的一个突破》为题撰文，提供中央领导参阅，并以《构建食品农产品质量安全体系的成功探索》为题形成了课题报告，报送中央政治局、书记处，时任国务院副总理回良玉作了重要批示。2008 年 9 月，应中央党校邀请，时任安丘市市长张韶华为中央党校中青年干部培训班学员介绍了“安丘模式”的经验做法。

2009 年 10 月，国家质检总局在潍坊召开了以推广“安丘模式”为主要内容的全国出口食品农产品质量安全示范区建设经验交流会，将“安丘模式”推向全国。

自 2007 年“安丘模式”实施以后，安丘市先后被确定为山东省第一个供港蔬菜备案基地、首批山东省农产品质量安全示范区和全国重点推进的出口农产品质量安全典型示范区，并连续 7 年蝉联国家级出口食品农产品质量安全示范区荣誉称号，创建成为山东省唯一的国家级农业综合标准化优秀示范市，通过了中韩共建国际食品安全示范区验收。

安丘会议之后，在山东省政府的直接领导下，各市县认真学习安丘模式，抓区域化管理，效果很快显现。

出口农产品质量安全水平获得提升。山东各市县加强对农业化学投入品的管理，组织制定《化学品投入管理办法》，公布禁用名单，实行审查备案制度，初步建立起农用化学投入品产、销、用全程管理控制机制。各试点县共建立连锁加盟、定点直供的县（市）级农药、化肥专营店 163 处，镇级配送中心 520 处，村级直供店 3 200 多家。登记备案农兽药生产企业 66 家，农兽药品种近 2 400 个。立案查处了一批违禁农药经营案件，打击了一批非法网点和不法商贩，净化了市场。省出口农产品、食品被国外检验不合格通报率明显下降。

出口农产品全程监测网络初步建成。各试点县行业主管部门、涉外监管部门与生产企业，共同研究制定了 33 个出口农产品生产技术操作规程，200 多个生产标准农业、检验检疫等部门按照各自职责，加强了出口农产品种植、养殖、加工、出口全程监测网络建设，山东省农产品出口企业普遍建立了自检机构。开展了对出口基地土壤、水质的全面检测。

展开较大规模的宣传培训，生产者质量安全意识普遍增强。各试点县会同有关部门，通过制作电视片、组织科技下乡、发放明白纸、举办农民培训班等多种方式，开展区域化管理宣传培训，让广大农产品生产者对区域化管理、标准化建设、化学品投入等有了更加全面的了解，提高了质量安全意识。

加大对出口企业的政策扶持。山东省先后投入资金 3 900 万元，对出口农产品区域性检测中心建设、国际品牌认证等项目予以扶持。同时还争取到国家资金 2 400 万元，用来推动出口农产品质量安全可追溯体系建设。全省农产品出口达 99. 8 亿美元，增长 7. 8%，其中 37 个试点县市区农产品出口所占比重达到 67%。截至 2009 年 3 月底，山东省已建成各类区域化生产基地 318 万亩，海水养殖面积 72 万亩，养殖基地 1 414 个。

六、关键的乳山会议

（一）乳山的实践

乳山市，隶属于山东省威海市，因境内“大乳山”而得名，地处青岛、威海、烟台三市衔接的腹地，南濒黄海。

2007 年，威海检验检疫局经过充分调研，决定在乳山市开展威海市的“出口农产品质量安全区域化管理”试点工作。当威海检验检疫局局长商振海把自己想法介绍给当时的乳山市市委书记付广照后，付广照立即拍板同意。在学习“安丘模式”过程中，乳山市根据本地区的具体情况，按照山东省商务厅统一部署，在出入境检验检疫和农业等部门的指导下，瞄准“管理无盲区、投入无违禁、产品无公害、出口无隐患、百姓无担忧”的“五无目标”，形成了独具特色的“乳山模式”。“乳山模式”主要有以下几个方面特点。

1. 建立合理化的组织网络体系

乳山市从健全组织体系环节入手，全面加大管理力度，逐步构筑起“全领域、全方位、全覆盖”的良好工作格局。一是在整治范围上做到了“全领域”，将食品安全管理范围延伸到了行政区域内农、牧、渔所有农产品。乳山市确立了“三个百分之百”的工作目标，即经过3~5年努力，全市行政区域内农产品100%达到无公害标准，出口农产品100%达到国际标准要求，商品认证基地、合作社、龙头企业自有基地100%建立市场可追溯体系。二是在食品安全管理网络上实现“全方位”。成立市长牵头、分管副市长主抓的工作领导小组，建立联席会议制度，对农产品质量安全管理工作负总责、总体抓；在部门，设立农产品质量安全管理办公室作为具体办事机构，成立农业综合执法大队，并与安监、质监、工商、畜牧和海渔等职能部门建立起合作联动的工作机制，解决以往部门职能交叉导致监管真空的问题；在镇级，注重网络下移、管住一线，在全市15处镇（街）全部成立由分管副镇长任主任的镇级农产品质量安全管理办公室；在村级，设立农产品质量安全监管员，从而形成了市、镇、村及市级职能监管部门资源共享、信息互通，全方位的农产品质量安全监管组织网络体系。三是在责任落实上达到了“全覆盖”。乳山市政府将农产品质量安全管理工作纳入重点工作目标考核，每年年初召开农产品质量安全管理工作会议，与各镇、重点涉农企业和各村层层签订责任状，逐级细化，落实责任，形成了以镇为功能区域、以企业为管理中坚、以村为基本单位的责任落实和追究体系，切实做到“守土有责、确保安全”。

2. 建立一体化的农资监管体系

政府把农资管控作为农产品安全监管的“牛鼻子”，通过“围、追、堵、截”，全面净化农资市场，从源头上保障了农产品质量安全。“围”，就是严格准入，明确农资经营范围。在全面禁止国家禁用农药的基础上，为杜绝因滥用高毒农药导致的农药残留问题，将国家限制使用高毒农药纳入禁用农药一样管理，乳山市禁销农资扩大到67种。同时，在全市范围内实行农资经营告知制度，所有进入乳山市场销售的农业化学投入品，必须先由到乳山市农安办审核登记备案，审核合格后，方可进货销售，从而在源头上形成了坚固的“防火墙”，备案放心农资2 430种。“追”，就是信息监管，实现农资全程追溯。投资300万元，建立“农资可追溯监管平台”，对进入乳山市场的农资产品赋予追溯码，为所有农资店配备农资“一卡通”设备、为所有农户办理了会员卡。农资店在销售农资时，通过刷会员卡、扫描追溯码，自动建立进销货台账，监管部门实现对销售和购买者的信息全面采集掌握，有针对性地对农产品质量安全做出预判和管理。“堵”，就是闭环销售，堵住外来农资入口。对农资店实行分类管理，在全市设立了36家农资配送中心，只有配送中心可从市外采购农资，其余作为零售店只能从配送中心进货，实现了农资的一个关口进入、闭环式销售。“截”，就是加大执法，及时拦截假冒伪劣和禁限用农资。加大农资市场执法力度，先后开展了农药管理执法年、兽药饲料市场整顿、水产苗种市场整顿及红盾护农等执法活动 52 次，出动执法人员 2 600 人次，检查农资经营单位 7 000 多次，经群众举报和执法检查，累计立案查处各类违法经营案件 81 起，治安和刑事拘留 3 人，形成了“依法经营、违规必惩”的氛围。其中，通过检查“一卡通”系统建立的进销货电子台账，及时分析农资店经营情况，发现禁限用农资销售，有效提高了执法监管的执法效率。

3. 建立多元化的规范生产保障体系

开展农产品质量安全区域化管理工作，企业是龙头，村级是中坚，农民是主体，建立标准化的农产品生产推进体系是保障工作有效开展的关键。主要从两个方面入手：一是从发挥企业在基地管理中的主导作用入手。围绕激发企业管理基地的积极性，乳山市与检验检疫部门一起对出口企业基地进行“双备案”，凡是生产档案完善、管理达标的基地都可以申请备案，获备案基地减少检验批次，产品出口随检随放，较好地激发了企业建基地、管基地的主动性。与此同时，乳山市积极引导基地范围内农户与企业签订合同，凡按标准要求种植，由企业实行优质优价收购，有效调动了农民从事标准化生产的积极性。二是从发挥干群在生产管理中的主体作用入手。围绕提高民众的农产品质量安全管理意识，乳山市从农民不认识的环节入手，从经营者不了解的知识讲起，从干部不熟悉的业务开始，广泛开展多层次的宣传培训活动。在培训方面，录制了 6 期以高毒农药鉴别、标准化操作规范等为主要内容的专题讲座片，集中时间在电视上滚动播出。乳山市财政出资 50 万元，印制了挂历、年历、《农产品质量安全控制知识手册》和《农产品基础无公害生产作业指导书》，把农药案件受理、如何鉴别真假、举报投诉方式、标准化生产技术等内容宣传到千家万户，收到了寓教于用、潜移默化的实效。在经营者培训方面，以专题讲座、培训为主要形式，对全市所有农资经营单位业主进行集中培训，提高经营者守法经营的自觉性。在干部培训方面，将农产品质量安全管理知识列入干部学习内容，逐镇对镇村干部进行培训，在全社会形成了“重视质量、规范生产”的浓厚氛围。

4. 建立农产品质量安全追溯体系

为探索初级农产品的条码质量追溯，乳山以“智慧乳山”建设为依托，以企业基地、合作组织和生产大户为可追溯管理重点，投资 150 万元建设了农产品质量安全可追溯监管平台，在 187 家初级农产品生产单位的 11 万亩苹果、3 万亩大姜、1. 6 万亩茶叶、1 万亩草莓、1. 1 万亩蓝莓和 3 万亩蔬菜生产基地实行可追溯管理，并为试点基地建立了农残速测室，配备农残速测仪、电脑、条码打印机、扫描枪等设备。在生产过程中，督导其严格按照标准化规程组织生产，做好各环节农事记录，收获前及时做好农残检测，并将所有记录信息和检测结果实时上传至农产品质量安全监管平台。产品上市前打印出农产品质量可追溯条码标签，并粘贴在产品包装上。消费者可通过标签上所示的网站查询到农产品的生产操作记录、贮藏、运输及检测结果等信息，追溯基地均达到“有管理制度、有专门人员、有生产记录、有质量检测、有产品标识、有产地证明”的“六有”要求，一旦出现农产品质量问题，可根据信息源直接追溯到种植、收购、储运、等具体环节，及时采取纠偏措施，追究生产经营者的责任，进一步提高了监管水平。

5. 建立全方位的检验检测体系

按照“检验检测在全程渗透”的思路，建立起以乳山市检验检测中心为核心，各镇、生产基地检测为支撑，市场检验检测室为补充的农产品检验检测体系，有效地支撑农产品质量安全监管工作开展。在市级，整合原质监、农业、海渔等部门检测资源，建成市检验检测中心，中心实验室面积 2 279 平方米，拥有国际、国内领先的大型仪器设备 52 台套，具备开展 204 种产品、2 847 项参数以及 375 种试验方法的检测能力，可实现对农产品从种植、生产、流通到餐桌全过程的检测。

6. 建立特色化的品牌创建体系

采取单一性品牌创建与区域性品牌建设并重、传统市场巩固与新兴市场拓展并举的办法，加大品牌创树和市场开拓力度，提升了区域农产品的美誉度和占有率。在品牌创树上，出台了农产品品牌创树奖励政策，整合部门、企业、协会、农户的力量，改变以往各自为战、单独创牌的做法，共创区域性、代表性品牌。共发放品牌奖励资金 300 多万元，争创无公害农产品和绿色、有机食品认证近百个，“乳山牡蛎”“乳山大姜”“乳山绿茶”“乳山大花生”“乳山苹果”“乳山板栗”“乳山草莓”“乳山巴梨”先后通过中国地理标志证明认证。

（二）乳山会议

在安丘会议召开一年之后，2009 年 4 月 13 日，山东省在威海乳山市召开了第二次全省出口农产品质量安全示范区建设现场会（简称乳山会议）。参会范围扩大到了 54 个县（市、区）代表，这次会议总结了第一次现场会以后在山东省 37 个县（市、区）区域化推广的情况，推广乳山“公司+基地+标准+品牌+市场”五位一体的管理模式。

时任山东省副省长才利民在会上做了重要的讲话。他回顾了安丘会议以来，山东省在出口农产品质量安全区域化管理推进工作上取得了明显成效，并对下一步的工作提出详细的要求。通报了山东省政府关于把“农产品质量安全区域化管理”提升为“出口农产品质量安全示范区建设”的决定。明确指定山东省商务厅和山东检验检疫局主要负责该项工作。

关于为什么要推进出口农产品质量安全示范区（以下简称示范区）建设工作，才利民说：“首先，我省农业外贸依存度达 43.5%，是全国平均水平的 2.2 倍。外向型农业联结着广大农产品企业和农民。作为全国最大的农产品出口省份，努力保持农产品出口稳定发展，不仅对实现外贸平稳发展意义重大，而且对促进农业结构战略性调整、有效解决‘三农’问题产生积极而深远的影响。尤其是在金融危机形势下，稳定和扩大农产品出口就是稳就业、保增长、促民生。其次，质量安全是农产品出口的生命线。农产品出口一方面联系千家万户农民的切身利益，另一方面体现‘中国生产’‘中国制造’的国际形象。我省农产品出口在全国具有特殊位置，不少出口产品包括一些禽肉制品、水产品在全国有独占地位，国际市场对山东开放，实际就是对中国开放，如果因质量问题关闭了山东农产品出口市场，实际也就是关闭了中国农产品出口市场。2008 年以来，国内食品安全问题教训深刻，出口农产品质量安全始终是一条十分敏感的神经。现实要求我们，稳定和扩大农产品出口，首先要控制质量、确保安全。再次，品牌和市场是拓展提升出口农产品质量安全工作的关键。品牌是打开国际市场的钥匙，标准是通往国际市场的通行证。按照出口国的标准组织生产是提升出口农产品质量安全的必然途径。在2008年采取‘公司+基地+标准化’的管理模式基础上，引入品牌和市场的理念，推行‘公司+基地+标准化+品牌+市场’五位一体的出口农产品质量安全发展模式，这是对出口农产品质量安全工作的拓展和延伸，是全面提升我省农产品国际竞争力的有效措施。最后，示范区建设是开展出口农产品质量安全工作的重要举措。出口农产品质量安全，作为一项开创性工作，必须明确重点、搞好规划，由点到面、逐步推广。”

才利民特别强调：“要建立‘政府主导、部门联动、企业主体、市场运作’的工作机制，对出口农产品各环节、全过程进行质量安全监管，在实施出口农产品质量安全区域化管理基础上，推行以‘企业为龙头、基地为依托、标准为核心、品牌为引领、市场为导向’五位一体的出口农产品质量安全示范区发展模式。”

才利民就如何建好示范区做了布署。

1. 坚持以国际市场为导向，积极扩大农产品出口

一是认真搞好目标市场定位。要广泛了解和掌握日本、韩国、欧盟、美国以及新兴市场的农产品准入条件和质量安全标准，把握不同市场的消费特点，严格按照目标市场要求组织生产和加工，并根据不同市场的要求，采取差异化策略，不断扩大适销产品出口。二是继续坚持市场开拓“两手抓”。对日本、韩国、欧盟、美国等传统市场，要坚持‘巩固提升、以质取胜、稳定份额’；对拉丁美洲、非洲、东南亚、独联体等新兴市场，要坚持‘品牌引领、重点开拓、扩大规模’。三是切实加强农产品壁垒预警和突发事件应对机制建设。对于目标市场可能采取的贸易保护措施和技术标准变化，要快速反应、加强指导，尽可能突破壁垒、减少风险。对于食品质量安全突发事件，要及时通报，积极应对，最大限度地化解影响。

2. 坚持以重点企业为龙头，不断壮大出口农产品质量安全责任主体

一是进一步提高企业的社会责任意识。指导企业严格按照目标市场安全标准组织生产和出口，严把原料、成品质量关，引导企业靠信誉、靠质量开拓国际市场。要制定并严格执行失信惩戒措施，强化企业自律意识。二是鼓励企业大力开展精深加工。积极引导企业加大技改投入，提高加工程度，强化自主研发，丰富适销品种。三是加强质量检测机构建设。依托大型骨干企业，建设区域性检测中心，在满足骨干企业自身检测需要的同时，积极为周边中小出口企业提供检测服务，借此逐步建立完善区域化质量控制和可追溯体系。四是做好引进外资发展现代农业这篇文章。充分利用跨国公司、国外大型连锁销售企业在农产品环境监测、质量控制、可追溯体系建设等方面的经验，利用外资成片开展农业开发。

3. 坚持以基地为依托，努力夯实出口农产品质量安全体系建设基础

一是因地制宜、突出特色。要根据本地区农产品资源禀赋、生产习惯和出口渠道，科学确定出口生产基地的产品品种和发展模式。二是加强社会化服务。要加快完善农药、化肥等市县专营、乡镇配送、村级直供三级配送体系，确保基地、农户放心使用。三是注重调动村委会、专业合作组织的积极性。借鉴乳山市的成功做法，依托村委会和专业合作组织，建立完善出口企业与基地、农户的利益联结机制，促进出口基地的专业化生产、企业化管理和规模化经营。

4. 坚持以标准化为核心，不断提升出口农产品质量安全体系层次水平

一是创建完善标准体系。要加快引进国际质量安全标准，并根据目标市场质量安全标准变化，制订完善山东省出口农产品生产、检测相关标准，健全完善有关技术规范和操作流程，实现出口农产品标准化生产。二是加强对化学品投入的控制。要严格实行化学投入品专营、专供、专用综合管理，从源头上杜绝禁用药品的生产、销售和使用，降低出口农产品农兽药残留污染风险。要优化出口农产品种养环境，尽可能减少化学品投入量，杜绝禁产禁用剧毒低效化学品使用。三是完善全程动态监管。充分发挥地方政府的主导作用，整合各种检测资源，健全完善从种植养殖、生产加工到出口的全程监管体系，确保源头可追溯、流向可跟踪、信息可查询。

5. 坚持以品牌为引领，努力提高山东省农产品市场竞争力

一是加快地方特色品牌培育。要通过标准化推广工作，进一步规范地方特产的生产技术、操作规程，积极开展特色出口产品的品牌注册，尽快培育一批具有鲜明地方特色的地理标识品牌。二是继续加大优质品牌市场推介力度。要综合运用市场开拓资金、品牌建设扶持资金等多种政策手段，加大优质品牌的宣传力度，有针对性地组织优质品牌开展境外推广活动，扩大影响力，提高知名度。三是积极开展质量认证。

七、出台创建示范区意见

乳山会议后，为了加快示范区建设的速度，2009 年 6 月 5 日，山东省政府办公厅印发了《关于加快推进出口农产品质量安全示范区建设的意见》。意见要求，3 年内在全省农产品出口主产区建立起规范的化学投入品供、销、用全程链式管理机制，40%的县（市、区）建成出口农产品质量安全示范区，示范区出口农产品符合国际标准和进口国（地区）质量安全标准，实现“源头无隐患、投入无违禁、管理无盲区、出口无障碍”的示范效果。

（一）六大体系

1. 健全出口农产品质量安全标准化体系

依据国际标准和进口国（地区）技术标准、规程，结合实际，组织制定出口农产品标准。各级政府负责制定标准化建设推进计划，促进示范区基地连片开发、标准化建设。

2. 健全农业化学投入品控制体系

农业部门会同有关部门根据出口农产品质量安全要求，制定《示范区农业化学投入品使用规范》《示范区农业化学投入品生产企业登记备案管理办法》，对允许使用的农业化学投入品及其生产企业实行备案管理，清理整顿农业化学投入品销售渠道，对有关药物实行专营专供。农业（畜牧）、海洋与渔业部门要对使用环节加强指导，规范用药。检验检疫部门负责指导出口农产品生产加工企业建立生产经营台账，严格记录生产环节投入品使用，形成农业化学投入品“供、销、用”全程链式管理机制。

3. 建立出口农产品质量安全可追溯体系

利用现代信息技术，以出口企业为主体，在产地环境、种植、养殖、农业化学投入品采购使用、病虫害防治与疫病控制、收获、储藏、运输、加工、包装、出口各环节建立可追溯体系。

4. 完善出口农产品质量安全监控评估预警体系

各监管部门根据监控检测结果和质量安全状况，定期开展风险评估，对农药兽药残留等重大质量安全隐患及时发布预警通报，提出整改工作方案并采取相应纠偏措施。

5. 建立企业质量安全诚信体系

建立示范区出口企业诚信档案和产品质量信用记录，定期评价、发布企业质量安全诚信信息，对诚信企业予以表彰，对因失信造成出口农产品质量安全被国外官方通报并产生重大影响的企业，要依法进行处理。强化政府监管、行业自律和社会监督，逐步建立起示范区企业质量安全诚信体系。

6. 建立多元化国际市场体系

加快引进一批国际知名农产品加工企业和品牌，利用其国际营销渠道，带动山东省农产品进入国际市场或直接进入大型连锁超市。及时发布国际展会信息，组织指导示范区出口农产品企业参加国内外重要食品博览会等专业展会和促销活动。充分发挥驻外经商参处和机构的作用，及时向农产品出口企业传递国外农产品贸易政策、市场动态和商品信息，指导企业有重点、有针对性地开拓国际市场。

（二）保障措施

1. 强化组织领导

各级政府对所管区域出口农产品质量安全示范区建设负总责，建立健全责任制，对职能部门履行职责情况进行考核。

2. 明确部门责任

农业（畜牧业）部门负责植物产品原料种植环节和动物产品原料养殖环节的质量安全监管，加强对农业投入品使用的管理和指导，制定保障农产品质量安全的生产技术要求和操作规程，监测农产品生产区域水体、大气、土壤等环境，与环保部门按照职责要求分别负责农业环境污染防治监管。环保、质量技术监督部门会同农业（畜牧业）、海洋与渔业等部门制定示范区产地环境质量标准和污染物排放标准。海洋与渔业部门负责水产品和水生动植物原料养殖环节的质量安全监管。检验检疫部门负责出口农产品的质量安全监督和出口农产品生产企业、出口农产品原料种植、养殖场的备案，并及时发布对出口农产品的警示通报信息。质量技术监督部门会同农业、工商行政管理部门负责组织协调依法查处生产和经销假冒伪劣商品活动中的质量违法行为和标准化、计量工作的管理。工商行政管理部门负责农资市场及流通环节监管。商务部门负责出口农产品综合协调及相关信息服务。

3. 加大政策扶持

积极争取国家促进农产品出口各项扶持政策。充分发挥各级财政资金的引导作用，加大对出口农产品质量安全示范区建设、出口农产品龙头企业、检测实验室、出口基地、品牌、新产品开发、市场开拓、国外注册认证、专业培训、应对贸易摩擦等方面的支持力度。检验检疫、海关、税务等相关部门为出口企业提供贸易便利化和信息服务。

4. 扩大宣传培训

利用各种方式和渠道，加大对出口农产品质量安全示范区的对外宣传推介力度。普及农产品质量安全常识，提高全社会、全民的出口农产品质量安全意识。

5. 加强考核管理

省商务部门会同有关部门研究制定山东省出口农产品质量安全示范区认定标准和考核管理办法，对示范区实行定期考核和动态管理。

八、示范区的考核管理

根据《关于加快推进出口农产品质量安全示范区建设的意见》，在广泛调研基础上，2009年6月26日，山东省商务厅、山东省财政厅和山东出入境检验检疫局联合发布了《山东省出口农产品质量安全示范区考核管理办法》（以下简称考核管理办法），开展了示范区的考核认定。

（一）示范区考核内容

一是高度重视示范区建设工作，认真贯彻落实《山东省人民政府办公厅关于加快推进出口农产品质量安全示范区建设的意见》要求，各职能部门要强化政策措施，加大工作力度，共同推进示范区建设。

二是示范区要结合当地的实际情况，建立示范区建设领导机构，明确职责范围，健全工作机制，出台推进示范区建设的实施意见和扶持政策，制定示范区的培训、宣传工作计划并按计划有效实施。

三是示范区须制定各种出口农产品的标准化种植、养殖、加工的生产规范，实施出口农产品质量安全标准化管理，配备一定的专职植保员、兽医、生产技术员。实施标准化管理的种植、养殖基地应符合国家出入境检验检疫部门备案的要求。

四是示范区应制定并有效实施《示范区农业化学投入品使用规范》《示范区农业化学投入品生产企业登记备案管理办法》等管理和技术规定，建立覆盖示范区的农业化学投入品专营专供制度，按照要求建立档案、做好台账记录，做到区域内无禁用农业化学投入品，并按规范采购、销售、供给、使用农业化学投入品，两年内没有发生农业化学投入品引起的出口农产品质量安全事故。

五是示范区出口农产品加工企业必须建立质量安全追溯体系，建立电子化或纸面化的追溯文件、记录和档案，能够实现所有出口农产品质量安全信息的有效追溯。有关记录和档案至少要保存两年。

六是示范区应当建立出口农产品质量安全检测网络，制定监控计划，对出口农产品质量安全及产地环境实施有效检测监控；建立风险分析与预警机制，依据出口农产品的监控和各种质量安全信息及时开展风险分析，依据风险分析的结果调整风险管理措施，并及时进行风险信息交流或发布警示信息；建立应急处理机制，发生问题及时启动应急预案做到快速处理。建立安全监控、风险分析和应急处理工作的相关记录和档案，并保存5年以上。

七是示范区应制定《示范区农产品出口企业信用评判标准》和《失信企业通报与黑名单管理制度》等，建立企业诚信信息交流平台，并做好相关记录，建立管理档案。

八是示范区出口农产品生产基地、加工出口企业、出口规模、出口市场、品牌等须保持一定的规模或增长幅度，各项指标名列全省前茅，在质量安全管理方面具有较强的示范效果。

（二）首批示范区的诞生

2009年年底，经山东省商务厅、山东出入境检验检疫局、山东省农业厅、山东省财政厅等部门联合组成专家组实地考察后，确定了安丘市、乳山市等12个县市区为山东省首批出口农产品质量安全示范区。经过1年发展，示范区建设取得初步成效。

1. 富有特色的示范区建设路子基本形成

以企业为龙头、基地为依托、标准为核心、品牌为引领、市场为导向的“五位一体”发展模式得到普遍推行；“政府主导、部门联动、企业主体、市场运作”的工作机制逐步建立；标准化体系、化学投入品控制体系、质量安全可追溯体系等“六大体系”建设不断完善，示范区建设走上规范化、科学化、制度化轨道。

2. 出口农产品质量安全水平大幅提高

2009年，山东省没有发生一起出口农产品重大质量安全事故，检验检疫合格率由上年94%提高到99.6%，出口农产品质量国外通报率下降75%；欧盟、日本恢复了山东省熟制禽肉、冷冻干燥菠菜进口，加拿大首次允许山东兔肉进口，安丘、莘县成为首批供港蔬菜备案基地。

3. 示范区国际影响力进一步增强

2009年12月，在商务部直接运作下，山东省商务厅和山东出入境检验检疫局，在日本东京、大阪成功举办了以推介山东出口农产品质量安全示范区为主要内容的宣传活动，增强了日本消费者对山东出口农产品的信心，开辟了输日农产品质量安全对话的官方渠道，示范区在日本各界引起积极反响。

4. 政策扶持力度不断加大

2009年，山东省财政先后投入资金1 800万元，对出口农产品质量安全示范区六大体系建设、农产品国际市场开拓等给予了重点扶持；争取国家资金1 500万元，重点用于出口农产品区域检测中心和质量安全可追溯体系建设。尽管遭受金融危机严峻冲击，但全省农产品出口完成97.7亿美元，降幅小于全省平均水平12.5个百分点。

九、“威海经验”的创新

随着农产品标准种植基地面积快速扩大和标准化养殖场数量增加，山东省优质安全农产品成倍增加。然而，受到2008年全球金融危机的影响，发达国家对农产品需求出现滞胀的新形势，山东省面临的挑战是，农产品质量安全搞上去了，出口市场需求却又降下来了。开拓优质和安全农产品的新型市场，是2010年山东省农产品出口面临的挑战之一。

在这关键时刻，2010年4月21日，山东省政府在威海市组织召开了第三次出口农产品质量安全示范区建设现场会。会议总结和交流了威海市等示范区成功建设的经验，提出了“推行国际标准，统筹两个市场，打造山东品牌，促进富民强省”的新任务和新挑战，总结并提出了威海经验。

（一）威海经验

1. 强化组织领导

威海市委、市政府高度重视示范区建设，两个“一把手”亲自部署，亲自推动，有效整合部门力量，建立健全组织机构，层层落实目标责任，严格严肃考核奖惩，示范区建设纳入各级目标绩效考核体系，分值占到经济建设的10%，每季度进行督导通报，在全市上下形成了加快推进示范区建设的良好氛围。

2. 市域全覆盖

威海把所辖三市三区全部纳入示范区建设范围，在种植、养殖、加工各方面严格推行“六大体系”，实现了化学投入品的统一整治、统一配送、统一指导，不存隐患，不留死角。同时，大力宣传农产品质量安全政策法规，普及生产技术规程，做到家喻户晓、科学应用。

3. 两个市场，一个标准

威海市在鼓励示范区农产品加工企业开拓国际市场的同时，积极引导流通企业与示范区对接，在示范区建设自属基地，采购示范区产品，通过“家家悦”等流通企业的销售网络，把示范区国际标准的农产品推向国内市场，满足群众日益提高的消费需求。威海市的创新实践，为全省推动“出口农产品质量安全示范区”向“出口农产品质量安全城市”转变闯出了新路子，也为各市提供了宝贵经验。

才利民会议上强调：“威海会议的一个新而重要的导向是，示范区的基地要成为‘农超对接’农产品配送的主要来源地。决定推行国际标准，统筹两个市场，不能出口的农产品质量就高一点、国内销售的质量就低一点，我们国家也要讲质量安全，这个问题我们一定要高度重视。最近，个别问题给我们敲了警钟，必须引起高度重视。不能出口农产品没出问题，国内市场却出了问题。我们要反思，从这个角度也折射出示范区建设的极端必要性和紧迫性。”

才利民说：“为什么需要做‘两个市场一个标准’？当前，国内消费观念不断更新，消费层次不断升级，人民群众对农产品质量安全的要求更加迫切。加快提升出口农产品质量安全示范区的质量水平，拓展广度和深度，是统筹两个市场的迫切需要。大力推进质量安全示范区建设，既是提高农产品国际竞争力，突破国际贸易壁垒的有效途径，也是落实科学发展观、加快转方式调结构惠民生的迫切需要。”

（二）示范区发展新方向

1. 推行国际标准，增强出口农产品国际竞争力

一是健全完善标准体系。要加快引进国际农产品质量安全标准，并根据目标市场质量安全标准变化，制定完善出口农产品生产、检测相关标准，健全完善有关技术规范和操作流程，实现出口农产品标准化生产。二是严格农业化学品投入控制。严格实行农业化学投入品专营、专供、专用等综合管理，从源头上杜绝禁用药品的生产、销售和使用，降低出口农产品农兽药残留污染风险。加强水源、面源综合治理，优化出口农产品种养环境，尽可能减少化学品投入量，杜绝禁产禁用低效剧毒化学品使用。三是加强质量检测能力建设。规划建设好质量检测公共服务平台，依托大型骨干企业，建设区域性检测中心，在满足骨干企业自身检测需要的同时，积极为周边中小出口企业提供检测服务，逐步建立完善区域化质量控制体系，实现资源共享，保障有力。四是引进农产品生产流通跨国公司。学习借鉴跨国公司标准化建设经验，带动全省在农产品环境监测、质量控制、生产加工、可追溯体系建设管理水平的提高。

2. 统筹两个市场，积极促进内外贸融合共赢

一是巩固传统市场份额，扩大新兴市场份额。认真搞好目标市场定位，广泛了解和掌握日本、韩国、欧盟、美国以及新兴市场农产品准入条件和质量安全标准，把握不同市场的消费特点，严格按照目标市场要求组织生产和加工，并根据不同市场的要求，采取差异化策略，不断扩大适销产品出口。二是结合“农超对接”，拓展国内市场。要统筹两个市场，发挥示范区、农产品流通企业各自优势，鼓励和引导区内生产加工企业与超市积极开展适销产品对接，拓展示范区农产品销售渠道。大型流通企业要主动与示范区进行全面合作，在示范区建设种养基地，到示范区采购优质农产品，发挥销售网络、配送体系、信息反馈、经营管理等方面优势，把安全放心的农产品摆上人民群众的餐桌。提高全省示范区信息化水平，认真搞好示范区与流通企业对接平台搭建工作，用信息化改造提升示范区发展水平。

3. 打造山东品牌，增强出口农产品市场信誉度

一是大力推进区域品牌建设。要通过标准化推广工作，进一步规范地方特有的生产技术、操作规程。积极开展特色出口产品的品牌注册，争取更多优势产品取得欧盟、美国、日本等重点市场的地理标识互认，尽快培育一批具有鲜明地方特色的地理标识品牌，打造山东品牌群体形象。二是积极组织开展国内外质量体系认证。有关部门要加强技术辅导，鼓励支持具备条件的出口企业和生产基地广泛开展质量管理、良好农业规范、良好生产规范、危害分析与关键点控制认证。特别要针对农产品主要目标市场，帮助企业选择优势产品开展各类认证，力争更多企业拿到进入国际市场的“金钥匙”。三是认真搞好国内外专题推介活动，提高市场影响力。要在香港山东周、上海国际食品展、法国巴黎国际食品展三大展会期间专题推介示范区建设成果。各示范区除积极参加山东省统一组织的活动外，也要立足自身优势举办一些各具特色的宣传推介活动，把山东省出口农产品质量安全示范区品牌打响、喊亮。

4. 促进富民强省，努力实现农民增收、财政增收、就业增加

要完善生产企业与基地、农户的利益联结机制，引导龙头企业、农村经济合作组织与农户之间在自愿、平等、互利的前提下，形成比较稳定的产品购销关系和利益共同体，大力发展合同农业、订单农业，落实收购保护价，建立“风险共担、利益共享”的新机制，切实保障农民群众的利益，激发农民发展规模种植的积极性。要围绕当地主导产业和重点产品，科学规划，合理布局，培植、引进龙头加工企业，鼓励就近采购原料，提高产品质量，形成规模优势，努力实现农民增收、财政增收、就业增加。

5. 加强组织领导，形成整体合力

一要强化各级政府的推进工作责任。打造出口农产品质量安全区是一个系统工程，各级党委政府要把质量安全区建设作为转方式、调结构、推进新农村建设的重要举措来抓，在全市范围加快推进，切实加强组织领导，健全工作机制，对示范区建设统一部署、协调、指导和推进，做到领导机构、工作方案、组织实施三落实。要明确界定各职能部门的工作职责和任务，实行目标责任制，做到组织、措施、人员三到位。二要切实加强各部门之间的协调配合。商务、检验检疫部门要按照示范区考核管理办法定期开展工作调度和督促检查，在首批12个示范区工作的基础上，总结经验，巩固成果，扩大规模，在确保示范区建设目标的基础上建设质量安全城市。各相关部门要按照工作分工，结合实际制定和完善工作措施，既要各司其职、各负其责，又要相互支持、密切配合，齐抓共管。同时，要不断探索完善工作推进机制，加强信息沟通和部门联动，形成强大合力。三要继续广泛开展宣传培训。充分利用广播、电视、报刊、公益广告等媒介，普及出口农产品质量安全常识，公布出口农产品质量安全信息。要深入开展出口农产品质量安全知识进社区、进乡镇、进企业、进基地、进农户活动，提高全民质量安全意识。要多层次组织示范区建设相关培训，省里重点搞好国外技术标准、质量安全体系建设规范的培训，各市重点搞好区域化检测、示范区管理规范的培训，各试点县重点搞好标准化种养殖、农作技术和化学投入品控制的培训。四要进一步加强政策扶持力度。要继续积极争取国家外贸发展资金，支持龙头企业加强区域检测中心建设。要用好省里的专项资金，加强对出口农产品质量认证、国际市场开拓的支持。要整合内外贸扶持政策，用足用好农超对接、双百工程、市场工程、万村千乡市场工程等扶持政策，加快形成内外贸紧密融合共赢发展的政策促进体系。

十、示范市建设新篇章

（一）首个示范市建成

2011年，为进一步发挥示范区引领作用，通过示范区建设和评审推动农产品质量安全工作的开展，山东省提出了创建出口农产品质量安全示范市，农产品出口大市实现市域范围内主要农产品生产贸易县（县级市、区）均建成示范区的目标。

2011 年 4 月威海市被成功评审为山东省第一批合格的出口农产品质量安全示范市，为此，山东省政府以办公室名义发布了通报。

通报指出：近年来，威海市认真贯彻落实省委、省政府决策部署，加快推进出口农产品质量安全示范区建设，坚持“政府主导、部门联动、企业主体、市场运作”的工作机制，率先在全市范围内实现“源头无隐患、投入无违禁、管理无盲区、出口无障碍”的目标要求，建立健全出口农产品质量安全标准化体系、农业化学投入品控制体系、质量安全可追溯体系、监控评估预警体系、企业质量安全诚信体系、多元化国际市场体系六大体系，所辖乳山、荣成、文登三市均被确定为“山东省出口农产品质量安全示范区”，并积极推进大型超市与示范区开展“区超对接”，实现农产品质量安全由出口保障转向全民共享，收到了农业增效、农民增收、就业增加、出口增长的良好效果。为表彰先进，推广经验，山东省政府决定授予威海市“山东省出口农产品质量安全示范市”称号。

（二）示范区建设新要求

2011 年 4 月 27 日，山东省召开了“全省出口农产品质量安全示范区建设工作会议暨一季度商务形势分析会”，会上时任山东省副省长才利民对示范区建设提出新要求。

1. 建立顺畅的工作机制

在工作指导上，需要始终把示范区建设作为转方式调结构的重要举措来抓。通过抓示范区建设，优化结构，提升质量，促进出口，拉动就业，实现农业增效，农民增收，财政增长，就业增加。在运行模式上，要建立一整套行之有效的工作机制。那就是“政府主导、部门联动、企业主体、市场运作”。实践证明，农产品质量和安全工作必须是政府主导，特别是各个地方的党政主要领导亲自抓。书记、市长亲自抓，主管副市长具体抓，在这个层面下，商务部门综合协调，检验检疫部门一线派驻，相关部门各司其职，上下游企业规范运作，形成了一套上下贯通、左右联动的工作运行机制。在保障机制上，需要突出抓好三大重点环节，即紧紧围绕质量安全标准、农业化学投入品控制和可追溯体系建设三大关键环节。在推进路径上，鼓励各地因势利导、创新发展。在发展取向上，坚持区域全覆盖、内外同标准。才利民在会上提出，力争到 2015 年，山东省一半以上的市建成出口农产品质量安全市，60%以上的县（市、区）建成示范区的目标。

2. 在 5 个方面下功夫

（1）加强组织领导保障

示范区建设是项系统工程，也是“一把手”工程。各级政府要对当地示范区建设负总责，市、县两级政府成立由主要领导挂帅的示范区建设领导机构，县级政府设立专门工作机构，配备专职工作人员。要制定示范区建设规划和实施方案，明确部门责任，建立各司其职、密切配合、齐抓共管的推进机制。要切实加强对示范区的考核管理，将示范区建设工作纳入政府目标责任考核。山东省商务厅会同检验检疫等有关部门要按照

《山东省出口农产品质量安全示范区考核管理办法》，加强对示范区的定期考核和动态管理。要继续加大政策扶持力度，各级财政要加大对示范区打造品牌、开拓市场、建设公共服务平台、开展质量安全标准培训等方面的资金扶持力度，商务、检验检疫、海关、税务等相关部门要积极为龙头企业开拓国内外市场提供便利化服务，形成多点支撑、配套联动的工作格局。

（2）加强检测监督管理

一是抓准入。健全化学投入品的市场准入制度，推进建立农兽渔药经营许可制度，对进入辖区内的农业化学投入品及其生产、经营企业实行备案管理。二是抓标准。推进农产品质量安全标准与国际接轨，收集、整理、推广发达国家和地区农产品质量安全技术标准，并参照进口国标准，制定、推广出口农产品技术标准和操作规程。同时，鼓励引导企业和农村专业经济合作组织广泛开展质量安全体系认证，支持具备条件的出口企业开展针对主要出口市场的国际标准认证，力争更多企业拿到进入国际市场的“金钥匙”。三是抓配送。结合推进“万村千乡市场工程”，提高农用物资统一配送比重，积极培育扶持农资经销龙头企业，发挥其主渠道作用，建立直供配送体系，形成“统一进货、统一标识、统一价格、统一仓储、统一配送”的经营模式，实现对示范区基地全部直供。四是抓监管。建立生产、流通各环节的质量安全信息记录，以出口企业或农村经济合作组织为主体，建立农产品生产加工各环节的质量安全信息体系。加强质量检测能力建设，有条件的地区要进一步加大投入，建设公共检验检测机构，扶持龙头企业建设检验检测中心，提高龙头企业自检自控和为周边中小企业服务的能力。加快构建省、市、县三级可追溯信息平台，做到各部门质量安全监管信息共享，实现全过程质量安全可追溯。

（3）加强国内外市场拓展

示范区农产品的基本定位是瞄准中高端市场，引领同类产品市场消费。一是扩大品牌影响。引导骨干农产品出口企业加强自主品牌建设，鼓励龙头出口企业在国外进行商标注册，积极争创著名商标，进一步提高山东省农产品出口企业自有品牌的比例。二是加强市场推介。广泛开展特色品牌和优势示范区的市场推广，继续搞好示范区建设的专题海外推介活动，省里每年选择一个骨干目标市场，统一组织优势示范区和特色农产品重点推介，各示范区也可立足自身优势举办一些各具特色的国内外宣传推介活动，把山东省出口农产品质量安全示范区牌子叫响。三是深化“区超对接”。推动示范区内企业与省内外大中城市连锁超市建立稳定的销售渠道，抢占高端市场。同时，根据示范区农产品特色，推进农产品交易市场建设，增强市场辐射能力。

（4）加强预警应急体系建设

一要加强质量安全风险监测。相关部门依法制定农产品质量安全风险监测计划，结合示范区的具体情况，科学制定农产品安全风险监测方案，积极组织实施；及时汇总统计监测数据，做好分析应用。二要科学组织开展风险评估。建立农产品质量安全评估制度，由地方政府组织、有关职能部门参与，组成风险评估小组，收集、汇总、分析国外预警通报以及国内食品农产品质量安全信息，定期开展评估工作。三要及时预警有效应对。对重大质量安全隐患及时发布预警通报，提出整改工作方案并采取相应纠偏措施。

各级政府要建立出口农产品质量安全重大突发事件应急处置机制和通报评议制度，对重大突发事件立即启动应急处置预案，有效防范进口国对山东省出口农产品启动停止进口程序或封关等措施，最大限度地减少损失。

（5）加强国际交流合作

示范区建设是开放性的，既要“走出去”，也要“引进来”。拓宽对外合作交流渠道，鼓励有条件的龙头企业到海外投资设立农产品加工项目或营销机构。要加大招商引资力度，鼓励跨国公司在山东省设立加工、采购中心，着力引进一批国际高端精深农产品加工企业落户示范区，利用其营销渠道，带动山东省农产品进入国际市场。

（三）“山东经验”在《人民日报》首次亮相

2011 年 12 月 27 日，才利民在《人民日报》上发表了题为《提升农产品出口竞争力有效举措》的文章，他把山东省出口农产品质量安全示范区建设的成功经验归纳如下。

1. 完善措施，提升农产品出口竞争力

围绕农产品质量安全示范区建设，牢牢抓住涉及出口质量安全的核心问题，完善相关措施，狠抓质量管理，山东省出口农产品逐步走上“源头无隐患、生产有标准、投入无违禁、监管无盲区、质量可追溯、出口无障碍”的良性发展轨道，农产品出口竞争力大幅提高。

2. 强化载体建设，不断提高出口农业的组织化程度

引导各地根据资源禀赋、生产习惯和出口渠道，建立出口产品种植养殖基地，通过农村土地有序流转促进出口基地向规模化方向发展。

3. 狠抓关键环节，着力强化出口农产品质量安全保障措施

重点抓好 3 个关键环节：一是健全标准化体系。研究制定与国际接轨的生产标准和技术操作规程，指导企业和农民按照出口目标国家的标准组织生产，初步建立了国际标准、国家标准、行业标准和地方标准相配套的质量安全标准体系。二是严格农业化学投入品管理。制定了《农业化学品投入管理办法》，公布禁用名单，实行市场准入制度和经营者备案，推行农资统一采购、统一配送，做到化学投入品产、销、用全程可控。三是推进质量安全可追溯体系建设。建设了一批质量检验检测、监控追溯公共服务平台，扶持企业加大检测技术和设备投入，基本实现源头可追溯、流向可跟踪、信息可查询。

4. 提升品牌形象，努力开拓多元化国际市场

广泛开展山东出口农产品质量安全示范区建设宣传推介活动。加快地方特色品牌培育，形成了一批在国内外叫得响的名牌企业。积极开展特色产品地理认证，一大批农产品获得国家地理标志保护。

5. 立足国内需求，推动质量安全由出口保障转向全民共享

统筹国际国内两个市场，实现内外贸融合，把安全食品摆上老百姓餐桌，既是贯彻以人为本执政理念的具体体现，也是发展成果由人民共享的必然要求。结合商务部“农超对接”工程，积极推广“区超对接”，鼓励超市在示范区建立直采专供基地。

随着山东省出口农产品质量安全示范区建设工作的不断推进，其他省市纷纷开始学习山东经验，前来参观学习的单位、企业和个人数量不断增加。

（四）示范市的扩围

2010—2013 年，先后认定 4 批 66 个示范区，继威海成为首个示范市之后，日照、莱芜、青岛、烟台、潍坊、淄博、临沂 7 个市又先后建成示范市。

十一、向示范省目标前进

（一）出台示范省意见

1. 确定示范省建设目标

2014 年，山东省出口农产品质量安全示范区和示范市建设工作进展迅速，评审通过的山东省出口农产品质量安全示范区的县（市、区）已达 78 个，占全省县（市、区）的 56.9%；出口示范市 8 个，占全省市 17 个市的 47.1%。下一步应该怎样做？富有自我挑战精神的山东人大胆喊出了“创建出口农产品质量安全示范省”的宏大目标。

2014 年 7 月，山东省向商务部和国家质检总局①发函，提出创建出口农产品质量安全示范省的申请，很快得到回函，“同意用三年时间创建示范省。”

2014 年 7 月 29 日，山东省人民政府办公厅印发了《关于创建出口农产品质量安全示范省的实施意见》（鲁政办发〔2014〕28 号）。

意见提出了创建示范省的背景：“我省是全国重要的农产品生产、出口、消费大省，也是最早开展出口农产品质量安全示范区建设工作的省份，经过多年努力，目前已有 78 个县（市、区）建成示范区、8 个市建成出口农产品质量安全示范市（以下简称示范市），有效提高了农产品质量安全水平，巩固了出口农产品在全国的领先优势。为适应农产品出口新形势和农产品质量安全新要求，在国家有关部委支持下，经省政府的同意，确定创建出口农产品质量安全示范省。”

通过连续 3 年的示范省创建活动，到 2017 年要基本实现以下目标。

（1）全产业链标准体系初步建成

在水海产品、肉食品、蔬菜、果品、花生、粮油制品六大类主要出口农产品中普遍推行国际标准，构建起涵盖生产、加工、包装、储存、运输、消费各阶段关键质量安全技术要求的农产品全产业链标准体系。

（2）农产品品牌建设走在全国前列

在农产品生产、出口、流通等领域涌现出一批有较强竞争力的龙头企业，重点培育的农产品国际知名品牌达到 100 个，品牌农产品占出口农产品的比重和特色农产品地域

---

① 中华人民共和国国家质量监督检验检疫总局，全书简称国家质检总局。2018 年国务院机构改革，将国家质检总局职责整合，组建中华人民共和国国家市场监督管理总局。

品牌的市场认可度大幅提高。

(3) 农产品市场竞争力进一步提升

农产品年出口力争达到200亿美元，国际市场份额进一步提高，在全国的领先优势更加稳固。优质农产品在国内高端市场的占有率进一步扩大，美誉度明显提升。

(4) 农产品市场流通更加高效便捷

农产品市场布局进一步优化，建成一批功能集聚的农产品批发市场、绿色便捷的农产品零售市场、高效规范的电子商务新型市场。

(5) 农产品质量安全水平不断提升

山东省80%以上的县（县级市、区）建成示范区，主产区的市建成示范市，出口农产品检验检疫合格率保持在99.95%以上，区域性、系统性和行业性重大农产品质量安全风险得到有效控制。

2. 提出创建示范省的具体工作任务

(1) 健全质量安全体系，夯实示范区建设基础

一是全面推行国际标准，健全农产品标准体系。大力支持农产品企业开展JAS、GLOBALGAP、NOP等国际农产品标准认证，广泛开展质量管理体系（ISO）、良好农业操作规范（GAP）、良好生产规范（GMP）、危害分析与关键控制点（HACCP）等标准的认证评价，提高农业经营主体标准化生产水平。逐步推行全产业链标准体系，以蔬菜为切入点，逐步扩大到其他种植业产品和畜产品、水产品、林产品，培植一批生产基地、农民专业合作社、家庭农场等示范典型，带动标准的推广应用。二是加强全程监管，健全农业投入品控制体系。依法加强对农业投入品生产、销售、使用的全程监管。强化经营准入管理，建立以农资连锁经营和直销配送为主渠道的农业投入品经营体系，整体提升经营主体素质。实行农兽药经营告知制度，对高风险农兽药实行定点经营，严禁销售、使用违禁农兽药。加强农业投入品联合执法，对不符合法定经营条件和经销假冒违禁农业投入品的单位坚决予以取缔和打击。支持在农村设立农产品质量安全监管员，协助做好农产品生产经营过程监督。三是加快信息化改造，健全可追溯体系。充分利用“大数据”“物联网”等现代信息技术，实现对农产品生产、流通全过程的信息管理，建立全覆盖的可追溯体系。以经销企业为主体，在农业化学投入品的采购、储运、销售等环节建立可追溯体系。加强基础信息采集，扩大信息采集点覆盖面，将示范区可追溯信息系统与山东省农产品国际标准质量安全公共平台对接，实现农产品质量安全信息互通共享。四是构建多层次培育机制，健全品牌引领体系。建立农产品品牌工作推进机制和激励机制，鼓励出口龙头企业开展商标国际注册，打造自主品牌，收购、租赁国际知名品牌。突出示范区区域特色，积极申请注册集体商标、证明商标，培育发展、依法经营区域公用品牌。推动示范区开展农产品国家地理标志认证，打造一批山东地域品牌。积极组织参加“食安山东”品牌引领行动。五是加强风险防范，健全监测预警体系。提高基层检测能力，扩大农药残留速测点、水产品速测点、瘦肉精检测点覆盖面，实现对农产品生产基地和重点商贸流通市场的全覆盖。建立农产品质量安全检测评估制度，及时收集、汇总、分析国外预警通报以及国内农产品质量安全信息，定期开展评估工作，根据评估结果对监测工作做出动态调整。健全出口农产品质量安全重大突发事件

应急处置机制，及时把握舆情，最大限度地减少损失。建立健全出口农产品技术性贸易措施预警和快速反应机制，指导企业积极应对国外技术壁垒。六是强化全民参与，健全科技服务体系。建立和完善多元化农业科技服务体系，制定出台激励政策，支持和鼓励各类社会化服务组织提供适时、实用、全面的农业科技服务。全面开展农业科技、质量安全、标准规范等领域的培训，为示范区建设提供专业人才支撑。建立新型职业农民全员经常性培训制度，采取“远程培训”和“现场培训”等灵活的方式，加快培养一批生产经营型、专业技能型和社会服务型相结合的职业农民。加大宣传力度，广播、电视、报纸、网络等新闻媒体采取多种形式，大力宣传普及农产品科技和质量安全知识，提高全民意识。

（2）统筹整合区域资源，提升示范市建设水平

一是建设区域性现代农产品流通市场。加强农产品流通市场统筹规划，整合、改造、提升一批区域性农产品批发市场，着力打造农产品集散中心、展销中心、价格形成中心。加快发展农产品冷链物流，建设区域性农产品冷链物流配送中心和肉类、水产品、果蔬等重要农产品冷链物流基地。大力推行农产品市场准入制度，依法公布准入产品种类和条件。二是打造区域性农产品检验检测中心。稳妥推进业务相同或相近的检验、检测机构整合工作，逐步发展区域性综合检验检测机构，有条件的市要集中培育1~2个国家级、省级综合性农产品质量安全检验检测中心。依法开展产地准出和市场准入检测，强化区域内检测预警监控责任。加强各检测机构之间的交流，鼓励组建技术联盟，提升重点领域检验检测能力，实现信息共享、检测结果互认。

（3）构建区域性农产品主体功能区

依托区域农产品资源优势，科学确定主体功能区，重点建设一批水海产品加工贸易集聚区、肉食制品精深加工区、蔬果生产流通区和粮油制品仓储加工区。推动人才、项目、资金、技术等要素向主体功能区集聚，融研发、生产、销售、检测功能于一体，形成一批相互配套、功能互补的农产品企业集群，辐射带动区域经济发展，打造全国领先的优质农产品高地。

（4）加快建设公共服务平台，强化示范省引领效应

一是加快建设质量安全公共信息平台。建设山东省农产品国际标准质量安全公共服务平台，参照日本、欧盟等进口国家（地区）标准，制定全省主要出口农产品全产业链标准体系，通过信息化、标准化的紧密结合，形成责任清晰的诚信管理体系，建立起第三方认证和监管机制，打造有公信力的示范省优质农产品整体品牌。完善检验检疫、食品药品监管、工商、质监等部门农产品企业信用管理体系，实现信息共享，将信用评级结果应用于企业分类监管。实行农产品生产经营者“黑名单”和“红名单”制度，定期向社会发布。二是加快建设国内外市场开拓平台。加强示范省整体宣传推介，提高山东农产品国内外市场美誉度。组织企业参加农产品国际展会，提高日本、欧盟、美国等高端农产品市场份额，大力开拓中东、非洲、南美洲等新兴市场。支持农产品企业“走出去”，积极拓展“一带一路”市场。加快推进中韩农产品质量安全示范区建设，与更多国家和地区共建示范区。不断提高省内农产品展会规模和档次，培育有影响力的山东国际食品农产品博览会。推动示范区与省内外连锁超市对接，提高国内市场份额。

大力发展农产品电子商务，开展线上线下相结合的产销一体化经营。

（5）强化组织保障，营造良好氛围

一是加强组织领导。建立创建示范省部门联席会议机制，商务、检验检疫、农业、财政、海洋与渔业、林业、工商、质监、食品药品监管、畜牧兽医等部门参加，按照职能分工开展工作，各负其责、密切协作，合力推进创建工作。各市、县（县级市、区）政府对本地区出口农产品质量安全负总责，要强化组织领导、健全工作机制，完善工作方案、强化组织实施，建立健全责任制，对职能部门履行职责情况进行督查。未建成示范区、示范市的要加快推进建设步伐，已建成的要加快转型升级、提高运行质量，确保示范省创建各项任务目标落到实处。二是强化政策保障。优化整合支持外经贸发展和商贸流通业发展相关资金，突出重点，积极支持示范省创建工作。各市、县（县级市、区）政府要进一步加大对示范市、示范区建设的支持力度，引导社会资金积极投入农产品质量安全工作，逐步建立多元化投入机制。三是严格监督问责。加强对示范省创建工作的监督检查，对各市工作情况进行通报。实施示范区、示范市动态管理和退出机制，对连续 2 年抽检不合格、整改无效果和发生重大农产品质量安全事故的给予摘牌。完善责任追究制度，对监管不力、失职渎职，致使发生重大农产品质量安全事故的相关责任单位和责任人进行问责。

（二）召开创建示范省动员大会

1. 国家质检总局的支持

2014 年 7 月 31 日至 8 月 1 日，山东省政府在潍坊市召开创建示范省的动员大会。时任国家质检总局副局长吴清海在动员大会上作了重要讲话，时任山东省副省长夏耕作了总动员。

吴清海在动员大会上指出：“山东省是我国食品农产品出口的第一大省。在我国经济加速转型的关键阶段，山东省人民政府召开全省规模的大会，对创建出口食品农产品质量安全示范省工作进行动员和部署，这不仅对于进一步促进全省各级政府落实食品安全领导责任，进一步提升山东食品农产品质量安全整体水平，具有里程碑的重要意义，而且对全国食品农产品质量安全工作具有良好的示范引领作用。”

在谈到创建示范省面临的挑战时，吴清海说：“当前，进出口食品农产品质量安全形势仍然比较严峻，食品农产品安全本身风险十分复杂。一是贸易不断发展和深化。二是食品质量和食品安全面临的挑战增多。三是技术性贸易措施对食品农产品产业构成了越来越大的挑战。四是目前企业总体上质量安全投入少，存在监管漏洞。”

吴清海强调，“解决食品农产品质量安全问题，必须坚持发挥市场配置资源主导作用与发挥政府组织作用更好地结合，既要注意发挥好作为市场主体的广大食品农产品出口企业的积极性，加强行业协会自律管理，促进市场各方落实质量安全主体责任，又要进一步明确政府对辖区食品安全负总责，精心谋划，统筹安排，整合资源，有效落实相关监管部门的责任，加强对进出口食品农产品的全过程监管，进一步完善出口食品农产品质量安全体系，有效解决面临的突出问题，更好地适应市场主体扩大出口的需求。”

在谈到创建示范省意义时，吴清海说：“创建示范省，有利于在遵循市场经济规律的基础上，整体规划，明晰各方责任，传导责任意识，加强政府监管。一是监管部门为市场主体开展的一系列服务活动和监督活动，促进了生产者和经营者落实自身的主体责任。二是各个监管部门之间加强沟通协调和互动，也进一步厘清和理顺了监管责任关系，形成监管合力，与市场主体形成良好互动。三是坚持生产管理和部门监管双管齐下，不断创新完善食品农产品安全生产体系、流通体系、标准和认证体系、检测体系、法规保障体系、组织保障体系、社会舆论监督体系，逐步建成一整套食品农产品质量安全生产和监管科学体系。四是在创建过程中，通过宣传教育，引导社会共治，进一步动员了社会力量，营造了有利的社会环境，形成了保障食品安全的长效机制和共治机制。”

最后，吴清海给国家质检总局和山东分局提出具体的工作任务：“国家质检总局将以山东创建示范省工作为契机，紧贴山东出口食品农产品质量安全工作需要，发挥好自身职能，倾情支持和帮助山东创建出口示范省，进而带动全国示范区发展。要做到一是在技术贸易措施研究和应对工作以及行业监管、品牌培育、诚信建设方面给予支持，帮助提高出口产品质量，培育知名品牌，增强竞争能力。二是在实施口岸出口产品快速验放机制，提高货物通关速度方面给予支持，结合山东口岸实际，完善电子检验检疫体系建设，进一步提高口岸通关效率。三是支持质量基础设施建设，加大对检验检疫实验室建设的政策倾斜，帮助开展技术标准研究和制修订，支持山东建设一批供港澳农产品出口基地等。四是帮助山东稳步推进中韩共建国际食品安全示范区，实现山东出口食品农产品在韩国通关便利化，提高山东企业竞争力，在此基础上适时将山东做法向更多贸易国家推介，形成更广泛的共建氛围。五是督促山东检验检疫局抓好示范区建设相关工作落实。”

2. 山东省政府的动员

时任山东省副省长夏耕就山东省创建出口农产品质量安全示范省的工作作了总动员。

夏耕首先肯定了这项工作的意义：“实践证明，示范区、示范市建设有效提升了我省出口农产品质量安全水平，出口农产品检验检疫合格率一直保持在 99.95%以上，出口连续 15 年居全国首位。我们提出创建示范省，就是要在已有基础上，把出口农产品质量安全推向一个更高水平，也为全国提供可复制、可推广的经验。”

夏耕率直地提出示范省建设工作所面临挑战：“我们要清醒地认识到，示范省建设任务还十分艰巨。从国际市场看，技术性贸易措施日趋增多，美国出台了《食品安全现代化法案》、日本在不断修订肯定列表制度。从国内需求看，受农产品标准不一、流通市场不完善和初级农产品价格波动较大等因素影响，示范区农产品能否实现优质优价、两个市场能否有效衔接、能否实现农业增效农民增收，还需要我们研究探索。”

夏耕副省长对为期 3 年的示范省建设工作提出了具体任务。

一是县级政府重在健全质量安全体系、夯实示范区建设基础。因为示范省创建的基础在县（市、区）。县（市、区）要重点强化六大体系。在主要出口农产品中推行国际标准，逐步健全完善全产业链标准体系；进一步健全农业投入品生产、销售、使用全程监管控制体系；充分利用“大数据”“物联网”等现代信息技术，改造提升可追溯体系；支持企业打造自主品牌，培育发展区域公用品牌，开展国家地理标志认证，打造山东地域品牌，健全品牌引领体系；构筑起农产品安全“防火墙”，健全监测预警体系；支持和鼓励各类社会化组织提供适时、实用、全面的农业科技服务，健全科技服务体系。省里要开展新建示范区认定，对已建成示范区要进行抽查。

二是市级政府重在统筹整合区域资源、提升示范市建设水平。积极推进业务相同或相近的检验检测机构整合，逐步发展区域性综合检验检测机构，集中培育1~2个国家级、省级综合性农产品质量安全检验检测中心。重点建设一批水海产品加工贸易、肉食制品精深加工、蔬果生产流通和粮油制品仓储加工等主体功能区，推动研发、生产、销售、检测功能融合，打造优质安全农产品高地。

三是省直各部门重在加强公共服务平台建设、强化统筹引领作用。重点是抓好全省统一的信息平台和市场开拓平台。在市场开拓平台建设方面，要重点抓好示范省整体推介，在国内外展会统一布展。

四是切实加强示范省创建工作的组织领导。省市县一体联动，政府社会企业共同推进。省里建立创建示范省部门联席会议机制，商务、检验检疫部门要发挥牵头作用，负责综合协调、信息服务以及技术贸易措施研究应对工作。农业部门要加强农产品产地源头环境治理、农业投入品监管和疫病疫情监测。财政部门要负责筹集安排创建工作专项资金，并对经费使用情况进行监督检查。海洋渔业、林业、工商、质监、食药、畜牧等部门要按照部门责任分工，抓好水海产品、林产品、市场监管、质量认证、食品监管、畜产品等相关工作。政策扶持要到位，监督考核要到位。实施示范市、示范区动态管理和退出机制，连续两年抽检不合格、整改无效果的，发生重大质量安全事故的要摘牌。完善责任追究制度，对监管不力、失职渎职、发生重大农产品质量安全事故的相关责任单位和人员进行问责。舆论宣传要到位。要广泛宣传示范省创建活动，加强正面舆论引导，也要加强新闻媒体监督，营造良好的舆论环境和社会氛围。

（三）扎实推进示范省创建活动

1. 示范区和示范市持续发展壮大

2014—2016年，山东省新建示范区28个、示范市5个。截至2016年年底，山东省创建省级示范区106个，70%以上县（市、区）建成示范区，示范区农产品出口占全省农产品出口的99%以上；济南、青岛、淄博、枣庄、东营、烟台、潍坊、济宁、威海、日照、临沂、德州、莱芜13个市实现示范区市域全覆盖，建成示范市。

2. 创建并推广山东省农产品食品链全过程管理体系

山东省商务厅建立了山东农产品安全示范区公共服务平台，联合中国检验认证集团山东公司制定了《山东省农产品食品链全过程管理通用要求（试行）》，在威海市、莱芜市，章丘区、栖霞市、寿光市、安丘市、金乡县、莒县、兰陵县、莘县开展“出口农产品安全示范区”品牌创建工作试点，推广山东省农产品食品链全过程管理体系。

3. 加强境外宣传推介

2014年6月23日至7月2日，山东省在斯洛文尼亚、克罗地亚、匈牙利开展了示范省路演活动。

2015 年 3 月 3—10 日，山东省在日本举办了首届山东品牌农产品东京展，在东京和首尔开展了示范省路演活动。山东品牌农产品东京展由山东省和日本能率协会共同举办，是山东省首次尝试在境外举办的农产品自办展。展览面积 1 000 余平方米，展位 104 个，设立山东农产品品牌形象展区，统一特装布展，突出了山东省作为中国农产品进出口第一大省和中国出口农产品质量安全省份的靓丽形象，来自 16 市的 96 家企业参加了展会，集中展示了蔬菜、水果、肉食品、水海产品、花生、调味品等优质农产品，参展人员达 240 余人。展会期间，到会采购商 12 032 人，出口成交 1 418. 1 万美元。

2015 年 9 月 11—20 日，在意大利米兰世博会和荷兰开展了示范省推介活动。

2016 年 3 月 7—14 日，山东省在日本和韩国开展了示范省路演活动。

2016 年 9 月 19—29 日，山东省在阿根廷、秘鲁和美国开展了示范省路演活动。

4. 农产品出口首次突破 1 000 亿元

2016 年，山东省农产品出口在全国各省区市中率先突破千亿元人民币，达到 1 075. 3 亿元，创历史新高。水海产品、蔬菜、鲜干水果及坚果是山东省传统优势出口农产品，尽管近 10 年来受到绿色壁垒增多、金融危机导致国际市场需求下滑、人民币升值等不利影响，但始终保持较强的国际竞争力，欧美等发达国家和地区仍然是山东食品农产品主要出口国，对日本、欧盟、东盟、韩国和美国 5 个市场出口值，合计占山东农产品出口总值的 75. 8%。山东省农产品出口企业中有出口实绩的企业达 13 948 家，比 2006 年增加 10 148 家；出口值超过 1 亿元的有 255 家，比 2006 年增加 114 家。

十二、值得铭记的时刻

（一）示范省创建成功公告

2017 年 4 月，山东省经过认真的研究结合对示范县市考核的结果，认为申报出口农产品质量安全示范省的条件基本成熟，从而以省政府的名义向商务部和国家质检总局提出了示范省考核评估的申请。这件事情引起国家质检总局决策层的高度重视，时任局长支树平专门做出批示，要求质检总局随即派出考核评估组赴山东省对示范省创建工作做考核和评估。为此国家质检总局专门编制了《出口食品农产品质量安全示范省考核评估表》。2017 年 5 月 20—25 日，国家质检总局考核评估组来山东省考核评估出口食品农产品质量安全示范省创建工作。副省长王随莲在济南会见考核组一行，时任省政府副秘书长魏华祥召开考核评估汇报会，山东省商务厅汇报了山东省创建示范省总体工作情况，山东出入境检验检疫局、山东省财政厅、山东省农业厅和山东省海洋与渔业厅分别汇报了相关重点工作。考核组一行先后赴潍坊和威海实地考察，听取潍坊市、威海市示范市，以及安丘市、荣成市示范区工作情况汇报，考察了中国食品谷、东亚畜禽产品交易中心、潍坊万通食品有限公司种植基地、万堆镇红太阳农资店、安丘市农业综合标准化管理中心、源清田食品有限公司、威海市食品药品检验检测中心、山东樱聚缘农业科技公司标准基地、家家悦中央配餐中心、荣成市农安办综合服务大厅、荣成市检验检测中心、荣成市农资物流配送中心、荣成市华峰果品有限公司、荣成泰祥食品股份有限公司等。最后，专家组给予山东省出口食品农产品质量安全示范省建设工作非常高的评价，并一致表决同意山东省的出口食品农产品质量安全示范省建设工作达标。

2017 年 6 月 5 日国家质检总局正式发布了《关于批准山东省为出口食品农产品质量安全示范省的公告（2017 年第 41 号）》，全文如下。

国家质量监督检验检疫总局
关于批准山东省为出口食品农产品质量安全示范省的公告

为持续提升出口食品农产品质量安全水平，促进外贸稳定发展，带动农业转型升级，山东省人民政府在积极推进出口食品农产品质量安全示范区建设的基础上，在全省开展了出口食品农产品质量安全示范省创建工作。3 年来，山东省在完善体制机制、全面提升质量安全水平、培育出口竞争新优势、推动食品安全社会共治等方面取得了显著成效，打造了出口食品农产品质量安全示范区升级版。经山东省人民政府申请、质检总局考核，现批准山东省为“出口食品农产品质量安全示范省”。

特此公告

国家质量监督检验检疫总局

2017 年 6 月 5 日

作为重大事件，2017 年 6 月 16 日，商务部网站用大号字体发布了题为《山东建全国首个出口食品农产品质量安全示范省》的新闻，并刊登了孙博洋的文章《十年磨一剑　山东建成全国首个出口食品农产品质量安全示范省》。

（二）示范省总结大会召开

2017 年 6 月 16 日，出口食品农产品质量安全示范省总结大会在威海市隆重召开。会议开始前，与会代表集体参观了出口食品农产品质量安全示范省成果展暨第八届威海国际食品博览会。示范省成果展展览面积近 1 万平方米，由综合展区、安丘模式、威海经验、百花争妍、品牌之星和三同工程六大展区组成，集中展示了示范省发展历程及取得的成绩。

这次大会由时任山东省政府副秘书长魏华祥主持，国家质检总局代表宣读了批准山东省为出口食品农产品质量安全示范省的公告，山东省副省长王随莲、时任国家质检总局副局长吴清海、时任商务部外贸司副司长王东堂出席会议并作了重要发言。

吴清海在发言中说：“3 年来，经过山东省各级政府及其各部门的不懈努力，示范省创建基本实现了预期发展目标，示范成效显著，示范省进一步巩固了山东对外贸易的特色品牌，在扩大食品农产品出口、促进外贸稳增长和保障食品农产品质量安全等方面进一步发挥了重要作用。”

吴清海认为示范省创建工作效果显著。一是扩大了出口规模，优化了出口结构。二是提升了产品质量，扩大了品牌效应。三是创新了管理模式，提升了国际影响。四是提高了农民的质量思维和合作思维。

吴清海指出，在山东省出口食品农产品质量安全体系建设的整整 10 年和 4 个阶段中，区域化管理，示范区建设，示范市建设和示范省建设过程中，一直坚持和深化区域管理，虽然“每个阶段用不同的表现形式，其中核心是区域化管理。”

吴清海对“为什么要用管理这个词”作了入木三分的说明。他说：“从国家食品安全法、从国家质检总局对服务食品农产品出口的制度发展来说，核心就是十项制度。十项制度尽管有不同的调整对象和不同的内容，但是所有的制度拥有完整的链条，核心就是通过这些制度倒逼所有参与实体农产品的生产、管理、出口、经营这一套责任制体系的部门、单位，不管是市场责任主体，还是部门的监管责任，大家都能把各自责任落实下来，只有每个环节的责任落实到位，大家的共同劳动才能形成山东省食品农产品出口的良好局面，其质量、品牌、信誉才能够维护到最后。”

最后，吴清海对已经荣获示范省的山东提出更高的要求。一是期盼确立新的目标。成为示范省不是终点，而是新的起点。建议山东省在新的起点上，继续加强规划引导，完善管理机制，提升建设标准，实现线上和面上的整体推进，确定更高的发展目标，不断丰富示范省发展的科学内涵。在推进工作中，要深入融合质量、品牌、技术、标准、服务等发展要素，实现创新发展、开拓发展，为全国提供更多的山东经验。二是期盼出台新的举措。当前，供给侧结构性改革是全国经济工作的主线，通过进一步认清食品农产品出口面临的国际形势，分析食品农产品出口的市场结构，聚焦示范省创建工作中出现的新情况、新问题，比如不同地区之间存在发展不平衡、个别地方重视程度减弱的问题，在健全标准化体系建设、健全追溯体系建设、健全社会共治机制方面，继续出台办法，细化措施，补齐短板，持续激发示范省发展活力。三是期盼实现新的提升。要通过示范省建设，推动食品农产品生产和监管模式逐步与国际接轨，实现更深层次的质量提升。要坚持走以质取胜的路子，大力开展质量提升行动，以市场为导向，以标准为基础，以品牌为引领，积极发挥企业市场主体的作用，调动行政资源，加快培育出口食品农产品的国际竞争新优势、新动能，进一步深化对外开放水平。

吴清海的发言多次被热烈的掌声所打断，在与会者心中引起了共鸣。

山东省副省长王随莲做了总结发言。首先，王随莲对示范市创建所取得的成绩与充分的肯定。她说：“回顾示范省创建发展历程，我们深刻体会到，4 个阶段环环相扣、层层推进、步步深入、不断提升，是出口农产品质量安全管理思路再完善、理念再提升、实践再深化的过程，是一次经得起历史检验的成功实践。”

王随莲把创建示范省的成功经验归纳为：一是坚持政府主导、部门协作的运行机制。各级政府负总责，主导整合本区域内的行政和技术资源，将部门分段监管与地方统一监管相结合，加强农产品质量安全的集中统一管理。二是坚持标准先行、全程监管的推进路径。“示范省”的创建始终坚持以先进标准为引领，对农业化学投入品控制实施全过程管理，对农产品生产流通消费实施全产业链追溯，实现农产品从田间到餐桌的安全。三是坚持统筹兼顾、内外一体的发展趋向。示范省的创建源于国际市场压力、始于促进出口，但没有局限于单一的外贸发展，始终按照“一标两市”的总要求，着力推动内外贸一体化融合发展，促进优质食品农产品全民共享。四是坚持与时俱进、创新发展的基本理念。从区域化管理到示范省创建，从“安丘模式”到“威海经验”，从推广国际标准到制定国内外统一标准，从出口保障到全民共享，示范省顺应时代发展变化，不断拓展发展内涵，创新工作载体，丰富工作形式，始终保持了蓬勃生机和活力。

王随莲还谈了出口示范省面临的挑战。从外部环境看，农产品出口面临复杂的国际竞争形势。各经济体针对食品农产品检验检疫的技术性贸易措施频繁出台，反倾销、特殊保障条款成为农产品出口的重要障碍。示范省创建中能否标准再领先、监管再严格、措施再具体，将很大程度上影响着出口农产品的国际市场竞争力。

从国内发展看，加快推进农业供给侧结构性改革需求非常迫切。当前我国农业的主要矛盾突出表现为阶段性供过于求和供给不足并存，主要方面在供给侧。消费需求持续增长、消费结构加快升级，广大人民群众更加关注食品农产品的品质消费，个性化、体验化、高端化成为农产品消费需求增长的重点。如何进一步提高农业供给体系质量和效率，满足质的需求转变，推动更多优质出口农产品进入国内消费领域，成为我们当前面临的重要课题，也是示范省行稳致远的关键。

从示范省创建本身看，还存在不少问题和短板。示范市、示范区发展不平衡，有些市县满足于吃老本，对示范区建设工作要求开始放松、管理出现松懈，不能根据形势变化创新发展，个别地方甚至出现农产品质量安全监管滑坡、倒退的现象。尤其在进一步减少农业化学投入品使用量、扩大有机农产品生产基地规模等方面，还有很大的提升空间。

王随莲就将示范省创建引向深入提出了具体要求。一是加强组织领导，健全完善示范省运行工作机制。二是创新监管模式，加快推进示范省追溯体系建设。三是加快转型升级，大力推动出口农产品品牌高端化发展。四是加大宣传推介力度，不断提升示范省国内外影响力。

王随莲在发言中特别强调，成为示范省，只是阶段性成果，是新的起点，是更高的要求。山东省各级各部门要切实增强忧患意识和责任担当，坚持问题导向，瞄准薄弱环节，加大工作力度，不断擦亮示范省这块金字招牌。

（三）示范省取得的成绩

1. 取得多方面丰硕成绩

（1）示范区理论体系建设趋于完善

山东在建设出口食品农产品质量安全示范区、示范市和示范省的过程中，形成了科学的理论内涵。从“政府主导、科学指导、部门联动、龙头带动、全民行动”工作机制的“三导两动”模式，提升到“以企业为龙头、基地为依托、标准为核心、品牌为引领、市场为导向的五位一体”的发展模式，进而提升为“地方政府引导、监管部门参与、生产企业落实、全社会监督”的被实践验证的示范区核心理论与管理机制。

（2）示范区运行保障机制已逐步完善

山东省为推动和促进出口食品农产品质量安全示范区建设，颁发了一系列政策文件，筹集财政资金保障示范区建设顺利进行。在 2009 年发布了《山东省人民政府办公厅关于加快推进出口食品农产品质量安全示范区建设的意见》的基础上，2014 年，山东省政府又发布了《山东省人民政府办公厅关于创建出口农产品质量安全示范省的实施意见》，确定开展出口食品农产品质量安全示范省创建工作。2014 年 4 月，山东省政府 277 号令颁布了《山东省农产品质量安全监督管理规定》，以法规及规章的形式规定了山东省农产品质量安全监督管理的要求和处罚办法，山东成为全国首家以省政府规章形式出台农产品质量安全监管规定的省份。系列政策的发布与实施，有力地保障了山东出口食品农产品质量安全示范区建设的顺利进行。

山东省财政累计筹集落实资金 43 亿元，支持示范区建设、商务流通体系建设、农产品质量安全提升、耕地土壤环境改善等。各示范区也积极落实建设资金，保障示范区建设。

（3）示范区标准体系已初步建立

山东省大力推动农产品标准化生产，研究制定与国际接轨的管理体系标准和技术操作规程，指导企业和农民按照目标市场标准组织生产，初步建立了国际标准、国家标准、行业标准和地方标准相配套的质量安全标准体系。制定了 GB 26407《初级农产品安全区域化管理体系要求》，出台了《关于推进“山东标准”建设的意见》，制定了《山东省食品农产品全过程管理通用要求》系列标准，涵盖种植、畜禽、水产三大类包括鱼、禽肉、姜、苹果、辣椒等 10 个出口农产品，构建起覆盖生产、加工、包装、储存、运输、消费各阶段的全产业链技术标准体系。

各县市示范区建设的标准体系建设要求，针对本地特色农产品，积极制定了本区域农产品标准规范。如安丘市制定了安丘大姜、安丘肉鸡、安丘大葱等六大类农业综合标准体系，农业操作规范 33 个，生产技术标准 200 多个。章丘大葱、烟台苹果、乐陵小枣、苍山蔬菜等都已制定相关品牌标准，山东省各类农业地方标准、技术规范达到 2 300 项，“三品一标”产品达到 10 706 个。

（4）农业化学投入品管理取得突出成效

山东省创新建立了农业化学投入品管理体系，通过加强高风险农药管理，清理整顿农业化学投入品销售渠道，实施农药经营告知制度，完善农资配送体系，已形成农业化学投入品“供、销、用”全程链式管理机制。

2014 年，为降低农业生产中高风险农药残留危害，山东省在国家发布的禁限用高毒农药清单基础上，发布了《山东省高风险农药目录管理办法》，限制 23 种高风险农药在山东使用。同年山东省农业厅发布了《山东省农药监督抽查管理办法》《山东省农药经营告知管理办法》《山东省剧毒高毒农药限制区域销售使用管理办法》等规范性文件。各市、县（县级市、区）也根据当地产业特点，制定实施了系列行政措施，规范区域内农业化学投入品的使用。

为了规范农业生产过程中化学投入品的使用，控制农产品农兽药残超标，示范区内农业、畜牧、海洋与渔业等部门通过多种方式对农业化学投入品使用环节进行指导。枣庄市在 2016 年共举办农业化学投入品经营使用、出口农产品生产技术操作规程等各类培训班 30 余期，培训 1 万余人次，发放资料 4 万余份。临沂、莱芜等地通过发放明白纸，使农户了解农药使用常识，提高了农民对化学投入品规范使用的认识。

（5）出口企业与国际接轨能力普遍增强

在示范区建设过程中，山东省提倡示范区内食品农产品生产企业按照国际通行标准建立管理体系，鼓励企业开展国际标准认证，参与国际竞争。山东示范区内企业共获得国际标准认证证书 2 267张，包含质量管理（ISO9001）、良好农业规范（GAP）、危害分析与关键控制点（HACCP）等多个认证类别。国际通行标准认证的实施，实现了出口产品原料基地农资供应、生产管理、质量检测和收购销售的国际化和规范化管理，提升了山东省农产品国际竞争力。

山东省已成为全国唯一可以出口欧盟、加拿大禽肉制品的省份，唯一可以出口马来西亚生禽肉的省份，唯一获得美国禽肉企业注册的省份。全国 32 家获得欧盟注册的禽肉企业全部为山东企业；对日本注册禽肉企业 51 家，占全国总数的 50%；输日冷冻菠菜企业 46 家，占全国总数的 73%。HACCP、Global GAP、BRC 等国际通行标准认证实施，使山东出口食品农产品企业不断吸收国际先进管理理念，管理水平逐步提高，国际市场对山东产品的接受程度不断增强，产品国际竞争力不断提高。

（6）农业标准化基地规模大幅增加

山东省在示范区建设过程中，依托龙头企业、农村专业经济合作组织，实施基地农资供应、技术指导、生产管理、质量检测和收购销售“五统一”管理，依据良好农业操作规范指导农产品生产基地高标准、高水平管理，实现基地标准化。截至 2016 年山东省示范区共建立农业标准化基地 5 946 个。

示范区内 80%以上出口农产品为标准化基地生产，标准化基地的建立增加了农产品管理的一致性，提高了示范区食品安全水平。

（7）风险预警体系日趋完善

山东省建立了风险评估制度，及时收集、汇总、分析国外预警通报及国内农产品质量安全信息，帮助企业识别国外食品安全风险，应对国外出口退货风险。

山东检验检疫部门根据出口企业管理水平、运行环境、产品特点进行风险分析，判断风险分布状况和严重程度，及时发现风险隐患，建立红、橙、黄三级预警制度，分别向政府、企业发出预警通告，帮助当地政府和企业管理者合理分配监管资源，确定当前工作重点，防范和化解风险，最大限度地减少损失。山东各示范区也积极成立农产品风险监测预警部门。

（8）食品安全监管体系有效稳定运行

山东省通过健全机构、提升规格、调编人员等举措，调整优化组织布局，强化食品监管力量，加强检测能力建设，有效构筑省、市、县（县级市、区）、村四级食品农产品监管体系。

山东各示范区按照“县级监管、镇街协管、村级监督”的工作思路，在县（市、区）级层面，从财政、公安、农业、渔业、环保、工商、质监等相关部门抽调业务精英，设立专职岗位，建立农产品质量安全监管机构，负责全区农产品质量安全监管工作。在镇（街道）层面，设立农产品质量安全监管办公室，配备相应农产品质量安全管理人员，实现基础监控体系的落实。在村级层面，聘请村级农产品质量监管员，保障源头农产品质量安全，有效延伸了监管触角，进一步健全和优化了监管覆盖面。

（9）农产品公共信息服务平台初步建成

一是建成三级公共信息服务平台，山东省通过整合社会资源，已建立省、市、区（市、县）三级公共信息服务平台，统一发布山东示范区出口农产品质量安全信息，对外展示山东示范区建设成果。

二是建成农产品安全示范区公共服务平台，山东省商务厅牵头建立了山东农产品安全示范区公共服务平台，集中展示山东出口食品农产品质量安全示范区建设成果，106个示范区、1 624家农产品生产企业入驻平台。其中经过第三方机构评价的品牌企业37家，共计824种产品进入平台展示，对山东优质农产品起到了良好的推广宣传效果。

三是区域农产品质量安全公共信息服务平台，山东各示范区也建立了区域农产品质量安全公共信息服务平台，平台整合了农业化学投入品管理、质量安全监管、农产品追溯、对外宣传展示等多种功能，保障区域内农产品质量安全。

（10）诚信体系建设初见成效

山东省已建立涉农企业生产经营诚信管理电子户口档案，定期评价、发布企业质量安全诚信信息，完善涉农企业信息共享机制，并制定了失信行为举报、诚信信息甄别、申诉复核、守信企业鼓励和失信企业惩戒等制度。

（11）“一个标准，两个市场”效益显现

山东省积极打造“国内外市场开拓平台”，组织出口农产品企业参加国际、国内大型展会，提高山东农产品在国际、国内两个市场的认可度。

一是国际市场进一步开拓，山东商务、农业等部门充分利用境内外展览、经贸活动等展洽平台，加大对出口农产品示范区的宣传推介，连续多年组织示范区内企业参加中国国际农产品交易会、中国绿色食品博览会，以及山东名优农产品中国香港、新加坡、西班牙等精品展，山东财政部门累计安排资金5 000余万元给予参展企业补贴。随着山东农产品在国际上知名度不断提高，山东省农产品已出口到世界近200个国家和地区。

二是国内市场进一步开拓，在发展国外市场的同时，山东省按照“一个标准，两个市场”的指导思想，积极推进国内市场开拓。山东各级商务部门通过多种渠道积极展示示范区建设成果，扩大“区超对接”规模，推动示范区内企业与省内外大中型连锁超市、电商平台对接，建立稳定的营销渠道。山东省支持示范区农产品生产企业在超市设立专区、专柜，鼓励超市在示范区建立直采专供基地，搭建“区超对接会”“采购说明会”等产销平台，积极帮助示范区企业与乐购、永旺、华联等国际国内知名连锁超市对接，与麦当劳、肯德基等连锁食品加工企业建立稳定营销关系。2016年区域性连锁超市在山东示范区内的采购额达到74.67亿元，是2007年采购额的3倍。

（12）品牌建设初显成效

市场关注度逐步增强。在示范省建设过程中，山东省注重农产品品牌建设，积极发挥品牌引领作用，省政府2015年和2016年出台《关于加快推进农产品品牌建设的意见》《关于加快推进品牌建设的意见》《关于印发山东省农产品品牌建设实施方案的通知》《关于加快培育国际自主品牌的实施意见》等指导文件，提出了以品牌经济带动发展，增强可持续发展的目标，引导示范区建立特色农产品区域公用品牌。

山东省商务厅和山东检验检疫局连续在日本、韩国、法国、加拿大等国成功举办以推介山东出口食品农产品质量安全示范区为主要内容的宣传活动，增强国外消费者对山东出口农产品信心，树立山东农产品良好国际形象和较高美誉度，提高了山东出口食品农产品质量安全示范区在国际上的认可度。

山东各示范区将区域品牌建设作为示范区建设工作的重要组成部分，尤其是在山东省东部地区，品牌意识更加突出。山东省区域公用品牌累计达到300余个，国际品牌达到50余个，章丘大葱、烟台苹果、乳山牡蛎、安丘大姜、荣成花生等产品获得国家地理标志保护，龙口粉丝、金乡大蒜等产品获得欧盟地理标志认证；在2016年中国水产品品牌大会上，威海刺参、乳山牡蛎荣获“中国水产最具影响力水产品区域公用品牌”，分列第二、第八位。威海刺参连续6年被评为“最受消费者喜爱中国农产品区域公用品牌”；文登苹果、文登大花生获得全国“2015年100个最受消费者喜爱的中国农产品区域公用品牌”称号。在区域共用品牌价值评估中，烟台苹果、威海刺参、金乡大蒜、兰陵大蒜品牌价值分别达到91.47亿元、51.37亿元、41.88亿元和41.72亿元，其中“威海刺参”品牌价值居海产品首位。区域共用品牌的建立，使当地农产品价格高于市场平均水平，例如，安丘大姜在国际市场的价格始终比同等商品高出10%以上，起到了为企业增利，为农民增收的作用。

2. 获得大量宝贵经验

(1) 探索出了成功的食品安全管理离不开“从农田到餐桌”全过程管理的经验

食品链的复杂性，使食品安全全过程管理的难度变得很大。源头初级农产品生产环节的食品安全监管更成为目前我国食品安全问题管理的难点。山东示范区的建设走出了一条以区域化管理促进农产品源头管理，从而更好地实现食品链全过程管理的有效路径。

(2) 推进示范区持续、科学发展离不开政策引领

山东出口食品农产品质量安全示范区工作能够坚持10年，持续推进，由示范区建设发展到整个示范省建设，离不开山东各级政府持之以恒的政策引导。示范区建设指导意见、发展规划、管理标准、扶持政策、考核评价等系统措施相继出台，形成了以政策引领示范区科学发展的新路。政策的连续性、稳定性、适时调整保障了示范区建设10年不降温。

(3) 调动地方积极性，形成了因地制宜、百花齐放的示范区建设新格局

山东在示范区建设上有标准，也有特色。各地因地制宜，既保证按示范区建设总体要求完善各管理体系，又充分发挥主观能动性，结合地方域情、特点形成了各具特色的建设模式，融合了别具地方特色的区域化公用品牌建设、新型农民职业培训、绿色防控技术、物联网等创新机制，形成了内涵丰富、持续创新、百花齐放的示范区建设新格局，促进了县域、市域特色经济的发展。各具特点的区域经济为示范区建设大发展注入了活力。

(4) 协同联动工作机制和组织体系是示范区发展的重要保障

示范区的建设是一项系统工程，山东在示范区的建设过程中实现了有效的部门协同联动，通过有效的组织构架，合力保障示范区建设发展。山东在出口食品农产品质量安全示范区创建过程中，由省政府主导建立了部门联席会议机制，形成由商务部门牵头，

出入境检验检疫、海关、农业、财政、渔业等多部门共同参与，各司其职、密切配合、齐抓共管的推进机制。各示范市、示范区也建立了联席会议制度，由一把手挂帅，担当第一责任人。示范区建设过程中形成了“一家为主、多方参与”的共治格局。

（5）全民共识是示范区建设和持续推动的重要基础

示范区广泛开展舆论宣传，加强科技培训与教育，提升全民质量安全意识，提升对示范区建设的认知是示范区建设和持续推动的重要基础。

（6）有效的基层监督机制提升示范区各项政策措施的执行力

各示范区普遍推行村级监管员队伍建设，将村级监管员工作补助列入财政预算，发挥基层人员自主管理的积极性，补充政府监管能力的不足，实现实时监管。在基地的管理中，普遍全面推行三户、五户联保制度，由农户自己相互监督，保障共同利益。村级监管员和农户联保制度的实施有助于及时发现团体中少数不良行为，保证村一级单位、合作社成员按统一标准要求操作。示范区建设中鼓励成立、组建各类行业协会、合作组织，由企业自主实施相互监督管理，规范市场秩序。示范区普遍建立投诉举报奖励制度，鼓励群众对农业生产中存在问题进行举报，对举报属实的予以奖励。同时，示范区基层监管队伍也成为政策宣传、技术传递、改进发展的桥梁，辐射带动周围，实现以点带面的良性发展。示范区内建立的自我监督、改进机制成为政府监管的有益补充，构建起全域网格化监管体系，保障了示范区内监管措施的执行效果。

十三、历史不曾忘记

2017 年年底，由国家质检总局、中国质检报刊社主办的 2017“质量之光”年度质量盛典在人民大会堂举行。经过公众投票和专家评审，山东建成首个出口食品农产品质量安全示范省等十大事件入选 2017 年度质量事件。

2018 年 6 月 7 日，《人民日报》头版头条对出口食品农产品质量安全示范省建设工作进行了报道。

2018 年 12 月底，山东建成中国首个出口食品农产品质量安全示范省被评为“改革开放 40 年山东最具影响力事件”之一。

第二章　那十年，忙碌的人

一、十年逐梦　一朝花开——访山东省商务厅副厅长吕伟[1]

我和吕伟副厅长认识源于几年前我写的一本名为《农超对接怎样做?》的图书，当时吕厅长对书中的内容很感兴趣，就特地来到北京同我交流，讨论农超对接的相关理论和具体实践操作。我们畅谈了许久，吕厅长问得非常仔细，那种认真执着的态度至今记忆犹新。

这次为要编写《出口食品农产品供给侧结构性改革探索与实践》一书，我特地对吕厅长做了两次现场采访，第一次采访安排在所有采访之前，主要想通过吕厅长的介绍让我们对山东省出口农产品质量安全示范区的建设有总体上了解，从而搭建一个框架，使后边的采访更有针对性，写作的目标更加清晰。第二次采访安排在所有采访之后，因为在整个采访调研过程中，我们也碰到了很多困惑，这次主要是让吕厅长为我们答疑解惑。吕厅长在济南工作，但她的家在青岛，按照吕厅长的时间安排，两次采访分别在青岛和济南。采访期间吕厅长极其配合，有问必答，侃侃而谈，给人的感觉既十分干练、充满自信，又非常具有亲和力。

吕伟参加山东出口食品农产品质量安全示范省全球路演莫斯科站活动

---

① 采访人：胡定寰　孙庆珍；采访时间：2017 年 5 月 14 日和 2018 年 4 月 10 日。

● 示范区建设的背景

“吕厅长，既然今天的主题是出口农产品质量安全示范区（以下简称示范区）建设，那就请您先给示范区下个定义吧？”我开门见山地说。

“好的，如果只从定义上去界定的话，出口农产品质量安全示范区，就是以县（县级市、区）行政区域为基本单元，按照‘政府主导、部门联动、企业主体、市场运作’的工作机制，对出口农产品各环节、全过程进行质量安全监管，在实施出口农产品质量安全区域化管理基础上，推行以企业为龙头、基地为依托、标准为核心、品牌为引领、市场为导向‘五位一体’的出口农产品质量安全示范区发展模式，出口农产品符合国际标准和进口国（地区）质量安全标准要求，具备‘源头无隐患、投入无违禁、管理无盲区、出口无障碍’示范效果的农产品出口地区。”

“那么，吕厅长，请您先给我们介绍一下咱们山东省为什么要建设示范区？或者说它的提出背景是怎样的？”我继续问道。

“那我先从建立示范区的源头说起吧。”吕厅长说，“2006 年 5 月 29 日，日本正式实施肯定列表制度，这被称为世界上最严格的食品质量安全标准，其中农残的很多检测指标比之前提高了几十倍甚至上百倍，这项标准的出台对山东农产品出口影响非常大。因为日本是山东农产品出口的第一大市场，山东省同时也是全国对日农产品出口的最大省份。2005 年山东省对日本出口农产品大约是 26 亿美元，占到全省农产品出口的 40% 左右，占全国对日农产品出口的 30% 左右，从这组数据我们就能看出日本市场在山东省农产品出口中所占的分量。所以当时有很多出口农产品的企业都对此感到紧张，无所适从。于是我们和省检验检疫局联合，连续举办了几期国外食品安全法规培训班，其实主要还是针对日本肯定列表制度的相关培训。第一期培训班给我印象非常深刻，当时就是在我们办公楼的一个大型会议室举办的，那个会议室最多能容纳 300 人，但没想到那天一下子来了 500 多人，有各市县商务局（当时叫外经贸局）和检验检疫局的工作人员，有农产品出口企业代表，还有农产品行业组织的有关人员等，由此可以看出农产品各行各业的人对肯定列表制度的重视程度，大家都迫切想了解有关内容及该如何应对。但因为来的人实在是太多了，即使增加椅子也容纳不了，所以当时有很多人干脆站着或索性坐在地上听课。”

“在举行各种培训的同时，我们也想方设法去应对肯定列表制度的实施。一开始我们首先想到的就是帮助所有出口企业增加检测设备，让这些出口企业在农产品出口到日本之前就先做较为严格的检测。当时商务部（那时叫外经贸部）为此投入了不少资金，我记得第一年商务部就拿出了大概 3 亿元，规定所有自己购买检测设备的企业凭借发票可以到相关部门报销一半的费用，通过这种财政补贴的方式来提高企业的自检能力。所以说这个支持力度是非常大的。”吕厅长话锋一转，继续说，“当时省检验检疫局提出，农产品出口企业必须建立自己的自有基地。但是又一个问题来了，虽然企业自有基地可以比较好地管控种子、农药、化肥等，但企业自有基地被其他散户的地所包围。散户在自家地里喷洒农药，随时都有飘到企业自有基地上的可能性，从而影响企业的农产品质量安全。因为散户不在企业管控的范围之内，无权对他们提出要求。”

“我们在采访姜宗亮局长的时候，他也提到过这个问题。”我打断了吕厅长。

“是的，所以当时山东出入境检验检疫局就率先提出来能不能搞区域化管理，比如在整个县域内搞统一管理，包括种植品种、化学投入品、技术指导、质量检测和收购在内的‘五统一’管理。这就是为什么第一阶段的农产品食品安全管理实施被称为‘区域化阶段’。但具体实施起来，光靠检验检疫局一个部门是力量不足的，于是他们就找到了我们商务厅。我们当时也觉得做这件事情非常有意义，就同意一起来做，后来财政厅和农业厅也参与其中，于是就形成了检验检疫局、商务厅、财政厅和农业厅4个部门的联合，这样整个事情推起来就顺利多了。”

“我们做了大量的实地调研，并形成了非常详细的调研报告递交给了省政府，山东省相关领导都非常重视和支持，一下子就给我们拨款2 000万元作为启动资金。有了这笔资金的支持，农产品食品安全管理就开始在山东省范围内逐渐地推开了。所以说肯定列表制度虽然很严格，一开始弄得我们确实比较被动，但从另一方面讲，其实是一件好事，因为它倒逼我们进行农产品出口转型升级，狠抓食品安全。如果没有日本肯定列表制度，我想我们就不会有区域化管理和农产品质量安全示范区等一系列的制度建设，而这一系列制度建设，帮助我们的企业无论是在出口还是内销方面都赢得了比较稳定的增长机遇，也提高了农民的食品安全意识和种植技术。比如，2005年，山东省的出口农产品企业类别当中有65%左右是外资企业，而现在近70%的都是国内的民营企业，所以说日本肯定列表制度逼我们在管理水平、管理理念、生产等各个方面都上了一个大台阶，对外开放是双向的。”吕厅长笑着说。

“请您再谈谈最初试点时的情况。”虽然通过对其他人的采访，我对区域化管理试点工作有了部分了解，但我还是想听一下吕厅长本人的介绍，能帮我全方位、从不同角度去加深理解。

吕厅长说：“区域化管理最早是从潍坊安丘开始做的，先有检验检疫部门提出，与地方政府合作，试点一段时间后非常成功，我们就开始总结经验制定出区域化管理标准，即‘两导三动’的模式，也叫作‘安丘模式’：即‘政府主导、国检指导、龙头带动、部门联动、全民行动’，并要求所有的种养殖户都要加入进来，动员全县的力量来做，形成一个合力、一个整体，这样就构成了‘区域化管理新模式’。2008年4月，山东省政府在潍坊安丘召开了第一次现场会，将‘公司+基地+标准’为核心的‘安丘模式’在全省开始推广。2009年4月，我们又在威海乳山市以省政府的名义召开了第二次现场会，这次在省政府的大力支持下，区域化管理建设有了新的提升。这次参会范围扩大到了54个县（县级市），在会上将‘两导三动’的模式进行了升华，推广乳山市‘公司+基地+标准+品牌+市场’五位一体的管理模式，即企业为龙头、基地为依托、标准为核心、品牌为引领、市场为导向的出口农产品质量安全示范区建设。紧接着2009年6月山东省政府出台了《关于加快推进出口农产品质量安全示范区建设的意见》，山东省商务厅、山东检验检疫、山东省农业厅、山东省财政厅联合制定具体考核管理办法，组成专家组实地考核验收，按照意见，确定了安丘等12个县（县级市、区）为第一批示范区。”

- **示范区验收标准**

“吕厅长，听说十年来您一直在负责山东省出口农产品质量安全示范区建设的验收工作。我觉得这项工作意义很大，很值得其他省市学习和借鉴，您能具体谈谈示范区的验收标准包括哪些内容吗？”我问。

“这个问题我可以回答您。”吕厅长很有自信地说，“实事求是地说，我们的考核验收标准非常严格，主要包括两个方面的内容：一是要看申请的县市是否成立了专门的政府职能机构（出口农产品质量安全办公室，简称农安办），来具体负责示范区的建设工作。二是考察六大体系是不是建立起来了。这六大体系包括：出口农产品质量安全标准化体系、农业化学投入品控制体系、质量安全可追溯体系、监控评估预警体系、企业质量安全诚信体系、多元化国际市场体系。”

“机构的设置如何去考核？是不是有个专门的办公室，挂个农安办的牌子，再配上几个工作人员就可以了呢？”我进一步询问。

“当然不这么简单。”吕厅长听完我的话，喝口茶，笑着说，“首先要看有没有当地政府部门签发的成立农安办的红头文件，因为若没有这个专门机构的话，示范区的持续性建设很难得到保证，所以这是必要条件。农安办可以是独立的事业单位，如安丘农安办就是副县级的事业单位，荣成、乳山等地的农安办也是正科级的事业单位。当然农安办也可以作为一个独立部门挂靠在商务部门或者农业部门。其次农安办要设立领导小组，一般是县（市）长担任组长，各个分管的部门也都要有人加入进来，因为农产品的质量安全管理涉及的部门众多，从田头到餐桌的整个供应链都需要不同的部门去监管，在某个环节上可能会出现监管盲区，这就需要成立一个专门的机构——农安办来制定标准，协调各个部门，做好农产品的质量安全监管工作。”

吕厅长继续说：“我记得去临沂的兰陵县进行示范区验收的时候，兰陵县的县委书记就特别重视示范区建设工作，因为不管我问什么问题，他都能非常详细地回答，包括具体是怎么操作的。一听就知道这位县委书记重视这项工作，亲自参与其中。有这样的领导示范区建设就有充分的保障。在调研中我们发现兰陵县的各项工作做得都很扎实到位，在考核中得分很高。虽然同其他县市相比，兰陵县申报示范区的时间比较晚，却很顺利地通过了省级验收，第二年又成为国家级示范区。”

“还有德州的一个县，这个县经济并不发达，但当地政府还是拨款200多万元来建立农产品质量安全可追溯体系，来保障老百姓‘舌尖’上的安全。这样的事例还很多，我真的非常感动，因为地方政府确实将老百姓食品安全问题放在了心上。概而言之，如果地方政府决策层重视示范区建设，并亲自抓，这项工作推动起了就会比较顺利。”

“有没有地方政府领导对示范区建设不积极的案例？”我毫不客气地问。

“一开始推动的时候确实有个别地区负责人不是那么积极，因为他们认为，虽然自己是农业大县，但不像安丘等县市那样以外向型农业为主，他们的农产品以内销为主，出口比例微乎其微，所以认为搞示范区建设对他们意义不大。有的县长或县委书记跟我认识，彼此之间比较熟悉，他们就毫无顾忌地当面跟我说：‘我们的农业不是外向型的，出口农产品质量安全示范区建设好像跟我们没有什么关系啊！但既然你们来了，我们肯定会好好接待的。’但是没过两年，当他们看到示范区创建成功的县市不仅农产品出口大幅上升，而且内销的农产品质量安全也有了可靠的保障，销量和价格也都不同程度地提升，他们又反过来主动找到我们，提出要进行示范区的创建工作，要请我们给他

2015 年吕伟赴齐河考核验收

们支持。”吕厅长笑着说。

“刚才说的考核的第一项内容，是成立农安办，那么核的第二项内容又是什么?”我问。

“我前面提到过，考核的第二项内容就是六大体系的建设”。吕厅长喝了一口茶，润润嗓子继续说，“有关六大体系建设，山东省商务厅、山东省财政厅和山东省出入境检验检疫局于 2009 年 6 月 26 日联合颁发了《山东省出口农产品质量安全示范区考核管理办法》(以下简称考核管理办法)，我们组织了包括农业专家、认证专家、相关业务负责人等在内的专家组进行实地考察，验收六大体系建设进展情况。对申报的县市根据考核管理办法进行量化赋分，最后由分值来确定是否成为示范区。比如农业化学投入品控制体系考核就涉及是否有效实施《示范区农业化学投入品使用规范》《示范区农业化学投入品生产企业登记备案管理办法》中的各项规定；是否按照要求建立农业化学投入品档案、做好台账记录，是否规范农业化学投入品的采购、销售、供给及使用；两年内该地区是否发生过由农业化学投入品引起的出口农产品质量安全事故等。应该说考核内容非常详细和具体。在整个考核过程中，专家组如果发现问题就会立即责成有关部门及时整治。比如在农药销售环节，经过各项整治取缔了所有的没有资质的农药销售门店。如果在验收过程中发现了好的做法，我们也会及时推广，像‘安丘模式’和‘乳山模式’等。当然随着时间的推移，特别是网络数据的普及以及国家新政策法规的不断出台，我们也都要与时俱进地修改和调整考核办法中的一些具体内容。事实上，考核标准也在不断地提高，比如可追溯体系建设，开始时要求比较低，企业只要有纸质版的，记录大体完整即可，后来就要求农产品从源头到餐桌都必须有详细完整的记录，随时可以通过网络进行核查，相比之下，后来的标准就高多了，总而言之，考核内容基本还是围绕着六大体系的建设。”

山东省商务厅
山东出入境检验检疫局文件
山东省财政厅

鲁商务外贸字〔2011〕21号

关于公布第二批“山东省出口农产品质量安全示范区”的通报

各市商务局、各分支检验检疫局、各市财政局：

根据《山东省人民政府办公厅关于加快推进出口农产品质量安全示范区建设的意见》（鲁政办发〔2009〕43号）和《山东省出口农产品质量安全示范区考核管理办法》（鲁商务贸发字〔2009〕59号），省商务厅、山东出入境检验检疫局、省财政厅、省农业厅等部门联合组成考核验收组，经实地考察、分项打分、综合评定，确定东港区、诸城市、蓬莱市、寿光市、莱城区、广饶县、滕州市、肥城市、栖霞市、阳谷县、泗水县、乐陵市为第二批“山东省出口农产品质量安全示范区”，现予以通报表彰，并授牌奖励。

示范区批准公告

● 示范区验收流程

“示范区考核验收的具体流程是怎样的？”我刨根究底地问。

“考核验收的具体流程主要分为四步：第一步，提出申请。在每年的4月，有创建示范区意向的县市可以向省商务厅提出申请；第二步，进行现场指导。从4月提出申请到正式验收之间的时间段内，我们商务厅会组织有关专家分组（一般每组3~4人）到提出申请的各县市按照考核验收标准进行现场指导。经过现场调研，发现和指出存在的问题，让各申请的县市及时进行整改。我原来也是专家组成员之一，只是后来担任副厅长之后，事务比较多，去得不那么频繁了。但我还是坚持每年都要下去两三次，验收或抽查几个示范区。既然分管这一块，就要下去走走看看，‘没有调研就没有发言权’啊！第三步，正式验收阶段。一般我们每年的10月开始组织专家组进行考核验收，就按照刚才提到的考核管理办法，每个专家组成员分别要对各考核小项进行量化赋分，取平均值。如果出现同一个项目不同专家打分差别很大的情况，就需要重新商定，必要时还要对某些小项进行第二次考察验收，最终得出客观实际，公平公正的考核分数。完成这项工作一般需要花1个月的时间。最后的赋分表汇总到省商务厅，然后我们再组织所有的考核专家进行讨论汇总，确定哪些县市正式通过验收。这中间还有一项重要的工作就是，对于全部申请县（市、区）我们都要进行反馈，告诉他们是否通过验收，分数是多少，在哪些方面还需要整治或改进。这是非常关键的，通过反馈，那些通过验收的县（市、区）知道进一步提升的空间在哪里，没有通过验收的县（市、区）知道下一步的工作重点是什么，为下一批的申报打好基础。第四步，联合发布公告。比如，继第一批之后，2011年2月，山东省商务厅、山东出入境检验检疫局和山东省财政厅就联合发布了《第二批山东省出口农产品质量安全示范区通报》，确定东港区、诸城市等12个县（市、区）为第二批‘山东省出口农产品质量安全示范区’。目前全省已有106个县（市、区）建成出口农产品质量安全示范区，以上就是示范区考核验收的整个流程。”

“吕厅长，我还有个问题，那就是如何做已经通过验收的示范区的后续监管工作？”我问，因为不乏有虎头蛇尾的事情发生。

“您这个问题非常好，因为后续监管非常关键。对于已经建成示范区的各县（市、区），我们采用动态的监管，以抽查方式为主。我们每年会不定期派遣专家组对被抽查到的示范区进行复查。对于复查不合格的县（市、区），我们要对他们进行通报警告，责令限期整改，整改之后我们要再做考核，对于仍不达标的县（市、区），我们就要撤销其‘山东省出口农产品质量安全示范区’的称号。”吕厅长说。

- **示范市验收标准**

“创建出口农产品质量安全示范市（以下简称示范市）是什么时候提出来的？有了示范县（市、区）以后，为什么会提出示范市的建设？”我问。

“创建示范市是山东省商务厅首先提出来的，目的就是想进一步放大示范区的引领作用，使得地方政府更加重视和投入。示范区建设主要由县（市、区）政府在抓，而扩大到地级市，市政府就必须站出来。”吕厅长继续说，“相对来说，示范市的认定工作比较简单，就是‘农产品出口大市实现市域范围内主要农产品生产贸易县（市、区）均建成示范区’。比如威海市在2011年4月被评审为山东省第一批合格的出口农产品质量安全示范市，因为其所辖的乳山、荣成、文登3市均被确定为‘山东省出口农产品质量安全示范区’。说实话，虽然从认定的角度看，比较容易，但对于创建者来说，难度相当大。就拿烟台市来说，它管辖12个县（市、区），烟台市必须把所辖的12个县（市、区）全部建成示范区，然后才能认定为示范市。烟台市可花了大力气，他们整整用了4年的时间才成为第三批示范市。所以说成为示范市的难度是很大的。目前山东省已经有威海、日照、青岛、烟台、潍坊等13个地级市实现了示范区全覆盖，成功建成了‘出口农产品质量安全示范市’。”

2011年威海市被授予示范市称号

● **示范省的创建过程**

“从区域化管理到示范区，再到示范市，可以说山东省农产品的质量安全水平已经有了大幅度提升，产品占国内外中高端市场份额也变得越来越大。什么在这个时候又提出创建‘出口农产品质量安全示范省’呢？目的在哪里？”我问。这个问题早在自己为准备写这本书而研究相关材料的时候已经在头脑中形成了。

“2014 年福建省被国家批准为全国第一个生态文明先行示范区，受这件事的启发，山东省检验检疫局就来同我们商量，是否能够创建出口农产品质量安全示范省。我们觉得这个想法很好，就给省政府打报告了，想不到领导非常重视，立刻就批下来了。”吕厅长说，“我们的理由是：一随着示范区、示范市数量的不断增加，我们需要创建新的努力方向和目标。二是山东省是全国第一个创建农产品质量安全示范区、示范市的省份。事实上，出口农产品质量安全示范区发源于山东，然后逐步在全国推广。我们已经做了大量的工作，如果不能成为全国首个出口农产品质量安全示范省，是令人非常遗憾的。毕竟山东的农产品出口总值从 1998 年到 2013 年，已经连续 15 年位居全国首位了。三是我们觉得示范省的创建也是给消费者释放一个强烈的信号，那就是山东省各级政府和企业一直在努力地解决食品农产品质量安全问题，而且已经取得了很好的效果，食品质量安全有了大幅提升，让消费者放心。2014 年 7 月初山东省政府分别向商务部和国家质检总局发了函，申请创建全国第一个‘出口农产品质量安全示范省’。很快商务部和国家质检总局回函，同意山东省用 3 年的时间创建示范省，也就是到 2017 年 6 月要创建成功。这也是我们示范区建设历经 10 年的时间共同追求的目标。在 2014 年 7 月 31 日和 8 月 1 日两天，我们在潍坊召开了一个创建示范省的动员大会，时任国家质检总局副局长吴清海和时任山东省副省长夏耕都在这次会议上做了总动员，并且提出了未来 3 年工作的具体要求。”

2014 年在潍坊召开创建示范省工作会议

“那么怎样才能建成示范省？或者达成什么样的指标才能说示范省创建成功了呢？”因为没有先例，所以我想从吕厅长口中获得能够令人折服，或者说最起码能够说服我的答复。

“创建示范省主要有 3 个方面的指标：第一要求全省 80%以上的县（市、区）建成示范区，主产区的市（地级市）建成示范市。”吕厅长翻了一下随身带过来的材料，继续说，“截至 2014 年 6 月底，山东的省级示范区已发展到 78 家，约占全省涉农县市区的 60%，示范市发展到 8 个。所以当时我们估计用 3 年的时间完成 80%的这个指标是没有问题的。第二个指标：建立信息服务平台，整合资源。由省商务厅创建和运行的‘山东省出口农产品质量安全信息管理公共服务平台’在 2015 年年底正式上线，这个平台涵盖了企业基础信息、第三方检测认证管理、全过程追溯、产品展示推介、政策信息交流、线上培训等功能板块。平台的发展目标主要有 3 个：一是要逐步打造成为山东省农产品质量安全可追溯信息平台，实现从田间地头到餐桌的全过程数据对接，省、市、县三级信息资源共享并逐步实现可视化；二是成为覆盖全国、辐射全球的农业信息交流、产品展示销售网络；三是加快推进与电子商务平台的对接，重点促成与国内外大型采购供应商的交易。在这个平台上，我们联合第三方机构——中国检验认证集团制定了《山东省农产品食品链全过程管理通用要求》，以国际标准和信息化为手段提升全省农产品质量安全。”

山东省出口农产品质量安全信息管理公共服务平台

“在平台建设过程中制定农产品全食品链管理标准的挑战最大，因为各县市都已经制定了各自的食品安全标准，我们的想法是如何把所有现存的标准进行统一和整合，并跟国际标准接轨。我们和商检局、质监局反复沟通，但一直没有找到标准制定的突破口。后来在一次针对出口企业培训当中，我们邀请了中国检验认证集团的王卓君给企业培训全球良好农业规范（GLOBALGAP），突然我们得到启发，为何不委托更加专业的第三方来帮我们制定这些标准呢？于是我们同中国检验认证集团合作，一起来制定标准体系，并对进入平台的企业和产品实行验收和监管。标准体系由 3 部分组成，包括全食品链通用标准、专项产品技术支持性标准和第三方评价标准。该标准体系属于国内首个初级农产品从田间地头到餐桌的全产业链标准，覆盖了从种植、采收、加工、包装、储存、运输到零售的全过程。同时，该标准有机地将国际和国内标准相结合，做到了‘一个标准、两个市场’，既考虑了国际通用，又照顾了国情省情，适用性很强。凡是达到这个标准的企业，中国检验认证集团就颁发认证书，这也是对企业的一种评价和认可。我们把通过第三方认证的出口企业放到出口农产品质量安全信息管理服务平台。目前经过第三方机构评价的品牌企业37家，共计800多种产品已经在平台展示，对山东省优质安全农产品起到了推广和宣传效果。我们想通过这种方式，引导优秀的农产品出口企业和属地出口农产品管理部门共同参与，打造一批山东品牌的优质农产品，从而提高山东省农产品在国内和国外市场竞争力。”

山东省农产品食品链全过程管理
推荐企业及产品

经山东省商务厅委托，由中国检验认证集团（CCIC）山东有限公司作为第三方机构按山东省农产品食品链全过程管理标准实施评价，以下企业及产品满足评价标准要求，予以推荐：

组织名称：山东鲁丰食品科技股份有限公司

组织地址：庆云县迎宾东路801号

产品类别及名称： 辣椒干

所属山东省出口农产品质量安全示范区：

评价实施规范：山东省农产品食品链全过程管理通用要求评价规范

评价依据标准：山东省农产品食品链全过程管理通用要求
山东省农产品食品链全过程管理专项指南

评价时间：2016-01-15

有效时间：2017-01-14

山东省农产品食品链全过程管理推荐证书示例

说着吕厅长通过手机进入到该服务平台网站，然后把手机递给我，我觉得确实做得不错。

“示范省创建的第三项指标就是风险可控性。比如不能出现重大的食品安全事故，并且要求出口产品的检验检疫合格率保持在99.95%以上。”吕厅长接下去说，“到2017年4月，我们通过对各示范区的认真负责审定考核，确认各方面条件基本成熟，于是上报省政府，再由省政府向商务部和国家质检总局提出了示范省考核评估的申请。很快，2017年5月15—20日，国家质检总局就派遣专家组来考核评估‘山东省出口食品农产品质量安全示范省’的创建工作。”

“考核评估示范省的流程是什么样的呢？”我刨根究底地问。

“首先，考核评估组在济南召开了考核评估汇报会，我们商务厅汇报了山东省创建示范省的总体工作情况，接着山东出入境检验检疫局、山东省财政厅、山东省农业厅和山东省海洋与渔业厅等部门也分别汇报了相关重点工作。汇报会结束之后，考核组就马不停蹄地赶赴潍坊和威海两地进行实地考评。他们先是听取了潍坊、威海两个示范市，以及安丘、荣成两个示范区的工作情况汇报，然后考察了中国食品谷、潍坊万通种植基地、红太阳农资店、安丘市农业综合标准化管理中心、威海市食品药品检验检测中心、家家悦中央配餐中心、荣成市农安办综合服务大厅、荣成泰祥等近20家单位和企业。专家组成员依据《出口食品农产品质量安全示范省考核评估表》，每到一处就认真评估打分，非常认真严格。”吕厅长说。

示范省考核评估组在济南听取汇报

示范省考核评估组在威海考察

“经过6天的实地验收，根据专家组的考核评估意见，认定山东省的出口农产品质量安全示范省建设工作达标，2017年6月5日国家质检总局正式发布了‘关于批准山东省为出口食品农产品质量安全示范省的公告’。”吕厅长兴奋之情溢于言表，“到这时候，我们心里才算舒了一口气。2017年6月16日，在威海召开了出口食品农产品质量安全示范省成果展暨第八届威海国际食品博览会，集中展示示范省十年的发展历程及我们各级政府部门、企业和广大农民群众共同奋斗所取得的成绩，可以说为山东省的农产品质量安全工作交了一份满意的答卷。”

● 走农产品品牌化之路

“用十年的时间一直持续不断地坚持做一项工作是非常不容易的，请问您是怎么坚持下来的？”我想了解吕厅长十年来坚持做这件事的动力何在。

吕厅长转目注视窗外许久，接着说：“我们经常说‘民以食为先，食以安为先’。

食品农产品安全关系到我国13亿人口的身体健康，关系到我国在世界上的声誉，也关系到山东省广大农民的收入和企业工人的就业，这是一件大事情。习近平总书记就曾经以‘最严的标准、最严格的监管、最严厉的处罚、最严肃的问责’，对我国食品质量安全提出要求，他明确指出，保障人民群众‘舌尖上的安全’是最大的民生工程。所以首先我们觉得做这项工作是非常有必要的、有价值的和有意义的，值得我们去奋斗。再者这十年间，我从处长到总经济师，再到副厅长，这项工作始终由我在负责，尽管我的上级领导换了好几届，但每届领导都对这项工作非常支持，都大力推动，作为一名国家干部，我觉得我有责任和义务去做好这件事情，而且每次努力都能够看到成果，当然也有困难的时候，也有通宵熬夜的时候。但同这项工作的意义和社会效益相比，困难算不了什么。我们的岗位不就是为了解决困难，为人民服务而设立的吗？每看到工作上的一点小成绩，自己就觉得无比兴奋和满足。譬如，去年（2017年）一份第三方评估报告中提到十年间山东省的农药使用量减少了近1 000万吨，这是个非常了不起的数据，这对消费者健康和生态环境的保护所发挥的作用是无法用数据来表达的。毋庸置疑，这与我们示范区建设工作密不可分。我想以上提到的几个方面正是我们十年来坚持不懈地做这项工作的动力和原因吧。”

“十年磨一剑，示范省成果创建是一个重要的里程碑，但对山东省来说，创建的目的不仅仅是为了拿全国第一个出口农产品质量安全示范省的这个称号，而是为了从根本上解决食品农产品质量安全问题，不知对不对？”我问。

“您说得非常对。”吕厅长赞同道。

“那下一步该怎么去走？”我问。

“成为示范省不是终点，而是新的起点。”吕厅长说，“我们下一步工作的重点，一是示范区的转型升级，深化农业供给侧结构性改革，走质量兴农之路，实现高质量发展。紧跟时代潮流，与国际接轨，发展新业态、新模式，增加新动能。比如跨境电商、海外仓、外贸综合服务平台，还有建产业聚集圈等。”

“二是打响山东品牌。”吕厅长翻开中国质量认证中心所做的《山东出口食品农产品质量安全示范省评估报告》，继续说，“现在我们很多个地市都有自己的区域品牌，在这份报告中提到，截至2017年4月，山东省区域公用品牌累计达到300余个，国际品牌达到50余个，章丘大葱、烟台苹果、乳山牡蛎、安丘大姜等60余个产品获得国家地理标志保护，龙口粉丝、金乡大蒜等产品获得欧盟地理标志认证；在区域共用品牌价值评估中，烟台苹果、威海刺参、金乡大蒜、兰陵大蒜品牌价值分别达到91.47亿元、51.37亿元、41.88亿元和41.72亿元，其中威海刺参品牌价值居海产品首位。区域共用品牌的建立，使当地农产品价格高于市场平均水平，例如安丘大姜在国际市场的价格始终比同等商品高出10%以上，起到了为企业增利、为农民增收的作用。在继续打造区域品牌的同时，下一步我们要引导优秀的农产品出口企业和相关的管理部门共同参与，打造省域的山东品牌，提高山东省农产品国内外市场竞争力。既然是全国第一个出口农产品质量安全示范省，我们有信心也有能力去向全国乃至全世界证明，来自山东的农产品是安全的、优质的、营养的和环保的，与示范省的地位是相称的。”

“的确，品牌是非常关键的，品牌的英文是‘brand’，意为烙印，就是烙印在消费者心里的感觉和形象，想要在众多长相基本相同的农产品中脱颖而出，就需要在消费者心里留下产地烙印，为了实现差别化，农产品品牌化之路是必然的趋势。”我边做记录边问谈着自己的看法。

“我同意您的看法，2017 年 6 月 16 日，我们在济南市召开了山东省品牌建设大会。时任山东省委副书记、省长郭树清作了题为《实施品牌强省战略共铸山东美好未来》的演讲，给我触动挺大的。郭省长在讲话中指出，山东省在国内外市场上具有显著影响力和竞争力的知名品牌屈指可数。世界品牌实验室发布的 2015 年‘中国最具价值品牌 500 强’，山东入选品牌只有 42 个，仅为北京的 44.6%，广东的 52.5%。2015 年，山东 276 家国际自主品牌企业完成出口 167.5 亿美元，仅占全省出口总额的 11.6%。从这个数据就能看出，山东的品牌建设与发达地区相比，存在差距。山东农产品也是如此，山东农业增加值始终保持全国第一，食品产值占全国 1/6，出口占 1/4。数量虽然多，但利润率并不高。因为我们出口农产品当中更多的是原料，虽然品质很高，但是自己去卖就卖不出去或者卖不上价，只有贴上国内外的某些企业的牌子才能进入高端市场，不仅销得快，价格会高很多。问题是利润都被外面的企业赚去了，山东企业和农民没有得到好处。看清楚了这些问题，我们就得花大力气去帮助山东企业做品牌。因为有了示范省的基础，农产品品质和安全性有了保障。在大数据的时代背景下，加快高端深加工产品的培育，打造特色品牌高端产品，走山东农产品品牌化之路，就成为示范省建成之一的工作重心转向。当然，我们还有很多重要的其他工作要做。您发现了没有，我们山东人就喜欢挑战自己。”吕厅长略微有些兴奋地说。我知道她说的是自己心里话。

- **国际市场开拓**

“吕厅长，我知道国际市场开拓是咱们商务厅重要的工作内容之一。我记得您曾经让我介绍去荷兰瓦赫宁根大学交流的事情，您能讲讲其中发生的故事吗?”我问道。

“从事这项工作这么多年，说实话中间发生的故事太多了。”吕厅长沉默了一会儿，仿佛在梳理瞬时涌上来的众多繁杂的思绪，接着她一边看着窗外，一边娓娓道来，“每年山东省商务厅都联合农业等部门充分利用境内外展览、经贸活动等展洽平台，加大对出口农产品示范区的宣传推介。比如说组织示范区内企业参加中国国际农产品交易会、中国绿色食品博览会，山东名优农产品中国香港、新加坡、西班牙等精品展，到日本、欧盟、美国、东南亚等举办食品、农产品推介会等。因为，在国际市场开拓、搭建平台方面，如果只靠企业本身自己去做的话，在影响力和影响程度方面还是很有限的。光参展这一项，山东省财政部门自示范区建设以来就已经投入了 5 000 多万元，用于参展企业补贴，这个力度是相当大的。我举两个例子吧。2007 年、2008 年前后的时候，我国的食品安全事件频发，加上国外媒体的大肆渲染，在国际上造成了不良的影响，特别是对日出口产品冲击较大。针对这些问题，2009 年我们特地去日本做了一场食品、农产品安全说明会，因为中国对日本的出口农产品市场主要由山东来做的，而且有 1 000 多家日本食品企业在山东建厂。所以由我们山东牵头来做说明会更有说服力，有很重要的意义。2009 年的 12 月 15 日，由商务部支持，中国土畜进出口商会和山东省商务厅联合在日本大阪举行承办了‘中国食品、农产品安全说明会’，有 100 多家中日企业参加了这次说明会。说实话，开说明会之前，我们心里很忐忑的，我们要接受日本媒体的采访，担心日本某些媒体会夸大个别食品安全事件，提出一些比较刻薄的问题。之前我们已经领教了日本媒体对‘毒饺子’事件进行的滚动式、轰炸式的反面宣传。但出乎意料的是，这次说明会不论是日本企业、日本媒体还是消费者，都相当友好。当然他们也提了很多问题，首先我们不回避已经出现的问题，但也实事求是地告诉他们，中国政府、企业和农户所做的努力，给他们详细介绍我们正在做出口农产品质量安全示范区建设工作，效果非常之好。从那以后山东省商务厅在日本和其他国家开展此类食品农产品安全说明会就成为常态化了。”

“还有一件事情是2012年我们参加英国生鲜农产品协会（FPC）年度宣传推广活动。”吕厅长接着说，“2010年，我们去英国的时候，英国生鲜农产品协会（FPC）主动找到我们，希望我们中国作为主宾国，参加2012年的宣传推广活动。我们了解到英国生鲜农产品协会（FPC）成立于1946年，是英国水果、蔬菜和花卉流通领域的行业中介机构，已连续65年在伦敦举办了生鲜农产品宣传推广活动，讨论生鲜农产品市场发展，他们在英国和欧盟地区影响力非常大。而且英国受自然环境影响，其生鲜农产品对外依赖度高，约70%的农产品需要进口。但根据英国海关的统计，2010年，英国进口了73.5亿美元的水果蔬菜中，仅0.6%是从中国进口的，中国在英国生鲜农产品进口来源地中仅列第二十九位。所以我们也希望通过参加此次有影响力的推广活动，加强交流，进一步加快中国农产品进入英国市场的步伐。2012年2月4日，来自欧洲各国的300余位生鲜农产品进口商、批发商、零售商出席了该协会举办的第六十六届鲜活农产品宣传推广会。在那次推广会上，我作为山东省商务厅的总经济师，介绍了中国农产品进出口在经济可持续增长中发挥的作用，对中国出口农产质量安全示范区建设情况及质量安全管理模式进行了说明，也表达了与英国相关企业建立双赢合作关系的愿望。同时作为推介会的重要内容之一，中国应邀成为该协会第六十六届年度晚宴的主宾国。当时晚宴现场摆放了介绍中国、中国文化及中国农产品等方面的很多材料，使用有中国特色的果蔬、花卉布置宴会厅，提供具有中餐元素的菜肴等，用来展示中国鲜活农产品的魅力。我当时印象很深的是，在那次晚宴上，中国驻英国的大使专门邀请了中国的舞狮子队进行表演。我们中方的代表男士穿唐装，女士穿旗袍，应该说那天晚宴满满的中国元素，开得非常成功。我记得现场有位老华侨非常激动，含着泪跟我说：‘我在英国从事了这么多年的食品行业，参加了多次协会（FPC）举办的晚宴，这是第一次参加由自己祖国作为主宾国的晚宴，我们太自豪了，太长志气了，同时也为祖国的日益强大而骄傲。’”

- **一个标准　两个市场**

“我记得在安丘采访鲁丰集团总经理刘海燕的时候，她说过的一句话给我印象深刻，她说：‘我们的食品农产品就是要内外同一把尺子，绝不看人下菜碟、内外分两档。’我想这也正是我们示范区建设中提出的‘一个标准、两个市场’，是吗?”我问道。

“是的。”吕厅长说，“2009年评定了安丘等12个县（市、区）为第一批示范区之后，我们意识到质量和安全是农产品销售的生命线，随着我国人均收入提高，特别是中产阶级人数增加，国际和国内市场正在加速融合，如果内外两个市场两个标准，一旦国

山东省农产品赴英国推介

新鲜农产品协会推介会上，中英双方与会嘉宾正在交流讨论

内市场出现质量安全问题，国际市场也势必受到影响，同时，国内市场对优质安全农产品需求不断增大。我记得示范区建设之前，欧盟到某地市考察，当地相关工作人员介绍农产品的时候，说这部分是出口的，那部分是内销的，言外之意就是我们出口农产品的质量安全要高于内销农产品，当时欧盟考察团听了之后就比较茫然。因为在他们眼里，出口的和内销的农产品和食品应该没什么区别呀？甚至内销的应该更好才对。我们还需要为自己考虑呀，不能因为出口农产品、食品的国际标准比国内标准严格，就把好的农产品全部出口了，余下的留给自己吃，这样做是对国内消费者的不负责任。所以 2010 年 4 月，在威海市组织召开第三次出口农产品质量安全示范区建设现场会时，就特别提出了‘推行国际标准，统筹两个市场，打造山东品牌，促进富民强省’新任务和

挑战。”

“来自示范区的农产品在国内市场销售情况怎么样?”做了很多年农产品市场研究的我自然对国内优质安全农产品市场发育情况感兴趣。

“2009年6月，商务部、财政部①、农业部②联合下发了《关于做好农产品农超对接试点工作的通知》，同时也是受您的那本书《农超对接怎样做?》的启发，我们也想让示范区的农产品走进超市，于是推出了‘区超对接’。所以在2010年，山东省商务厅以山东银座集团、山东家家悦集团、山东全福元集团等数十家大型连锁超市和乳山、安丘等12个出口农产品质量安全示范区为重点，以超市设立示范区农产品专区（专柜）为载体，推动符合国际标准的农产品走进国内消费者的‘菜篮子’。但是当时国内消费者对高质量的农产品认知还是有限，因为来自示范区的农产品，从外观看和其他农产品没什么区别，个别产品甚至卖相还要差一些，但是价格却高不少。尽管旁边展示着农产品的质量说明，但很少有人去认真看。而且那时还没有二维码，可追溯过程也没法查询，再加上冷链物流跟不上，所以大概做了半年左右的时间，有些超市就陆续撤柜了。”吕厅长惋惜地说。

“据我所知山东省近两年又重启了这项工作，为什么呢?”我继续问。

吕厅长笑着说：“因为最近这几年国内市场发生了很大的变化。一是高质量农产品需求在增大。随着老百姓收入的不断提高，食品安全意识不断增强，人们对安全农产品的需求比以前大大增加了。消费者能通过各种途径，特别是网络、电视等，了解到了有机产品、绿色食品是怎么生产出来的。所以现在不论超市还是酒店，对高端农产品的需求量都特别大，企业也为获得这些高端农产品市场展开了竞争。比如，北京首都农业集团就专门来山东寻找优质和安全的农产品，供应其在北京建设的大型农产品交易中心、农产品连锁店，以保障首都农产品的供应和食品安全。二是数字信息技术的广泛普及。比如，用手机扫一扫农产品包装上的二维码，从源头到市场的整个生产和加工流程一目了然，可信度大大增加，所以消费者现在开始愿意也有能力为高质量的农产品支付价格了。我想示范区建设也正是解决党的十九大报告所提出的人民日益增长的美好生活需要和供给不平衡不充分发展之间矛盾的一个重要途径或者模式吧。”

- **个人经历**

在说起个人经历时，吕厅长只是寥寥数语，“我的父母都是当老师的，所以我从小就对老师这个职业非常敬重。我在山东师范大学的校园里长大，对那个校园有着特殊的感情，现在只要有时间我还会经常回去看一看。后来我考上了山东大学的经济系，本科毕业之后被分配到了山东省对外贸易局，先是在青岛工作，并在青岛安了家。1996年机构调整时我又被调到了济南工作，先后任计划处副处长、开发区处处长、外贸处处长、总经济师到副厅长。在担任开发区处处长期间，有机会去美国康州州立大学学习了半年，收获还是挺大的，回来之后就调到了外贸处。之后工作就非常地忙碌，平时很少

① 中华人民共和国财政部，全书简称财政部。

② 中华人民共和国农业部，全书简称农业部。2018年3月，国务院机构改革将农业部的职责整合，组建中华人民共和国农业农村部（简称农业农村部）。

示范区农产品走进超市

能晚上7点之前下班，而且经常还要出差。所以这么多年，我一直是济南青岛两地来回跑，对家庭的照顾相对少一些，有时想起来还是挺愧对丈夫和孩子的。”说到这儿，吕厅长眼眶微微湿润，虽然她努力掩饰自己的感情，但我能深深地体会到她为她的梦想、她所热爱的这项工作所做出的牺牲。

我们分手告别的时候，吕厅长接到了一个电话。放下电话，吕厅长告诉我是她远在上海的儿子委托快递送来了鲜花。我才忽然意识到，采访的那天正是母亲节啊！在送出祝福的同时我也感到很抱歉，因为在母亲节当天占用了吕厅长这么长时间。

对于我的歉意，吕厅长笑着说：“您太客气了，周末工作我也已经习以为常，而且跟您聊天我真的很有收获，应该感谢您才对，说实话，若不是这个电话，我也忘记今天是母亲节了。”

在整理采访稿的过程中，我突然发现吕厅长在谈示范区建设时始终用的都是“我们”，的确，筑梦十年，在示范区建设的道路上，大家一路同行，继续开启下一个十年的新征程！

二、点亮心灯　照明心路——访安徽出入境检验检疫局原局长、党组书记姜宗亮[①]

姜宗亮先生1956年出生于山东高密，1982年毕业于山东轻工业学院（现齐鲁工业大学）的食品工程专业，历任山东商检局副处长，潍坊商检局副局长，山东商检局处长，青岛出入境检验检疫局副局长、山东出入境检验检疫局副局长，国家质检总局进出口食品安全局副局长，安徽出入境检验检疫局局长、党组书记；2017年1月始任安徽省政协港澳台侨和外事委员会副主任，兼任中国检验检疫学会副会长。用他自己的话

① 采访人：胡定寰、孙庆珍；采访时间：2017年8月13日。

说："我是与食品打了半辈子交道的人，我深深爱着这一行。"

姜宗亮先生

姜宗亮先生不仅精通业务，而且还是一名善于思考、研究和写作的学者。他先后主持完成了"进出口食品安全卫生监控系统的研究""出口农产品风险预警及食品安全卫生监控体系的研究""中国现代出口肉类官方兽医体系建立及应用""中国现代出口蔬菜食品安全体系建立及应用"等研究课题。出版了《韩国食品安全法规与标准译编》《欧盟食品卫生与官方控制新要求》《初级农产品安全区域化管理体系要求理解与实施》《花生中黄曲霉毒素的污染和控制》《他山之石，可否攻玉？》《点亮心灯》等多部论文和著作。其中，2015 年出版的 40 多万字专著《点亮心灯》，被中宣部①党建网推荐为"学习宣传核心价值观的优秀读物"，被新民网评为"一本厚重好读的书"，被国家新闻出版广电总局评选为 2016 年"经典中国"国际出版工程图书名录。姜宗亮先生在 2010 年发表的论文《食品安全管理的第四次浪潮》，吸引了包括本人在内的众多读者，引起了强烈的反响。虽然国内外最近几年发表的同食品安全有关的论文多如鸿毛，但在读《食品安全管理的第四次浪潮》这篇论文的时候，论文中独特的视角和观点给人一种耳目一新的感觉，所以我也很好奇这篇论文究竟是在一种什么样的背景下写成的。

- **初次见面**

在山东省商务厅吕伟副厅长的推荐下，我与姜宗亮先生取得了联系，他爽快地答应了我的采访。2017 年 8 月 13 号星期天一早，我乘飞机从北京赶到了青岛，将采访时间安排在当天下午的 1 时 30 分。盛夏的青岛比北京略微多些风，可能由于湿度较大的关系，总感觉身上有种黏糊糊的汗湿感觉，可能正是由于这种天气的原因，青岛啤酒节选择在每年的 8 月举行，在这种湿热天气畅饮爽口的青岛啤酒，对很多人来说简直是一种享受，所以仲夏的青岛热闹非凡，以至于在订酒店时颇费了一番周折。在这个闷热的周末下午姜先生能接受我们的采访，心中很是感激和歉意。

姜宗亮先生按照我们约定的时间准时来到了宾馆，虽然采访之前已经查阅了一些姜

---

① 中国共产党中央委员会宣传部，全书简称中宣部。

先生的相关资料，但第一眼见到姜先生，他给人的那种有思想、有内涵和充满智慧的山东汉子的形象，还是让我感觉采访前所做的功课还是太少了，所以也急切地想通过采访来了解姜先生及食品农产品质量安全示范区建设的相关故事。

“姜局长，”和熟悉他的人一样我也习惯这样称呼他，“这次请您来接受我们采访的目的是写一本书，总结出口农产品质量安全示范区建设的经验，让更多人了解我们曾经面对过什么样的挑战，我们是怎样做的，以及有哪些值得推广的成功经验。”我这个人习惯直话直说，见面后直接开门见山地说出自己的想法。

“为示范区建设做总结非常有必要，毕竟十年了。”姜先生感慨道，“如果要写成一本书，还是要从深度上进行挖掘，而不是简单地归拢一些材料，否则就没有价值，也不会有人看。书的重点需要放在理论总结上，要重点说明区域化管理在理论上的创新。”

“区域化管理？”我有些疑惑。

“哦，是这样的，‘食品农产品质量安全示范区建设’原来称作‘农产品质量安全区域化管理’，为便于向全国推广后来有人提议更名为‘示范区’。但我认为还是‘区域化管理’这个提法更适合。”姜宗亮解释说，“‘区域化管理’不是简单的土地流转样板田或供人游览观赏的‘农家乐’，而是基于中国国情建立的一套动态食品农产品质量安全保证体系。这套体系需要所属行政区划的政府主导，整合相关行政管理资源，科学引导农业种植、养殖，真正从源头上解决食品原材料的质量安全。换句话说，‘区域化管理’是我国食品农产品质量安全管理模式的一种探索和创新，是面对各种食品质量安全事件不断挑战的一种呐喊和突围。”

- **食品安全管理的四次浪潮**

“姜局长，我拜读过您的《食品安全管理的第四次浪潮》这篇文章，写得非常好，给我印象深刻。我也是喜欢动笔写写东西的人，所以很想知道您为什么要动手写这篇文章。”我这样问是因为我觉得现在有很多人仅仅是为写文章而写文章，不能真正表达自己的心声，这就像假花一样，外形虽然好看，却没有生命力，也可以说没有“灵魂”吧。

姜先生微笑地看着我说：“写这篇文章的初衷很简单，只是想把多年的工作体会告诉大家。”

“文章的题目《食品安全管理的第四次浪潮》很有意思，您能具体谈谈什么是‘四次浪潮’吗？”

“众所周知，我国的食品安全管理起步较晚，而欧美等国家在我们之前早已取得很多成熟经验。1969 年联合国食品法典委员会（CAC）借鉴美国在药品质量管理上的经验，制定出台了《食品卫生通则》，建立了一整套良好卫生规范（GHP）和良好操作规范（GMP），很好地规范了食品生产管理过程。后来我国借鉴国外的 GHP 和 GMP，在 1984 年 10 月 15 日颁布了《出口食品厂（库）最低卫生要求（试行）》，对我国的出口食品加工企业进行了规范化管理。为什么我们要从出口食品企业入手呢？这是因出口创汇形势的需要，食品农产品是我国当时能够出口换汇的主要商品。毋庸讳言，最早规范出口食品企业的管理，初衷主要是为适应国际市场的需要。但引入这些国际食品卫生管理理念，客观上也促进了我国传统作坊式食品加工卫生习惯的转变。随着《出口食品厂（库）最低卫生要求（试行）》的强制实施，出口食品企业逐步建立了更衣室、卫生间和相应的洗手消毒设施，从此使食品加工卫生管理理念有了较大转变。因此，我把它定义为食品安全管理的第一次浪潮。这次浪潮，把食品安全管理逐步推向了规范化的轨道。”

“第二次浪潮呢，就是20世纪90年代，以我国引入危害分析与关键控制点（HACCP）管理模式为标志。20世纪60年代，美国率先在航空食品推行了HACCP管理。这是一种基于风险分析的动态管理模式，它关注的不仅是生产加工硬件设施，更重要的是强调与食品安全管理相关的软件体系。我国引入HACCP管理理念后，逐步开始重视食品加工过程的软件建设，推动出口食品加工企业相继完善了质量安全保证体系，促进了出口食品加工企业安全卫生管理水平的整体提升。可以认为，正是这第二次浪潮把我国食品安全管理逐步推向了科学化的轨道。”

“第三次浪潮，实际上是源于欧洲的疯牛病事件。这次事件将食品安全管理的范围扩大了，人们意识到除了食品生产过程中可能存在影响食品安全的因素外，饲料、添加剂以及周围的环境等都有可能对食品的质量安全造成危害。于是，欧盟提出了‘从农场到餐桌’的全过程食品安全风险控制理念。受此影响，我国在出口食品加工企业也大力推行了‘五统一’畜禽饲养加工和‘公司+基地’的蔬菜种植加工模式。这种相对封闭的出口食品种植、养殖生产加工体系，有效降低了出口食品的安全风险。这是为适应国际市场需求，针对我国国情采取的一种近似‘从农场到餐桌’的食品安全管理模式。在当时条件下，尽管有些勉强，但还是得到了部分进口国的认可。据此，国家质检总局和国家认监委①陆续出台了一些措施，要求出口食品加工企业不仅获得卫生注册，还要有自属备案基地和养殖场。实际上，这是延长了出口食品加工企业的监管链条，把食品安全管理从加工企业延伸到原料种植、养殖基地，对出口食品企业实施了全过程控制。这在当时效果是显著的，确实使出口食品安全风险得到一定程度的控制。为此，我们将这个过程称为第三次浪潮。”

“作为长期从事食品安全管理的工作者，我们深知无论‘五统一’饲养模式还是‘公司+基地’的种植模式，实际上并没从根本上解决食品安全源头风险。因为动物疫病疫情的防控和农兽药残留的控制，绝不是一个或几个相对封闭的饲养场、种植基地可以彻底解决的。我国是一个多民族发展中国家，人口众多、区域经济发展不均衡，不同区域农耕文化、饮食文化和生活习惯也存在较大差异，在短期内要建立一套适合全国推行的食品安全控制体系显然是有难度的。为此，针对我国国情，我于2005年提出了一个新的食品安全管理理念，即‘食品安全区域化管理’。主旨是采取先行先试、由点到面的方式，逐步建立一套以不同行政区划为载体的食品安全管理体系。我将这种食品安全区域化管理模式定义为‘第四次浪潮’。”姜先生非常有条理地介绍了食品安全管理的四次浪潮，充分体现了他作为一名学者的严谨、务实和认真。

“在中国语言中食品安全有两层意思。”我说，“其一是保障粮食供给，其二是防止食物对人们健康造成危害。您能对后一层意思做进一步的说明吗？”

---

① 中国国家认证认可监督管理委员会，全书简称国家认监委。

“您指的食品安全是‘Food Safety’吗?”姜先生问。

我点头认可。

“好的，食品安全（Food Safety）是指食物中有毒、有害物质对人体健康影响的公共卫生问题。”姜先生喝了口茶，润了润喉，继续说，“这其实又包含了两方面的内容。一方面是从食物链的角度，要求从原料种植、养殖、生产加工到消费等各个环节都不得存在或产生可能对人体健康造成危害的有毒有害物质或因素；另一方面是从诚信和透明度角度出发，要求食品生产、经营者对产品成分、安全卫生和营养价值等方面提供真实信息，不得存在任何对消费者健康和公共卫生造成危害的欺诈行为。”

“我记得您在文章中提到，食品安全问题等同于国际上普遍关注的‘食源性危害’。那您能解释一下什么叫作‘食源性危害’吗?”

“您看得很仔细嘛。”姜先生微笑着对我说：“‘食源性危害’是指食品中对健康造成不利影响的生物、化学和物理因子或因素。前几年某些国家出现的疯牛病、弯曲菌、大肠杆菌 O157：H7、单核细胞增殖李斯特菌、沙门氏菌 DT104、诺瓦克病毒、孔雀石绿、盐酸克伦特罗、三聚氰胺、多氯联苯、重金属等都属于食源性危害因素。随着生物基因的变异以及科学技术的不断进步，今后或许还会有新的食源性危害因素被发现。”

“在食品从原料生产、加工到消费的各环节中，生物性、化学性和物理性危害因子或因素的发生具有不同规律和特点，如作为化学污染物的农兽药残留主要发生在种植和养殖环节；重金属主要来自土壤和灌溉用水；致病微生物和添加剂主要发生在加工环节，等等。食源性危害发生的环节，主要包括生产、加工、流通和消费 4 个环节。由于不同地区的人们存在着文化认知、饮食习惯、农业生产条件、工业化程度、食品安全标准和控制能力上的差异，造成食品安全风险控制的环节不断增多，难度也不断加大。”

● 菠菜出口风波

“前面您提到‘区域化管理’，吕厅长对我说过，您是搞‘区域化管理’的‘始作俑者’。”我笑着说，“所以我很想知道，当时您是在什么样的环境或者背景下提出‘区域化管理’的理念?”

由于本书的读者群很大，其中大部分人并不是研究食品安全问题的专家。为了让手上捧着这本书的读者能够饶有兴趣地看下去，我力图把采访的内容从理论的探讨转向更多人爱看的实践案例。

“说来话长。”姜先生缓缓地说，“2002 年 11 月，我被交流至国家质检总局进出口食品安全局任副局长，时值我国正式加入 WTO 一周年。进出口食品安全局刚成立不久，是一个应时而生的部门，主要任务是按照 WTO 规则，研究探讨如何守住国门、破解国外技术壁垒、为我国食品农产品国际贸易保驾护航。作为一个新设立的机构，我们当时既没有成熟的经验也没有既定的方针路线，一切皆需根据国际市场风云变化随机探索应对措施，因此倍感压力。”

“大家都知道，21 世纪初正是我国现代化建设最需要外汇的时候。而当时能出口的高端产品比较少，农产品算是能出口的主要商品了。除了挣到外汇以外，农产品的出口价格毕竟高于国内市场价格，农民和加工企业都会受益。基于此，各地政府和企业都想大幅度增加农产品出口。可是，发达国家却不断提高食品农产品的准入条件，使得我们生产的食品农产品出口频频受阻，特别是出口到日本和欧盟的农产品更是举步维艰。在这种情况下，出口企业非常着急，农民也非常着急，很多种植出口农产品的大户纷纷跑到当地检验检疫部门问‘为什么不让我们种的蔬菜出口了?’有些企业直接找到当地政府，要求政府出面敦促检验检疫部门放行出口。这些信息每天都源源不断地反馈到进出口食品安全局，有时高层领导也对此表示关切和过问，这使得我们每天都背负着沉重的压力。但在当时的情况下，无论我们怎样做都无法使问题得以彻底解决。因为产品达不到进口国家的标准，即使放行出口也会被退回来，那样只会造成更大的损失。”

“您能举一些具体的例子吗？我想读者很想了解当时的情况。”我建议道。

“那我们就以出口日本的菠菜为例吧。在我国菠菜是老百姓的家常菜，当年价格也很便宜，几乎每家都在吃。可在日本菠菜却算得上高档蔬菜了，价格非常贵。那个年代我国猪肉均价还不到5元人民币一斤①，而一小扎菠菜在日本就能卖上10~15元人民币，甚至20多元人民币。当时，我们主要向日本出口冷冻菠菜，凭借着物美价廉的优势，我国的冷冻菠菜在日本消费者中享有很高声誉。日本平均每年需要进口4万~5万吨冷冻菠菜，其中99%都从中国进口。但在2002年日本国会参议院通过了《食品卫生法》修正案，他们以毒死蜱残留超标为由封杀了我国冷冻菠菜出口到日本。当时国际食品法典委员会对菠菜毒死蜱的规定限量是0.05毫克/千克，而日本政府则规定不准超过0.01毫克/千克，可以称得上是世界上最严苛的农残标准了。”

谈到这儿，姜先生的思绪似乎回到了当时那个特殊的时期，他愤愤不平地继续说：“按照我国当时的种植习惯和农民认知水平，种植菠菜使用农药是一种普遍现象，如果不用农药，菠菜还没有长大就很快被虫子吃光了。因此，日本颁布毒死蜱残留不得超过0.01毫克/千克的限量标准之后，我国国内的冷冻菠菜基本上都出不去了。当时菠菜出口量比较大的有关省市政府领导和企业纷纷来找我们，让我们想办法解决。”

“我到进出口食品安全局任副局长，接手的第一件事就是负责与日本交涉，争取放宽对中国输日冷冻菠菜的限制。”姜先生回忆道，“当时，总局领导给我们定的谈判口径是要求日本修改标准。因此，每次谈判都先严正指出日本制定的这个标准是不合理、不科学的，要求他们解禁冷冻菠菜进口。每次谈判基本都是坚持这个套路，几轮谈下来，最终于2003年2月日本放开了进口限制。但时隔两个多月，冷冻菠菜又被日本查出农药残留超标，日本再次宣布封关，我们的蔬菜又出不去了。于是，全国各地的菠菜出口企业又开始呼吁，让我们尽快想办法打开市场。企业找，地方政府也找，领导就让我们再去和日本谈。就这样，一年反复多次，周而复始，把我们折腾得心力交瘁、焦头烂额。”

“连续不断地谈判，我们和对手彼此都很熟悉了，在谈判茶歇的时候，偶尔也会聊聊天。有一次，日本代表闲聊时跟我说：‘姜先生，我们这样谈下去没有任何意义。你坚持让我们修改标准，可我们厚生省根本无权修改，因为那些标准都是国会通过的。你们的产品要想进我们的市场就要适应我们的标准，你们不提高农残控制水平，靠我们这样扯来扯去解决不了任何问题。当务之急，还是要靠贵方从源头上解决问题。’对方闲

① 1斤=0.5千克，全书同。

聊的几句话点中了我的脉穴，这恰是我在这段时间不断思考的问题。既然我们要向日本出口，为什么不想办法适应日本标准，而是被动的要求日本修改标准？从日本回来后，我向总局领导做了汇报，并提出了我的意见和建议，主张从源头抓输日冷冻菠菜质量安全。”

“在得到总局领导大力支持的前提下，我们组织相关专家和输日冷冻菠菜企业代表，共同研究起草了一个《输日冷冻菠菜农残控制体系运行规范》（以下简称《规范》），准备从种植环节入手解决农残问题。但是，这份《规范》要真正发挥作用，至少应该以国家部委二级法规以上的形式发布实施。针对单个贸易国的一个商品出台一份二级法规，这在中国食品安全管理史上尚无先例，因而在推进过程中遇到了很多困难和波折。不过，最终总局法规部门还是打破了立法程序上的障碍，特事特办批准发布了这份《规范》。”

“但令我们深感意外的是，我们千辛万苦、通宵达旦研究探索，好不容易获准施行的规范却受到了国内一些出口企业的反对。”姜局长苦笑着说，“这些持反对意见的企业，主要是因《规范》设定的门槛较高。如果按照规范操作，出口企业需要流转土地，建立自属的菠菜种植基地，这样无疑会增加出口成本。当然，有很多企业还是赞同并支持我们的想法，主动申请先行先试，并率先按照《规范》要求建立了自属菠菜种植基地。在《规范》颁布实施后，我到山东几家出口蔬菜企业做了一次调研，发现效果还是非常显著的，在相对封闭的运行体系内农药残留得到了有效控制。于是，当再次与日本厚生省官员见面时，我向他们详细介绍了针对输日冷冻菠菜采取的农残控制措施，希望他们彻底解禁对中国菠菜进口的限制。当时，日本人还是半信半疑，并没有完全解禁对中国输日菠菜的限制。后来，我们把全国第一批达到《规范》要求的 27 家企业名单通报给日本，主动邀请他们派人来参观和检查，并于 2004 年 3 月在北京联合举办了‘中日食品安全研讨会’。”

“会后，我们组织日本代表团赴山东考察，让他们参观了几家大型对日出口企业和菠菜种植基地。摆在日本人眼前的事实令他们大吃一惊，他们没想到中国人会下这么大的决心来提高农产品的质量安全。他们拿了很多材料回去审核，很快就解除了第一批 27 家企业对日出口冷冻菠菜的限制。这离第一次日本菠菜封关已过去两年了。所以，当时一放开出口，日本进口冷冻菠菜价格翻了 3 倍。虽然这 27 家企业在前期投入了很多，但获得的回报也是丰厚的。我们经过一年多努力，出口菠菜的农残超标问题通过‘公司+基地’的模式被控制住了，算是打了个漂亮的翻身仗。后来‘公司+基地’成为出口蔬菜的一种通用模式，逐步在全国推广应用。”

这时，我观察到姜局长的脸上露出了不可抑制的喜悦。是啊，说起来虽然只有短短的几百字，但背后却是万分的艰辛和巨大的付出。

“当时还有一个有趣的插曲呢。”姜局长淡然一笑，继续说道：“当时在北京参加‘中日食品安全研讨会’的有一家日本设在上海的独资企业，他们也生产冷冻菠菜。由于没有达到规范要求，未能进入第一批 27 家出口企业名单。于是，在会上他提出质疑，说我在操纵整个过程，特地偏向山东的企业，否则为什么第一批入选的 27 家企业全部来自山东？他或许对我本人做过调查，知道我是山东人，故而提出如此质疑。我当时不

日本厚生劳动省在山东考察

动声色，非常果断和明确地告诉他：‘这 27 家企业是严格按《规范》要求由专家组统一考核评定的，不存在任何区位概念，只要达到标准，无论这个企业在哪里都是可以通过验收的。’在事实面前，这家企业也无话可说了。研讨会以后，日本冷冻菠菜进口商基本上都到山东去了，国外客商也把山东当成一个品牌，慢慢地山东蔬菜出口也就形成了气候。”

- **区域化管理的最初设想**

“菠菜事件之后，很多出口其他农产品的企业也想参考菠菜种植模式的成功经验。可是，这个模式并不是放之四海而皆准的，譬如说有些地方的茶叶生产就不适合这种‘公司+基地’的模式。”

“为什么不适合？有什么区别吗？”我穷追不舍。

“曾经有人建议出口茶叶生产企业也推行‘公司+基地’的管理模式。坦率地说，在此之前我从没接触过茶叶加工企业，对于是否能实行‘公司+基地’的管理模式心中无数。于是，我带了进出口食品安全局一名分管茶叶的同事专程去杭州进行了一次调研。通过现场考察，发现茶叶种植过于碎片化，有些茶农只种几十平方米的茶树，面积大的也只有几亩地。茶叶出口加工企业想把茶田集中起来相当困难，而且由于种茶属于精细化作业，一斤上等龙井就需要几万个茶芽，投入的劳动成本很高，现场咨询了几个出口茶叶生产厂家，没有一家企业愿意冒这个风险。杭州茶叶的案例使我们弄明白了一个道理，‘公司+基地’模式虽能解决部分农产品安全问题，但并不是放之四海而皆准的种植模式，而且它违背了社会分工原则。因这种模式下的企业既要种地，又要运输、加工、检测，最后还有销售和出口等环节，集各行各业的职能于一身，不仅增加了成本，也难以向专业化和精细化发展。除此之外，区域化管理的最初设想也是受另一件事情的触动。当时山东有一家出口企业不仅有自己的种植基地，而且种植加工环节控制也比较严格，但加工的冷冻菠菜出口后，还是被日本检测出了农药残留超标。自属基地中的菠菜，没有施用任何违禁农药，为什么导致农药残留超标呢？后来，他们反复查找原因，终于发现了污染源是在基地周边的一片玉米地。农民给玉米用药的时候，喷洒的农药飘移到了菠菜基地造成了交叉污染。通过这件事，我们就开始思考，仅仅通过‘公司+基地’不能彻底解决农药残留问题，需要在基地周边，甚至更大范围内比如一个乡镇、县市范围内控制农药使用。”

“于是我查阅了大量的国内外资料，再加上对菠菜种植模式的试点探索，天天在考虑如何解决这个问题。有一天，在翻阅国外资料时，有一句话引起我高度关注，即‘所谓的食品安全问题从根本上来说是社会化的公众问题’。看到这句话，突然令我茅塞顿开，食品安全既然是公众问题，那就需要政府负起责任，而不是把包袱甩给企业。譬如说，环境的治理，农药的使用，甚至包括农药厂和化肥厂的监督治理等工作，都不能让加工企业来承担，再说企业也确实没有这种能力来承担。”

“当时我想，我国幅员辽阔，由于各地区域差异客观存在，在从种植和养殖到生产加工再到批发、零售和消费整个食品链条中，食品安全管理体系的构建和运行都很不平衡，尤其是行政监管资源的有效配置和化学投入品监管还不到位，使得有些区域不仅造成了食品安全监管资源的浪费，而且国内食品安全问题难以杜绝，仍然不断发生。因此设想，我国在食品安全管理上，应客观地按照不同区域的发展状况，有组织、有计划、有方法地建立起各自的区域化食品安全管理体系。唯有这样才能从根本上解决各个区域，乃至全国的食品安全问题。于是，区域化管理的理念从朦胧中逐步理出了头绪。”

姜局长兴奋的神情也深深地感染了我，我能体会得到那种在苦苦思索之后“众里寻他千百度，蓦然回首，那人却在灯火阑珊处”的成就感。

- **农产品质量安全区域化管理的内涵**

“那么区域化管理的内涵是什么呢？”我知道姜局长也喜欢理论研究，所以我想让他从理论的角度给我们简单归纳总结一下。

“简单地说，我最初设想的‘区域化管理’内涵就是‘建立一个体系、构筑三道防线’”。

“农产品质量安全区域化管理体系和构筑三道防线？”我饶有兴趣地问，“一个体系具体指的是什么？”

“一个体系是指食品安全区域化管理体系，主要内容是‘两导三动’，即政府主导、科学引导、部门联动、企业带动、全民行动。政府主导，是指地方政府要切实负起食品安全责任，履行对消费者健康安全的担保。科学引导，是指政府及有关职能部门树立科学发展观，以 GAP、GHP、HACCP 和风险分析原理为科学依据，正确引导农民和企业开展科学生产与加工，树立绿色环保意识，减少农药、兽药、化肥、激素、添加剂等可能对食物链构成的源头污染。部门联动，是指要整合行政管理资源，突破传统的行政管理模式，形成合力，建立和完善一套务实高效的食品安全管理机制，解决标准和信息不协调等问题。企业带动（又称‘龙头带动’），是指充分发挥食品加工企业的龙头带动作用，在原料基地的建设以及食品生产加工环节的自检自控方面发挥主体作用。全民行动，是指加强食品安全知识的宣传和培训，提高全民的食品安全意识，在食品生产、加工、消费等环节构筑食品安全屏障。”姜局长耐心地解释道。

“那么构建三道防线呢？”我紧接着问。

“构筑三道防线是指，在食品安全区域化管理体系逐步建立和完善的基础上，在区域内采取三项具体控制措施。一是，对区域内的种植基地或养殖场合理规划布局，并实施备案管理。加强食品原料的源头控制，对加工厂和储存库实施卫生注册登记或备案管理。加强企业车间布局、工艺与加工条件的审查，构筑食品安全的第一道防线。二是，对区域内的食品加工企业派驻检验检疫官或实施巡回监督，加强食品生产加工过程的安全卫生控制，构筑食品安全的第二道防线。三是，通过官方食品安全风险监控计划的实施以及企业和区域实验室的检测把关，掌握食品安全风险动态信息，及时启动预警机制或采取风险控制措施，构筑食品安全的第三道防线。”

“理论框架无懈可击，非常完善。”我赞叹道，“但凭我个人经验来说，中国国情复杂，很多完美的理论实施起来并不一定奏效。”

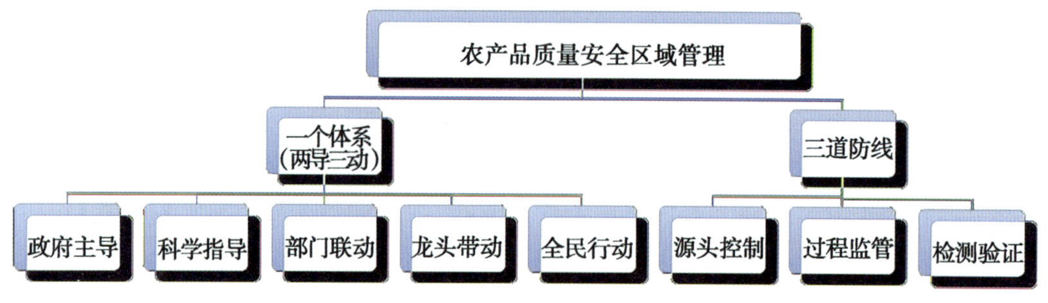

农产品质量安全区域管理框架

“是的。”姜局长没有否定我的说法。“从设想到付诸实践，我们还是经历了很漫长的一段时间。部分产品农药残留问题虽然基本得到解决，但还是不断有新问题出现。比如说大蒜和水产品在质量安全问题上反复还很大，而山东又是这两种产品的出口大省，在这个问题上尤其突出。于是，那段时间我经常思考一个问题：能否在山东找个地方做一些区域化管理的探索和试点？”

“也算机缘巧合，2005 年 7 月我从国家质检总局进出口食品安全局调回山东出入境检验检疫局工作。”姜先生看到我有点迷惑，便进一步解释说：“我们垂直管理系统领导干部岗位交流是非常频繁的，我常说的一句话就是‘共产党员是块砖，哪里需要哪里搬’。回山东工作对我个人和家庭是有利的，因我的家人都在青岛。同时，我也想借此机会在山东扑下身子做一些区域化管理的研究和探索。”

姜先生停顿了一下，轻轻端起杯子喝了一口茶，继续说：“但是，理想与现实总是有差距的。当我回到山东时，很快就陷入一堆棘手的出口食品质量安全事故纠纷中。或许是受大环境的影响，那段时期山东爆发了一系列出口食品农产品质量安全事件：输日仁木包子事件、宇王鲐鱼事件、莱阳青刀豆事件、出口韩国的泡菜事件，以及输欧盟的芦笋、大蒜、水产等质量安全事件。每一个事件都牵动着上至国务院领导，下至普通老百姓的心。因此，原来设想回到山东搞区域化管理试点的计划迟迟未能付诸实施。”

- **农产品质量安全区域化管理在安丘和威海的实践**

“在逐步平息了一系列出口食品农产品质量安全事件后，我开始思考区域化管理的试点工作。但想了很长时间，一直没有找到突破口，或者说没找到抓手。”

“那障碍在什么地方呢？”我紧接着问。

“关键是找不到合适的执行主体。”姜局长说，“从理论说，政府必须在区域化管理中发挥主导作用。然而，问题是谁会对区域化管理感兴趣，谁又有力量来参与和投入？”

“后来我去了很多地方调研，发现出口农产品比较多的县市级和乡镇级政府对建立出口农产品安全管理体系还是很有兴趣的，积极性非常高。于是‘政府主导’这一设想在我脑海里就逐步生根发芽了。随着调研的深入，在‘政府主导’的基础上又进一步推导出‘一个体系、三道防线’的架构，就是前面提到的。后来，在一次食品安全管理研讨会上，我介绍了‘两导三动’的体系架构，最初是‘政府主导、国检指导、部门联动、龙头带动、全民行动’。会上有人提议‘国检指导’应改为‘科学引导’，我觉得很好，就接受了这个建议。”

“架构搭建起来之后，就开始搞区域化管理示范区建设？”

“对。”姜局长坚定地回答。

“那为什么会选择先在潍坊的安丘做试点呢？”我饶有兴趣地问。

“这纯粹是一个偶然。”姜局长喝了口水，回忆说，“虽然安丘是农业大市，但是当时它的农产品出口量并不多。如果我没记错的话，大约应是 2006 年的 9 月，安丘外贸公司（现山东鲁丰集团）的罐头在一个全国评比项目中获得一等奖，总经理刘海燕领奖回来过路青岛，就与先期已到青岛的王克学董事长一起拜访山东局，分享他们获奖的喜悦。在与我和几位食品安全监管人员座谈时，刘海燕突然提出一个话题，她说前不久在一次论坛上听过我的演讲，其中提到食品安全管理的第四次浪潮，她对此非常感兴趣。我说：‘那就在你们那里试点吧！’本意是开个玩笑，但她和董事长却都非常认真和激动。但我还是有所顾虑，担心当地政府是否感兴趣，能不能全力支持。刘海燕似乎看出了我的疑虑，当即表态说：‘我们可以回去跟书记、市长汇报，争取政府支持。我们安丘外贸公司是地方出口龙头企业，纳税大户，同政府打交道比较多，同时我们安丘市政府也正为大葱出口受阻而烦恼着呢。通过试点，政府、企业和农户都会受益，我想政府肯定会大力支持的。’”

“他们回去后很快就跟安丘市委、市政府汇报了这件事情，安丘市委和市政府对此的确非常重视，马上邀请我去安丘进行考察。所以说，在区域化管理安丘试点的过程中刘海燕总经理和王克学董事长是有很大贡献的，在我们和当地政府之间起到了桥梁和纽带的作用。你们采访刘海燕的时候她应该也提到这件事情了。”

“是的。”我补充道，“她对您也是由衷地感激。”

“我们应该感谢她！”姜局长继续说：“我记得第一次去安丘的时候，安丘当地政府带我走访了几家企业和几处农户的种植基地，让我对安丘的农产品种植和出口有了大体的了解，接下来我大概又去了两三次同他们做对接，因为我必须弄清楚安丘是否有做‘部门联动和全民行动’试点的基础。令我很感动的是安丘市委市政府想做区域化管理试点的积极性比我想象中的还要高，我同安丘市主要领导讨论这项工作经常谈到很晚，他们把很多精力都放到区域化管理中，而且决心非常大，这无疑也增加了我们在安丘做成这项工作的信心和决心。”

安丘市出口食品农产品质量安全区域化建设动员大会

“为了让安丘每一个人都了解食品安全的重要性，发动老百姓也加入这项工作当中，安丘市政府在2007年6月召开了规模宏大的全市动员大会，我们要从青岛赶到安丘参加此次动员大会。我清楚地记得，召开动员大会的那一天起了大雾，高速公路全部封闭了，我们只能走国道和省道，到会场的时间比预定的时间晚了接近一个小时，但令我们没想到的是，与会的所有人员包括安丘市各个乡镇、企业相关人员、很多居民和农户，中间没有一个人离场，没有一个人有怨言，虽然大家都在热切地盼望着我们到来，但都秩序井然、非常耐心地等待着我们，当我们出现时，现场响起了热烈的掌声，看到那个场面我当时真的是热泪盈眶。从这件事上我们也可以看出安丘市从上到下期盼食品质量安全的热切心情，也大大提升了我们在安丘做好试点的信心和决心。”这时我看到姜局长眼睛略微有些湿润，当时的那份场景现在回忆起来仍然令他感动不已。

“您刚才谈到的经历真的非常感人，我能深切体会到当时那种热烈和感人的场面，那接下来的试点工作肯定是比较顺利的了。”我深有感触地说。

姜局长稍微平复了一下心情，继续说：“是的，在那天的动员大会上，我公布了有关区域化管理和食品安全管理的详细试点方案，从此，区域化管理的试点工作就正式拉开了帷幕。由于安丘市各个部门的大力支持和配合，我们用了不到半年的时间就将‘一个体系、三道防线’的架构基本搭建起来了，包括成立了您曾经采访过的农安办，后来总结为‘安丘模式’。”

“‘安丘模式’也引起了山东省政府的高度重视，给了安丘市很多支持。同时，省政府提出要在山东省更大范围内推广区域化管理。但当时我觉得积累的经验还不十分充足，在更大范围内推广难度还是比较大。所以我们又选择了威海进行试点推广，威海是个山区，又沿海，当地的种植和养殖业出口量都很大，而且威海市政府对搞区域化管理的积极性很高，支持力度非常大，选择威海进行推广时省里要求威海起点要更高一点，所以我们提出威海搞区域化管理要定位在‘一个标准，两个市场’，即国际国内市场一个标准，食品安全全民共享，同时需要结合威海本地区的特点，不能完全照搬照抄‘安丘模式’，于是就有了现在的‘威海经验’，所谓‘威海经验’，就是以出口农产品食品的质量安全管理为切入点，对整个区域实施规范化管理，确定一个目标，这个目标就是‘五无’：在区域内，投入无违禁、管理无盲区、产品无公害、出口无障碍、百姓无担忧。各方朝这个目标努力，在地方政府的主导下，形成合力。威海 2009 年开始搞区域化管理模式，2010 年农产品出口就达到 11.3 亿美元，同比增长了 31%，效果非常明显，我想你们去威海调研时也对此有所了解了。”

“我们在山东各地调研时也确实感受到了区域化管理在提高食品质量安全和农民食品安全意识方面所起的巨大作用，2016 年山东省农产品出口已经突破 1 000 亿元大关了，这是非常了不起的，同时也显示了区域化管理这种模式的巨大生命力！”我感慨道。

“随着‘安丘模式’和‘威海经验’的成功，区域化管理开始在山东其他地区陆续推开，影响也越来越大，由此引起了国家质检总局的重视。在 2011 年 5 月 12 日国家标准委正式颁布了《初级农产品安全区域化管理体系要求》国家标准（GB/T 26407—2011）。2011 年 6 月，第五十一次 WTO/SPS 例会上，我作为中国代表向与会各 WTO 成员方代表做了《中国食品安全区域化管理体系介绍》的专题发言。”姜局长说到这儿，一股自豪感油然而生。

2011 年 6 月 30 日　姜宗亮参加第五十一次 WTO/SPS 例会

“《初级农产品安全区域化管理体系要求》是您写的吗？”

姜局长看了看我，摇头微笑着说：“是我主持完成的。但不是我一个人的成果，而是一个团队的功劳。从事这项研究起草工作的有国家认监委、国家质检总局进出口食品安全局和山东出入境检验检疫局的许多专家，也有地方政府和企业的同志。这是人民群众的创造，是集体智慧的结晶。”

- **农产品质量安全区域化管理实践的经验总结**

“区域化管理提出‘一个标准、两个市场’，对农民而言，搞区域化管理意味着农民以前的生产模式会有所改变，那会增加农民的成本吗？如果成本增加的话农民怎么愿意去做呢？”我问道。

“如果真正实现了区域化管理的话，农民的生产成本是不会增加的。”姜局长继续解释说，“比如说农药兽药的统一采购会降低农民的生产成本，而且由于农产品品质的增加还会提高收购价格，农民收入也会增加。另外，政府的投入也未必增加，例如农安办的设立可以很好地协调各个部门，能避免出现我们经常说的‘八个部门管不好一头猪’的现象，提高政策效能，降低行政成本，使体系真正运行起来。”

“在区域化管理的实践中，您如何看待政府这只‘看得见的手’和市场这只‘看不见得手’之间的关系呢？”我继续问道。

姜局长沉吟了一下，说：“政府和市场这两种力量缺一不可。在区域化管理的试点推广阶段，看得见的手是很关键的，必须由政府统一的组织，包括对现行机制的改革和部门的整合，虽然有些地方只是成立了农安办，并没有对现行的农产品管理体制进行根本性的改革。但我们在安丘、威海等很多地方都已经看到成效了，这说明思路是对的，但是真正的农产品区域化管理还需要对政府管理体制的进一步改革，这也需要当地政府部门政策的连续性，不能换一个领导就换一套思路，那我们先前的努力就前功尽弃了。等政府的各项职能理顺之后，市场这只‘看不见得手’就应该起主要作用了。这是我的理解。”

“由于2011年7月我被调到安徽出入境检验检疫局工作，所以对山东后期的区域化管理工作进展没有过多地参与。但在2016年我有机会又去了一趟安丘，参观了几家企业、种植基地、农安办、农资店等，整体感觉安丘的农产品区域化管理运行的还是不错的，但我也提了不少建议，其中最重要的一点就是要建立起更加严格的违禁农药和兽药的可追溯制度和负责制度，这两项制度建立起来以后检测费用就会大大降低。因为，我认为区域化管理的目标就是既要降低成本，又要提高安全系数，确保从田头到餐桌各个环节的安全性和规范性。所以一定要改变传统观念，检测不是目的，让所有的老百姓都能自觉地和安全合理地使用农药，这才是我们做区域化管理的初衷和出发点。”姜局长发自内心地说道。

“姜局长，刚才您详细地给我们介绍了农产品质量安全区域化管理的内涵及试点过程。”我说，“那您能给我们总结归纳一下区域化管理的经验，以便大家更好地学习？”

“好的，这么多年农产品区域化管理工作地实践，确实需要去静下心来好好地总结一下，我想可以从以下几个方面进行总结。”姜局长喝了口茶，略微思索一下接着说。

“第一是对政府的行政资源进行优化配置和整合。当前我国的行政管理体制中，涉及食品安全监管部门很多，职能交叉或衔接不到位的现象客观存在，在一定程度上制约了政府职能的发挥。实施区域化管理就是要在不增加编制的情况下，通过优化政府职能机构设置，明确职责定位，实现政府管理与服务职能的新突破。本着务实、便民、高效的原则设立区域化食品安全管理部门，统一负责食品产业链各环节的组织、协调以及管理工作。区域化管理的核心就是责任归位，我认为这方面和社会主义核心价值观是相通的，包括政府职能的定位、企业的责任感。”

“第二是对农业化学投入品进行有效控制。由政府主导的区域化管理对农业化学投入品实行准入制度，对允许使用的农业化学投入品及其生产企业实行备案管理。通过农业、检验检疫、商贸、工商、质量技术监督等部门的联合执法，清理整顿农业化学投入品经营市场，对违法违规经营者进行取缔。农业、畜牧、海洋和渔业等部门对化学投入品的使用进行技术指导，规范用药，由检验检疫和质量技术监督部门指导食品农产品生产加工企业建立生产经营台账，严格记录生产环节投入品的使用情况，对农业化学投入品的‘供、销、用’实施全程链式管理机制，从而有效提升区域内农业化学投入品的综合管理水平，营造出安全可靠的农产品生产‘大环境’，从根本上解决食品原料农兽药残留及其他化学污染问题。”

“第三是全面推行食品农产品质量安全标准化建设。由政府主导，组织主管部门制定行政辖区食品生产标准化建设推进计划，统一编制操作手册，按照食品种类在区域内推动种植、养殖基地连片开发，对种植、养殖基地推行良好农业规范（GAP）标准，对加工企业全面推行 GHP、GMP 和 HACCP 规范标准，大力推行食品防护计划，在整个区域实现从种植、养殖、生产加工到消费各环节的规范化和科学化管理。”

“第四是建立食品安全信息可追溯平台。在区域内充分利用现代信息技术，以加工企业为主体，建立起包括产地环境、种植、养殖、农业化学投入品采购、使用、病虫害防治与疫病控制、产品收获、储藏、运输、加工、包装等环节质量安全信息标识办法与可追溯信息平台，实现产品质量安全信息全程可追溯；以化学品投入品经营企业为主体，在农业化学投入品的采购、储运、销售等环节建立信息可追溯平台，实现化学投入品的全程可追溯。在政府的主导下，各主管部门定期对全区域不同种类的食品安全信息进行公布，真正提高行政辖区食品农产品质量安全信息的透明度与公信力。”

“第五是提升食品安全风险应急处置能力。政府主管部门负责制定区域食品农产品质量安全、疫情疫病监测计划和实施方案，对种植、养殖、生产加工到消费各关键环节的产品实行风险监测，收集、汇总质量安全信息，并在政府、部门和企业之间及时进行通报。各监管部门根据风险监测结果和质量安全状况，定期开展风险评估，对农兽药残留、非法添加物等重大质量安全隐患及时发布预警通报，提出整改方案并及时进行纠正和跟踪验证。另外，由政府牵头建立本区域食品农产品质量安全突发事件应急预案，一旦发生食品安全重大突发事件就立即启动应急预案，及时消除或降低重大食品安全风险带来的损失，保护消费者和生态安全。”

说到这儿，姜局长略微停顿了一会儿。我认为这 5 个方面已经很全面了，以为姜局长已经介绍完了，接着问道：“姜局长，我们知道孙子曾经说过：‘攻城者为下，攻心者为上’，那您觉得区域化管理从技术监管飞跃到创建整个国家的食品安全文化方面关键的因素还有什么？”

“这正是下面我要谈的两个方面。”姜局长笑着说，看来是我有点心急了。“第六个方面我觉得加强食品企业质量安全诚信管理非常关键。由政府牵头广泛开展道德、法律教育和诚信管理知识培训，进一步提高企业诚信意识、自律意识、社会责任意识。政府主管部门制定失信行为举报、诚信信息甄别、被惩戒者申诉及复核、守信企业鼓励和失信企业惩戒等制度，公布举报投诉电话与邮箱地址，建立信息共享机制，把诚信体系建设纳入制度化轨道。建立本区域食品企业诚信档案和产品质量信用记录，定期评价、发布企业质量安全诚信信息，对诚信企业予以表彰，对因失信造成食品安全重大影响的企业，要依法进行处理，进一步强化政府监管、行业自律和社会监督的作用。”

“因为食品安全本身就是一个良心工程。”姜局长说，“虽然联合国把食品安全定义为是政府和食品生产者应该承担的责任和义务。实际上整个社会和每一个人都有责任。比如说消费者需要有主动抵制不安全食品的意识。我们需要通过全民宣传教育让大家都意识到食品安全的重要性，说到底这也是社会主义核心价值观的诚信意识问题。去年(2017年)，我去安丘时问当地农民有没有用某种违禁农药，他们都回答早就不用了。这说明，经过几年的宣传教育区域化管理的理念已经深入人心了。我觉得区域化管理的灵魂不是单纯简单的规则和行政命令，因为行政命令能短期内见效，长期就不一定了。长期效应就必须有内在的精神要素支撑，就是要形成一种诚信友善的良好文化氛围和风气，让大家知道什么事情能做，什么事情不能做，不然不仅会受到法律或者行政的处罚，更重要的是受到社会、周边邻居、家人的谴责。到了这个地步，环境就比较成熟了。我相信用不了多长时间大家就会意识到这一点。比如说三鹿奶粉事件，2008年查处三聚氰胺把中国奶业的信誉一下打入底部，后来其他乳品企业采取了各种补救措施，才逐步恢复起来。靠的是什么，无外乎就是靠质量和诚信度，其实产品质量还在其次，诚信度更重要。农产品也是同样的道理，在种植过程不使用违禁农药，确保不污染环境做起来并不难，难就难在让所有人都有这种自觉的意识。如果大家重视起来了，解决食品安全就不会成为难事了。类似于查酒驾，即使有规则，如果人们没有这种意识，再严格的惩罚，仍然杜绝不了。”

“最后一个方面呢?”我随口问道。

“第七个方面就是要有效开展食品安全知识的宣传、教育和培训工作。由政府牵头组织主管部门与行业组织制订培训计划，通过广播、电视、报纸、远程教育和培训班等多种方式，在区域内加大种植、养殖、生产加工到消费等各环节食品安全知识的宣传、教育和培训。有步骤、有重点、分层次地开展食品农产品质量安全体系、政策法规宣讲，普及农产品质量安全常识。由主管部门加强对食品农产品生产、加工和管理等相关人员的培训，定期组织专家逐级进行有关管理措施、技术规范的全面培训，提高全社会、全民的食品农产品质量安全意识。”

“的确如此。”我非常赞同姜局长的观点，“我想如果要从根本上解决我国的食品安全问题，必须要提高生产者食品安全的自觉意识，真正树立‘己不食者莫司与人’的自觉性，这也是食品安全意识道德底线。”

“是的，所以在做好食品安全的教育和舆论的引导工作的同时，我们需要有开放的心态。”姜局长补充道，“为挽回对输日食品造成的负面影响，国家质检总局新闻办曾与日本贸易促进组织合作邀请日本家庭主妇来中国参观食品加工企业，接待时中央新闻办专员全程陪同。日本家庭主妇代表团参观了山东的出口食品企业之后，她们说：‘真没有想到中国的企业管理会这么严格，并不像日本宣传的那样。’参观完之后使他们从心理上接受了中国产品。同样，中国消费者对食品安全也不一定有充分的认识，多数人仅从网络中了解一些食品安全知识的只言片语，都是不完整、不系统的，所以在听说哪个产品出现了食品安全问题之后就全面否定，而不是具体问题具体分析。我认为一方面媒体需要对民众有正确的引导，有责任让我们消费者系统掌握食品质量安全的相关内容，而不是简单地炒作概念，吸引读者眼球。第二方面是企业必须有所为，自己应该加强产品安全宣传；第三方面是教育机构，让学生真正认识到什么是食品安全。我们不能盲目地把食品安全问题扩大化，如果过分扩大宣传食品安全危害问题，有可能误导了消费者，造成大家盲目地不敢使用中国产品。政府部门应该有所为，各个社会团体也应该有所为，帮助大家树立科学的食品安全认识观。所以说食品安全是社会问题，需要各方面共同参与。"

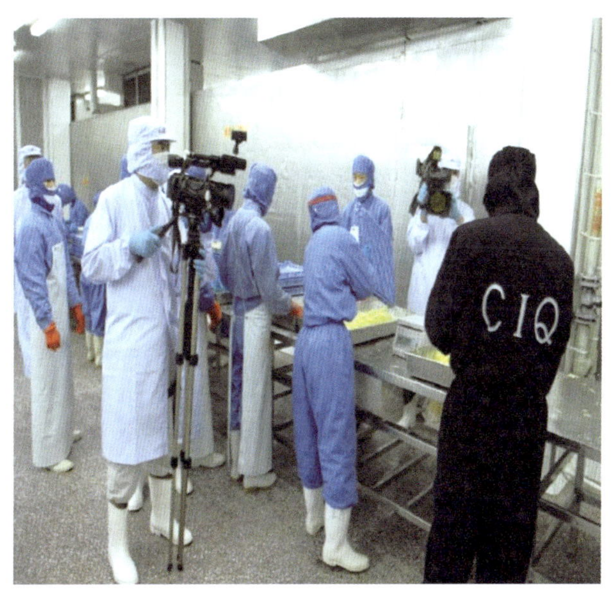

邀请境外媒体参观山东的出口食品企业

姜局长一气呵成，给我们总结了区域化管理的 7 条经验，我帮姜局长续了杯茶，递到他手里，感激地说："姜局长，非常感谢您如此详细的总结，我想这 7 条经验无论对政府、企业还是普通的老百姓都是受益匪浅的，但我还想问您几个问题，要不咱们先休息一下再继续聊吧。"我真的非常歉意，因为经过两个多小时不间断的采访我都已经感觉很疲惫了，我想姜局长肯定也很累了。

这时姜局长站起身来，拿出手巾擦了擦额头的汗，走到窗台边，往外看了看，继续说道："没关系的，你继续问吧，我站起来活动一下筋骨即可。"

我由衷地感激，接着问道："从您的介绍中，我们可以看出区域化管理确实是一个系统工程，首先需要政府的各个部门融合和凝聚起来实现一个目标。我想这种方式其实显示了我国政府的力量，其他国家，即使是发达国家也做不了这样的事情，您说对不对?"

"其他国家肯定做不了，这体现了中国特色社会主义制度的优越性。"姜局长肯定地说，"这也正是区域化管理之所以取得成功的原因所在，对此我们有亲身体会。开始的时候，我们很想帮助解决出口农产品的质量安全问题。我们也尽全力去做了，但在做的过程中发现自己力不从心，因为仅凭我们一个部门来解决这样的历史积淀问题是不现实的。后来商务、农业等部门也都积极主动加入进来，在区域化管理中发挥了非常重要的作用，做了大量的工作，您采访吕厅长的时候应该也都了解了。其实搞区域化管理就是让责任归位，形成一个合理运转的程序。等在政府主导下各个部门都被组织起来，采取积极行动，并有明显的成效以后，我们检验检疫部门就慢慢地淡出了，不是说我们不管了，而是我们把更大的精力放在自己应有的职责上，这其实对区域化管理也是一种支持和促进。"

"我知道咱们检验检疫部门在区域化管理过程中发挥了很大的作用。那从您的角度来看，检验检疫部门本身的职责是什么，或者是怎样定位的？"我想很多读者也会和我一样想去了解。

"检验检疫部门长期坚持的原则就是：既把关又服务。"姜局长给了我们一个很通俗的解释，"把关就是绝对不能把不合格的产品放出去，如果放这样的产品出去，不仅会给出口企业带来经济损失，也会影响国家的声誉。在把关的同时，服务于企业是我们的责任和义务。我们还要努力帮助出口企业解决各种问题。因为中国国情与西方国家不同，我党的宗旨是为人民服务。如果一家企业想把产品出口到国外去，我们就有义务帮助他们提高水平，让出口产品达到这个国家的进口标准。此外，我们也有责任和义务去搜集国外进口产品标准变化等方面的信息，并及时地把这些信息告知相关的出口企业，使他们有比较充分的准备时间。"

"姜局长，您经常到国外做交流，您能简单谈谈一些发达国家他们是如何保证食品安全的，或者说采用什么样的体系？"

"每个国家各有各的特点，像美国的口岸部门是由海关、农业部和国土资源部 3 个部门共同派人组成的。像欧盟，政府部门仅仅是法规制定者，法规制定颁布以后，由各行业协会来负责推动和执行。采用欧盟这种模式的前提就是要求企业和人员的食品安全意识、诚信意识等都比较高。回顾我们国家在食品安全管理走过的这些路程，其实在很多方面都借鉴了国外的成功经验。比如 GMP 吸收了欧盟经验，HACCP 吸收了美国经验，企业员工行为规范在很大程度上又借鉴了日本的经验，等等。我们恰恰就是在这些方面存在不足，所以我们学习人家的长处。"

"当然我们不仅学习，更重要的是我们有自我创新。"姜局长话锋一转，接着说，"区域化管理可以说就是我们自己的创新，虽然从某种角度上说一些发达国家不一定需要或者没有必要这样做。我们提出了是因为它符合中国的国情。记得 2011 年 7 月在日内瓦第五十一届 WTO 年会上我发言后，很多与会者都对中国实施的食品农产品区域化管理体系给予了高度评价，世界银行代表当时就称赞说：'中国的做法非常出色！中国建立的食品安全区域化管理体系，内涵与 APEC 会议备忘录提出的要求完全一致。'同时一些发展中国家譬如说南非，他们就提出南非完全可以借鉴中国的这种模式来提升他们国家自身的食品质量安全水平。"

- **没有硝烟的战争**

"姜局长，您经历了这么多谈判，给您印象最深的能给我们讲讲吗？"我意犹未尽地问。

“那我讲讲2005年的中韩泡菜之争吧。我们知道韩国人每天饭桌上必不可少的就是泡菜，韩国泡菜需求量非常大，每年也从中国进口大量的泡菜。2005年10月21日，韩国正式通报国家质检总局并且在媒体公布，从中国威海进口的泡菜中检测出了寄生虫卵，于是韩国媒体就称中国食品安全有问题。实际上，食品中检测出寄生虫应属于食品卫生问题而不属于真正的食品安全问题，这是两种不同的概念。而且，当时国际上还没有关于食品中寄生虫卵的卫生标准，按照国际惯例，一个国家或组织要提出一项新的要求，必须事先预告，给予一定过渡期，同时提供相应的检测方法。这一次，韩国没按规矩出牌。”

“很明显，韩国这么做纯粹是为了设置技术性贸易壁垒。”姜局长继续说，“当时我刚从国家质检总局进出口食品安全局调回到山东出入境检验检疫局，此次事件发生后，我们连夜召开了案情分析会，会上有人提议‘既然韩国可以抹黑中国食品，那我们是否也可以检测一下韩国本土生产的泡菜里面有没有寄生虫卵？’这个提议得到了大家的一致赞同，于是我们立即通知威海码头，要求凡是从韩国过来的旅客携带的泡菜要全部扣留进行检测，很快我们就查获了一大批韩国产泡菜样品。我们将扣留的泡菜进行检测，克服了技术等方面的很多困难，很多同志都连续加班加点，最后终于在一家比较有名的韩国企业生产的泡菜中发现了超量寄生虫。”

姜局长对此事记忆犹新，当时的情景仿佛历历在目。“第二天也就是2005年10月30日，我们就带着样本和检测报告到北京向总局做汇报，10月31日，国家质检总局发布公告，公布了10种不合格的韩国泡菜、辣椒酱、烤肉酱及相关产品。宣布对自韩国入境的这10种产品停止入境，对已经入境的这些品牌的产品实施强制性召回和销毁处理。11月1日，中央电视台播出了这个公告。接下来就有了连锁反应，美国和日本相继跟进，要求下架所有韩国生产的泡菜产品。在这样的反击之下，韩国就坚持不住了，向我们提出外交联系，希望与中方以对话方式解决这次泡菜事件，中国外交部表示同意对话。可以说在这次中韩泡菜事件中我们打了一个漂亮的翻身仗，韩国也搬起石头砸了自己的脚。所以说在农产品出口中，我们在提高安全质量的同时，有时候针对一些事件也必须要采取一些特殊措施，包括强硬措施，才能更好地保护企业，保护农民，维护国家的形象，这也正是刚才提到的检验检疫部门的职责之一。”姜局长坚定地说。

听完这个案例，我从内心对姜局长的果断和魄力感到敬佩，同时也对我们国家有这样一支精明强干的检验检疫队伍而感到自豪和骄傲。

- **点亮心灯　照明心路**

采访快要结束的时候，我又把话题转到了2015年姜局长出版的《点亮心灯》这本书上，因为书封面上赫然印着的“践行核心价值观，须内化于心、外见于行、点亮心灯、照明心路”引起了我的共鸣，我很好奇是什么原因让这位与食品行业打了半辈子交道的学者型领导去写这样一本关于社会主义核心价值观的书呢？

姜局长似乎看出了我的疑惑，他感慨地说：“写这本书确实很偶然。2013年年底，因墨西哥肉类要进入中国市场，国家质检总局派我带队去墨西哥进行肉类养殖加工风险评估考察。当时任务非常艰巨，10天的时间我们空中飞行了16个航段，几乎跑遍了墨西哥全境，检查了20多家牛养殖场和屠宰场。高强度的工作透支了体力，回国之后我就病倒了，发起了高烧。春节过后我去医院检查，医生说发现肝部有个囊肿，应该是身体疲惫抵抗力下降时，被寄生虫侵入了。没办法，只能住院治疗。住院期间我在电视新闻联播中看到，《人民日报》头版刊登了社会主义核心价值观的12个关键词。随即我借阅了一份当天的《人民日报》，这短短的12个关键词，24个字给了我很大触动。我对社会主义核心价值观12个关键词产生了浓厚的兴趣，托人借了一些书籍在病床上研读，力图解读这12个关键词的内涵，当我出院时已积累了一些读书心得。在2014年'七一'前夕，机关党委建议我为全系统党员讲一次党课，这也是党组书记必须完成的科目。于是，我就以弘扬社会主义核心价值观为题，为全系统党员干部讲了一课。党课后很多人向我索要讲稿，但当时我只有一个讲话提纲。工作人员根据录音帮我整理出来后，发现约有两万多字了。毕竟对社会主义核心价值观的解读是一个严肃的命题，在形成文字下发各分支机构之前，我不得不慎重地进行深度研究和推敲。随着阅读量的增加，对12个关键词的理解也不断加深，讲稿的内容也在不断补充完善，到准备印发时已经有10多万字了。"

"恰在此时，中国质检出版社李迎风社长来合肥参加一个会议，抽空与我见了一面。他明确表示与我见面就是想约稿，希望我能抽时间把多年从事食品安全管理的经验和体会总结一下，由质检出版社负责出版。李社长是我多年的好朋友，我并没有把他的'约稿'当真，认为只是开个玩笑。我漫不经心地跟他说：'那么多人都在研究食品安全，何缺我一本书？你若感兴趣我这里有一个别人还没顾上研究的课题。'说着我找来社会主义核心价值观的讲稿递给他。李社长接过去翻阅了一下，诧异之情溢于言表。接下来，他非常严肃地说：'姜局长，你这份稿件必须由我们出版社出版！'看到他那么严肃认真的样子，我也意识到不是在开玩笑了。于是，这份讲稿就这样被列入了正式出版发行的议程。"姜局长微笑着继续说，"既然是正式出版，就必须更加认真的修改完善。从此，我把一切可以利用的节假日、业余休息时间投入到阅读和写作中。那段时间确实比较辛苦，经常写到晚上12点多，直到2015年6月正式出版。在出版发行前，出版社组织文化宣传出版界有关专家开了一个专题研讨会，此书得到了与会专家的充分肯定。当然，我深知专家的肯定既是鼓励也是鞭策。其实，我对社会主义核心价值观的理解和解读还很肤浅，只不过是从外行的角度触及一点皮毛，属于无知者无畏。"

"我们都知道出版一本书是非常不容易的。"我深有感触地说。

"我平时就喜欢看书，偶尔也写点东西，所以并没感觉有何特难之处。"说到这里姜局长似乎陷入一种对往事的回忆，他用低缓的语气接着说，"这或许是受我小学老师的影响。我上小学时正值'文化大革命'初期，我们的小学老师人很慈祥和善，没有教材他就为我们找来毛主席诗词和毛主席著作，每天为我们讲诗律、讲修辞、讲文风、讲革命历史故事。或许正是这位老师的启蒙，使我从小爱上了文学，喜欢看书，偶尔也动笔写点所感所悟。但恢复高考后，遗憾的是我并没报考文科，反而报考了理工科。尽管这涉及的因素很多，但却是我一直难以释怀的一个情结。等我真正从工作岗位退下来，或许还可作为一种爱好重温一下少年时期的梦想。"姜局长笑着说，轻描淡写的几句话已清晰地回答了我还想继续提及的问题。

近 4 个小时的采访结束了，我们都没有意识到竟然聊了这么长时间，虽然这是我和姜局长的第一次见面，但真的有一种相见恨晚的遗憾，他的真诚、平易近人、有担当以及我们之间共同的研究爱好让这次访谈没有任何的障碍，握手告别时竟是那样的依依不舍，当我真诚地邀请姜局长去北京我们再促膝长谈时，他非常愉快地接受了我的邀请。

此时窗外已经灯光闪烁，此刻的青岛似乎格外期盼着夜幕的降临，迎接着来自世界各地的人们开怀畅饮，享受这一年一度的狂欢。

三、好雨正当时——访安丘市农安办原主任李建芳[①]

李建芳主任可以说是我的老熟人了，我们多次在山东省商务厅召开的“出口农产品质量安全示范区”专家会议上见面。为了编写《出口食品农产品供给侧结构性改革探索与实践》这本书，我特地向山东省商务厅吕伟副厅长请教可以采访什么人的时候，吕厅长不假思索地说：“我建议你们可第一个去采访安丘农安办的李建芳主任，他对出口农产品示范区建设的整个过程可以说是了如指掌，而且李主任也是您的老熟人，您可以首先去找他好好聊聊。”

2017 年 6 月 23 日一大早我就乘坐上了从北京南开往山东潍坊市的高铁，历时 3 个半小时到达潍坊，然后乘坐出租车不到 40 分钟就到了潍坊的安丘市，交通非常便利。6 月的安丘已经入夏了，但阳光照在身上还没有盛夏的火辣，微风从安丘新东方酒店的南窗吹进来，轻拂在身上相当舒适。李建芳主任走进酒店房间时正好是下午 2 时，脸上带着熟悉的朴实的微笑。李主任个头中等，皮肤白净，头发后梳，给人一种沉稳、干练、智慧而又非常勤奋的感觉，总而言之属于能做事情的那种人。

既然是老熟人了，当然不需要过多的客套寒暄，而且事先李主任也知道我为什么要请他过来。于是我们两人相向而坐，中间隔张茶几，沏上茶，打开录音笔，采访工作就这样开始了。

“李主任，今天想同您聊的是为什么安丘市需要建立出口农产品质量安全示范区，以及具体是怎样做的。”我开门见山地说，“商务厅吕伟副厅长告诉我，山东省出口农产品质量安全示范区的雏形，也就是农产品质量安全区域化管理是从咱们安丘开始的，并且得到了时任国务院副总理吴仪的高度赞许和评价。偌大的山东省，人杰地灵，所辖的各个区县农业都比较发达，为什么会选上安丘呢?”

李主任看着我，略微思索一下说：“因为安丘是中国农产品出口大市，在蔬菜生产领域有‘国内蔬菜看寿光，国际蔬菜看安丘’的说法。可以毫不夸张地说，蔬菜出口是安丘的命根子，同时安丘也是日本执行肯定列表制度初期受影响最大的县市。日本执行肯定列表制度以后，当时我们面临两种选择，第一种选择就是努力找到对策，攻破肯定列表的壁垒；第二种选择就是放弃日本市场。我们选择了前者，当然事实也证明我们当时的选择是对的，这也体现了我们安丘人倔强和不服输的性格。”

---

① 采访人：胡定寰、孙庆珍；采访时间：2017 年 6 月 23 日。

“那么您自己又是怎么投入这项艰巨但又非常有意义的工作中去的呢？是机遇还是领导赏识？”

“我想二者兼有吧。”李主任笑着说，“最主要的原因还是因为我在安丘市的凌河镇工作了10年，而示范区建设就是从凌河镇开始的。”

“山东省出口农产品质量安全示范区是从凌河镇开始的？”我略微吃惊地问，“为什么？”

“凌河镇位于安丘市的西南方，距离安丘市中心大约10公里①，现在已经通公交车了，下一步准备划为城区。凌河镇当时是山东省的重点镇，现在是全国重点镇，国家级农产品加工出口重镇，是个农业大镇。”李主任解释道。

“什么原因使得凌河镇成为农产品出口强镇？”

“历史上凌河镇的农业就很辉煌。”李主任说，“凌河镇下面有个石家庄村，与河北省的省会石家庄重名，石家庄村可以说是山东省农业战线上的一面红旗。20世纪70年代初，安丘石家庄村作为中国‘社会主义新农村的典型代表’，以鲁中农村百年习俗和绚丽多姿的田园风光、浓郁淳朴的乡土人情，吸引了90多个国家和地区近万人次的外国朋友来这里考察、参观，当时县政府的第二招待所就建在这个村。也正因为这个原因使得这个村的村民见多识广，具备了一定的经济头脑，从20个世纪90年代初开始，当地农民发现种植1亩日本大葱能抵得上种植10亩粮食作物的收入。于是石家庄村的农民就由原来的单纯种植庄稼转为种植大姜、大葱等经济作物，同时办起了蔬菜加工厂，成为村民的又一经济创收来源。此外凌河镇还有一个村叫前儒林村，从1977年起，这个村大搞玉米、小麦高产攻关试验，创下了当时长江以北地区粮食亩产1 688千克的最高纪录，1990年前儒林村被全国粮食丰产验收组誉为‘江北粮食高产第一村’，各级领导和农业专家频频来村里参观视察，让村民感到莫大的光荣和自豪。也就从20世纪90年代初开始，一些农民纷纷种起了大姜、日本大葱、西瓜、芸豆等经济作物。”

“凌河镇除了人特别聪明勤奋外，自然条件也非常优越。”李主任喝了口茶接着说，“安丘市水资源丰富，境内大小河流50余条，较大的河流有汶河、渠河、洪沟河、史角河等。凌河镇位于汶河南岸，地处冲积平原，不仅水资源充足，而且土壤也很肥沃，适合于种植各种农作物，特别是蔬菜水果。由于农业资源丰富，养殖业也是凌河镇的另一主导产业。20世纪90年代凌河镇就是全国肉食鸡种鸡存养第一大镇，著名的大江集团就在凌河镇。这个镇现有农产品加工企业102家，大姜的种植面积大约3万亩、大葱4万亩左右。”

听到这里，我说：“十多年前，我曾经来安丘做过大葱调研，当时就听说安丘种植大葱是因为从日本引进了种子，实际情况是这样吗？”

“对的。”李主任回答说，“安丘引进日本大葱同东方红公司的董事长吴卫东有关，吴卫东的父亲是原任凌河镇石家庄村的副支部书记，当时主要负责外事工作。刚才也谈到了石家庄村的乡土人情吸引了很多外国人来参观，其中就有不少的日本人，吴卫东也因此认识了很多日本朋友。改革开放后，他一开始做生姜出口日本的生意，生意做得相

---

① 1公里=1千米，全书同。

当成功，但那时候安丘还没有人种植大葱。后来吴卫东发现日本大葱特别昂贵，20世纪90年代中期看中这个机会的吴卫东就同一家日本超市老板合作，引进了日本大葱种子，在村里试种，效果很好。”

“那么日本方面是否有人过来做技术指导？”我问。

安丘大葱标准化种植基地

“开始的时候，一位名叫川岛的日本人常年就住在我们这个地方。东方红公司先拿出50亩地在川岛指导下完全按照日本的方式试种大葱，又拿出另一块土地按照中国人的方式也用同样的种子来种植，结果发现川岛种植的效果还不如我们自己种植的好，不仅产量低，而且得病多。就这样从1998年起我们这里就开始批量种植日本大葱，种植面积扩大到一两千亩。”

“那么大量的种子是怎么来的呢？”我好奇地问。

“都从日本买过来的，当时大葱种子很贵，一亩地的种子费就需要500块钱。我们还有没有掌握种子繁育技术，不得不从日本进口。”

“种植大葱的经济效益怎么样？”

“种植出口日本大葱的经济效益相当好，好的时候，一亩地每年大葱可以挣2万~2.6万块钱。在经济效益的推动下，凌河镇大葱种植面积到2005年就扩大到了1万多亩，占全镇耕地的20%。”

“除了大葱以外，还种什么东西出口？”我问。

“凌河镇开始以出口生姜为主，后来又出口大葱、小香葱、圆葱、胡萝卜等。但是安丘当地并不种胡萝卜，出口的胡萝卜都是在外地种植，然后通过我们这里的企业出口日本。”

“全镇大概有多少的农民种植出口农产品？”

“达到70%。我记得当时种大葱的农民都来县城买房子，这也充分说明他们种植出口农产品确实赚到钱了。”

“看来出口带动了凌河镇的经济。”我说。

“当然！”李主任说，“出口企业也迅速增加。2000年左右凌河一个乡镇就有46家农产品加工出口企业，而当时整个安丘市总共才70多家，我们凌河镇就占到了6成以上。农产品出口成了这个镇的主导产业。”

“出口增加了，对日本和安丘都是好事情。”我说，“安丘的农民增加了收入，日本消费者也能购买到价廉物美的农产品。”

“但日本人可不是这样想。”李主任说，“从2003年开始，日本农协感觉到中国出口农产品对他们造成的压力。就对日本政府施压。这时日本开始对进口大葱实行配额制，也就想通过配额来限制我们大葱出口日本。当时，凌河镇还很强，拿到了大约出口日本大葱70%左右的配额。”

“日本实行配额制以后，凌河镇出口是否受影响?”

“影响很大。”李主任接着说，“2003年、2004年和2005年日本连续对我们搞配额制，而且配额越减越少。所以到了2005年，凌河能出口的大葱只有3 000亩左右。而当时镇里农民种了1万亩大葱，除了3 000亩能够出口外，剩下7 000亩大葱只能非常便宜地在国内市场销售，因为中国消费者还不熟悉日本大葱。同时日本还开始研究除配额制以外的限制中国蔬菜出口办法，于是开始从3个方面对中国出口日本农产品设立限制，第一是农药残留，第二是卫生标准，第三就是有机污染物。”

“日本方面采取配额制不就够了嘛，为什么还要通过其他手段来卡我们?”

“保护是需要有理由的。”李主任说，“日本是WTO成员方，实施配额制并不能限制全部中国农产品出口日本，不然中国可以到WTO组织告他们。他们对大葱采取配额制时，我国商务部曾经向他们提出抗议。”

“在农药残留方面日本采取什么样的准入标准呢?”

“日本2005年研究出准入标准，2006年5月29日正式开始实施。”李主任愤愤地说，“他们制定了世界上最严格的食品安全标准，据说这个标准日本人自己执行起来都非常困难。”

“就是所谓的肯定列表制度？您能详细介绍一下吗?”我补充道。

“是的。”李主任很有耐心地向我解释，“肯定列表制度的全称是‘食品中残留农业化学品肯定列表制度’，是日本为加强食品中农药和饲料添加剂残留管理而制定的一项新制度，通过设置技术性壁垒来限制国外特别是中国的农产品出口和保护日本国内农业的重要措施之一。肯定列表制度将所有的农产品、食品中使用的全部农业化学品残留纳入其管理体系中，规定15种农药、兽药禁止使用，对734种农药、兽药及饲料添加剂设定了总计51 392个残留限量标准；没有设定限量标准的，将执行‘一律标准’，设定0.01毫克/千克，即每100吨农产品中化学品残留量不允许超过1克。”

从李主任后来给我的材料中，我了解到肯定列表制度主要有以下几个特点。

一是限量指标大幅增加。涉及的农业化学品由原来的255种、931个限量标准、涉及食品（农产品）186种，提高到734种、51 392个限量标准、264种食品（农产品）分别是过去全部规定的2.8倍、5.6倍和1.4倍。

二是限量指标更加苛刻。许多检测指标的标准比原来的标准提高几倍甚至上百倍。例如，洋葱中的溴氰菊酯由原来的0.5毫克/千克增加到0.1毫克/千克，提高了5倍；甘蓝中的毒死蜱由原来的1.0毫克/千克变为0.05毫克/千克，提高了20倍；草莓中的抑芽丹由原来的40毫克/千克变为0.2毫克/千克，提高了200倍。

三是检测项目成倍增加。肯定列表制度涉及猪肉的检测项目达到 410 项，此前是 25 项；花生的检测项目达 300 余项，而此前最多只做黄曲霉毒素和丁酰肼两个项目的检测；涉及蔬菜的检测项目就更多了：比如洋葱，由原来的 87 项增加到 340 项（其中 15 项农残要求不得检出）；大葱由原来的 77 项增加到 339 项（其中 15 项农残要求不得检出）；甘蓝由原来的 107 项增加到 344 项（其中 15 项农残要求不得检出）；胡萝卜，由原来的 68 项增加到 325 项（其中 15 项农残要求不得检出）。

“日本如此快速地推出肯定列表制度，对于安丘毫无准备的种植大葱等出口农产品的农民和企业来说无疑是惊天霹雳。”我说，“那么肯定列表制度下来以后，对安丘的农产品出口产生了什么影响?”

“肯定列表制度出来之后，对我们造成了巨大的，或者更加准确地说是‘毁灭性的打击’”。李主任痛心地说。

“您能解释一下什么叫‘毁灭性的打击’”?

“日本肯定列表制度应该说是世界上最苛刻的农残标准，有的检测指标的标准一下子提高了上百倍，导致当时我市的大葱、生姜、胡萝卜等农产品出口量直线下降，2006 年之前，安丘每年农产品出口量能达到 100 多万吨，2006 年一下子就降到了不到 70 万吨。当时能出口的只有少部分成规模的、有检测设备的大企业，而那些既没有实验室，也没有检测设备，仅仅是把产品清理包装之后装柜出口的小的加工企业基本上都倒闭了，日本执行肯定列表制度后，我们凌河镇出口加工企业倒闭了 70%以上。不仅是企业，农民的收入也骤减。原来镇里大部分农民因为赚钱而大量种植出口农产品，而且，他们在农闲的时候还可以到加工企业里打工，挣得双份收入。肯定列表制度出来之后，由于收购量锐减，农民种植的大量农产品卖不出去，而且收购价格也下降了很多，导致农民收入大幅下降。无奈之下，我们就找潍坊出入境检验检疫局商量。他们说，你们要严格按照日本肯定列表来种植农产品，可是这说起来容易，做起来难度太大了。”李主任说，“因为不是我们政府自己生产农产品，而是成千上万的小规模农户在自己的地里种植农产品，让老百姓按照这个标准做，他们能听吗? 不听怎么办?”

李主任继续说：“于是我们反复研究，最后得出的结论是，为了农民的利益，政府就得搞强制性管理。那要从哪个地方先下手呢? 因为凌河镇 70%的农产品都出口日本，领导决定就从凌河镇开始搞农产品区域化管理，当时我任凌河镇的党委书记，所以指定我亲自来抓这件事情，2006 年 8 月安丘市就在凌河镇新设了一个部门——出口农产品质量安全区域化管理办公室，专门负责出口农产品的质量安全问题。部门虽然建立起来了，但说实话，一开始我们也非常迷茫，不知道从哪儿开始，后来经过检验检疫专家指导，结合凌河镇实际情况，我们决定先从农药控制做起。我们请安丘市农业局植保站把所有农药都摆出来，对照肯定列表做研究，看哪些农药能用，哪些农药不能用。然后农民要种什么农作物，植保站人就按照可能会出现的害虫，会生哪些病，像医生给病人开处方一样给农民开药。当时的规定是，凡是种植出口农作物的农户都必须到植保站来购买农药。”

“那真不容易!”我感慨道，“效果怎么样?”

“日本人也真小看中国人的智慧了!”李主任说着脸上露出了得意的笑容，有一种打胜仗的感觉。"我们用这种办法种植的大葱不仅长得快，而且在检测中没有出现问题，都顺利出口到日本了。2006 年 5 月底，时任山东出入境检验检疫局局长的于桦听说凌河镇这个办法很有效，就亲自过来做调研。调研后就说'这个办法非常好'。当时的安丘市委书记也说我们要举全市之力做这个事情。于是安丘市就开始着手研究相关的农产品区域化管理的相关政策。于是在 2007 年 6 月，安丘市率先在国内提出并实施了农产品质量安全区域化管理体系建设，探索建立源头控制、全程监管的办法，2008 年被山东省政府和国家质检总局确定为'安丘模式'在全省推广。"

"在创建过程中令我最难忘的还是 2007 年的 10 月 25 日时任国务院副总理的吴仪来凌河镇视察工作的情形。"李主任回忆道，"当时我给她汇报了一个多小时，介绍了我们凌河镇出口农产品质量安全区域化建设情况，并带她到种植基地去参观。我们每个种植基地上都有基地管理房，专门用来配制农药和记录农事。她参观完之后高兴地说：'你们安丘做的这个事情是好事情，这是促进中国农产品出口的有效办法，食品安全就应当从源头抓起，你们要把这个事情做好。'并且她还指示有关部门要抓紧培植出我们中国自己的葱种，不能再用日本的了。应该说吴仪副总理的视察极大地推动了出口农产品质量安全示范区的建设进程，于是在 2008 年 4 月，山东省政府就在安丘召开了第一次现场会，当时 17 个市分管外经贸的副市长、出入境检验检疫局局长、外经贸局局长和农业局局长，37 个县（市、区）的县（市、区）长出席了会议，把这项原来检验检疫部门工作提升为政府工作。在这次会上，总结了'公司+基地+标准'的安丘模式，确立了'政府主导、科学指导，龙头带动，部门联动、全民行动'的'两导三动'工作机制，并在 37 个县（市、区）推广，形成了区域化管理的规范化和制度化。"

2008 年 4 月 21 日，山东省出口农产品质量安全区域化管理现场会在安丘市召开

"您能说一下为什么要设立农安办这个职能部门？农安办在农产品质量安全方面到底发挥了哪些作用呢？因为我想要了解的事情太多了，我不想放过每一个提问题的机会。"我笑着说。

"没问题，只要是我知道的肯定如实回答。"李主任也笑着回应道，"刚才提到了日本的技术壁垒对我们安丘的农产品出口造成了很大的冲击，我们就下决心去冲破这个壁垒，保障我们的农产品质量安全，但是您也知道，农产品的质量安全涉及从田头到餐桌的整个供应链，在这个供应链上每个环节都有不同的部门去监管，因此经常会出现环节之间有漏洞，出现问题时部门之间相互推诿扯皮的现象，这样就需要有一个专门的部门来协调这些不同的部门，做好农产品的质量安全。”

“于是在 2006 年 8 月安丘市就设立了出口食品农产品质量安全区域化管理领导小组办公室，正科级单位，到 2009 年 9 月，潍坊市就将这个部门升格为副县级单位，名称改为安丘市农产品质量安全区域化管理办公室，简称农安办，因为我原来一直在凌河镇任职，对这项工作比较熟悉，所以市里就决定让我来担任农安办主任。”

“当时农安办有多少个编制呢？”我接着问。

“农安办刚成立的时候有只有 6 个人的编制。后来又给我们增加了编制，现在总共有 22 个编制。”

“那规模真是不小了。”我说，“设立这么大的一个机构，主要职能是什么？”

“农安办的职能概括起来就是规划、协调、监督和考核。”李主任说，“规划指的是对全市农产品质量安全管理规划。协调是协调农业局、畜牧局、市场监管局、公安局、农机局、林业局等 17 个政府职能部门。此外还有监督职能，就是监督镇、街和市直部门，看看镇、街政府和市直部门是不是按照农产品质量安全管理的职责对生产进行管理，具体干得怎么样，还要对其进行考核。”

“这个单位能量够大的。”我感叹道。

“当然，如果没有协调和执行能力，怎样能够做事情呢？”李主任自豪地说。

“那么我们一个个地来讲，先介绍农安办做什么规划？为什么要做规划？”我继续问。

“因为农产品还不够安全，想要让它达到安全标准就必须规划出一整套的安全措施。”李主任说，“当时安丘有 2 800 多家农药零售商店，280 多家农药批发商店，这些商店中大部分都是由夫妻俩个人经营的，他们的受教育程度和诚信度都不是很高，并且经营着可以说是五花八门的农药，因此如何对这些农药零售店和批发店进行管理是当时最大的难题。”

“对呀！”我说，“2003 年我曾经做过世界银行的一个项目，也是关于农畜产品质量安全的，我当时调查过不少农药店。个别店摆在柜台上出售的农药都是政府允许使用的，而一些违禁农药就藏在后院，如果有人要的话，就偷着违规卖给他们。”

“农药销售是农产品安全生产的源头，如果管不起来就谈不上安全生产。”谈到这儿，李主任喝了一口茶，我这才注意到因为我们聊的实在是太投入了，采访已经进行了一个多小时，我们两个竟然都没想起喝茶，我顿时觉得很不好意思，赶忙将茶水倒满，李主任微微起身道谢，接着说道，“因此，我们需要对农药经营主体，品种等都制定规划，出台有效管理办法。比如说，我们制定出农药经营主体实行审批前置、连锁直营的模式。我们还对照日本肯定列表制度，根据我们地区种植的农作物，规划出禁止经营、销售和使用的农药品种名录。规划制定出来后，我们对农药产品入市实行核准备案制度，没有经过我们备案的农药，不允许在安丘范围内经营。然后由市政府出台《安丘市农药管理办法》，对农化投入品实行备案准入和连锁经营制度。目前，安丘已经备案34家批发商和907家零售商；不予备案、禁止在市场销售的农药达到65种，而国家禁止的也只有43种农药。所以刚开始执行的时候，在社会上引起了很大的震动，因为这涉及很多人的利益。”

“能讲得更加详细一点吗？”

“比如说，曾经有人把我们告到上级部门，说安丘禁用65种农药，超过国家禁用农药的范围。”李主任说，“于是山东省农业厅、潍坊市农业局就来找我们，说你们安丘市政府这样做是否违法。我们说我们不违法，一是（时任）吴仪副总理亲自批示的让我们安丘搞区域化管理试点。二是农药管理登记是符合相关规定和中央一号文件精神的，因为安丘是出口示范区，如果不规划出这65种农药，农产品就卖不到国外去。另外，我们还给农药店下规定，如果违规，我们就取消他们的经营资格，终生不能在安丘经营农药。所以现在安丘市农资超市内每一种农药都有‘身份证’，如果卖出的药品不合格，相关部门就可以通过农药包装上的二维码追溯到农资店和生产厂家。为此安丘市政府拿出专款设立奖励基金，对生产、经营、使用高毒剧毒等违禁农药的违法行为实行有奖举报，应该说管住‘农药瓶子’是农产品质量安全示范区管理安丘模式的关键。”

李建芳主任介绍贴在农药上的二维码的信息

“这些规划都以政府文件的形式公布？”

“由安丘市人民政府定稿和公布。”

“通过什么样的审批形式？”

“我们制定出规划，上报市政府常务会议研究，再以市政府文件印发，成为地方性法规。”

“我还有个疑问，就是农安办成员中有没有专业技术人员？因为日本肯定列表制度涉及成千上万种农药，制定农药管理规定在技术层面上应该是相当复杂的。”

“您可能误解了。”李主任解释说，“我们不是直接认定农药能不能用的机构，而是针对日本肯定列表制度去协调各个相关政府部门来制定对策，让我们的农产品能够顺利出口日本。比如说农业局是具体管理农药的部门，我们农安办的工作就是指示、支持和协调他们根据国家的规定，再对照日本的肯定列表制度，根据农药降解期，以及农作物的生长期，研究出禁限用农药，以及允许使用农药的安全使用方法。”

“农安办需要协调农业局研究农药，畜牧局研究兽药，您通过什么方式去协调，让他们按照农安办的要求去做?”

“我们单位是副县级单位，比农业局、畜牧局等部门都高半级，所以，从行政级别上我们是可以做好协调工作的。”

“除了规划和协调之外，对各职能部门的监管也是农安办的分内工作?”

“对的。”李主任说，“农安办不仅要给这17个政府职能部门下达相关任务，还要借助监督职能来考察这些部门的执行情况。我们赋予每个部门明确的职责，制定出界限。比如在农药的生产、运输、储存、销售等环节，相关的责任主体都由农业局负责。如果检测出某一种农产品农残超标，我们需要研究是因为哪个环节出了问题，这样就能具体到相关的责任部门，令他们限时纠正。凡是在田地里、地窖里的农产品全部由农业局管。农产品只要进入市场，再出事就不用农业局负责。如果市场上出现问题农产品，我就要追究市场监管局的责任。必须做到整个链条上各个环节得到监管，不出现任何缝隙。再比如说有了一个案子，我们就需要界定这个案子归公安局执法还是归农业局执法?我们有明确的界定，需要行政处罚的，留在农业局处理；需要刑事拘留的，移交给公安局处理；如果既需要罚款，又需要刑事拘留的，先由农业局罚款，再移交公安局拘留。除了对职能部门进行监督外，我们农安办还在安丘市的每个村都设立了至少1名农产品质量监管员（全市总共设立了1 229个监管员），负责监督农民使用农药。假如发现村里有在人使用违禁农药，监管员就要及时向农业部门报告，并协助农业局执法大队进行执法，因为监管员是没有执法权的。”

“那么，假如说这片地属于我的，我使用了违禁农药，执法大队会怎么处置我?”

“如果你使用违禁农药过程中被拍照下来了，或者录像了，执法大队可以直接处理你。如果没有被拍照，执法大队会把样品送实验室检测，确实被检测出违禁农药，就可以按照检测报告进行立案。当然我们还得看农药使用性质。如果使用一般违禁农药，我们做行政处罚；如果使用有高毒剧毒违禁农药，一律移交公安部门立案追究刑事责任，同时农业局追究行政处罚责任。事后，农业局还需要把使用违禁农药的农产品通过无害化手段处理掉。此外还要按照被使用农药降解期来处理土地。假如说农民使用的违禁农药降解期是5年，农业局就要另下处罚书，处罚该土地在5年内不准种植任何农产品。”

“我们知道一个自然村至少有上百户甚至上千户人家，如果基层的监管员做事马马虎虎，出现问题不报告，你们也不知道啊?”

“您可不知道我们安丘对农药管理到什么程度。”李主任满怀信心地说，“比如一个村子有200多户种地，监管员除了随时监督农户有没有使用违禁农药外，还需要为每家农户做好农事记录。监管员先使用GPS定位系统将每户每一块地的4个坐标定下来，建立地块档案。如果这块地的张三种了玉米，他就必须填上几月几日张三种植玉米用了什么肥料，用了什么农药，这叫建种植档案。档案建起来以后，这块地每打一次药，农户就必须向他报告，如果农户忙了忘记报告，那么监管员每月至少上户一次询问农户。我们开发建设了安丘市农产品质量安全监管平台，监管员可以用手机随时将这些详细的农事记录上传至平台。”

安丘市农产品质量安全监管平台

“我在做‘农超对接’的时候就帮助农民做过可追溯系统，让他们记账。后来发现有些人记录的可靠性不大，他们或者漏记，或者为了应付胡乱填一下，你们如何保证记录的准确性？”我心存疑虑地问。

“这种情况我们也考虑到了。”李主任接着说，“为了提高农事记录的可靠性和精确度，我们设计了抽检，查看记录准不准确。若不准确，监管员是要被从严处罚的。此外，我们还有产地准出管理办法。比如大姜，要求在收获的时候每一户都要做农残检测。监管员在大姜收获前 15 天左右必须和户主一起去地里取样，通过可定位的手机在地头拍照上传，农安办马上就能知道检测员到哪块地里去了。监管员取样后把样品送到社区农产品检测站，社区检测员立即做检测，然后把检测结果，连同监管员记录一起上传到平台。上传之后就能自动生成这块地生姜的产品二维码，并马上就可以打印出来，这个检测和打印都是免费的。目前在全市 102 处社区检测站，配备了专职检测员 106 名，另外我们还有 17 部流动检测车，随时可以到田间地头和市场进行抽检，从而实现了全市农产品质量检测全覆盖。在这方面，安丘市政府每年都投入了大量的经费。譬如说，农安办工作人员、各村的监管员、社区检测员等每年工资与办公经费就需要 2 000 多万元，还有每给农户做一次检测就需要 5 块钱的材料费，这方面的投入也是非常大的。”

“安丘政府真的花了钱，但可以让农民受益，消费者受益，这是非常值得的。”这些话发至我内心。

“扫这个二维码可以得到哪些信息？”

“二维码信息包括，农产品是谁种的，什么时候种的，什么时候施了什么肥，什么时候打什么农药，农药残留的检测结果是什么。这是我们政府做的检测，有公信度，没有相关利益。客户一扫二维码就知道这家农户生产的农产品是否安全。这样一旦出现农产品质量问题，我们可以根据信息源直接追溯到种植、收购、储运、加工、销售等每个

安丘市基层社区农产品检测站

2015 年，安丘市组织市镇两级财政投资 320 多万元，为全市 14 个镇（街区）配置流动检测车 17 辆，用于流动快速检测

环节，及时采取纠偏措施。”

“咱们刚才谈的是农产品生产环节，那么在流通环节当中批发市场又是怎么做的呢?”我问。

“虽然我们在生产环节控制的极其严格，但在农产品批发环节，我们还要搞准入办法。为什么呢？因为安丘本地主要种植出口为主的生姜和大葱类农产品，所以安丘批发市场上的菜大都来自外地。所以我们在批发市场门口都配置了检测室，外地不经过检测的蔬菜是不准进入批发市场的，而我们本地的蔬菜可以凭借刚才谈到的二维码检测直接入市，主要目的就是保障农产品质量安全，真正体现国际国内两个市场，一个标准，同时二维码信息也能让安丘的蔬菜能够体现优质优价，使得我们安全的农产品能够卖出更

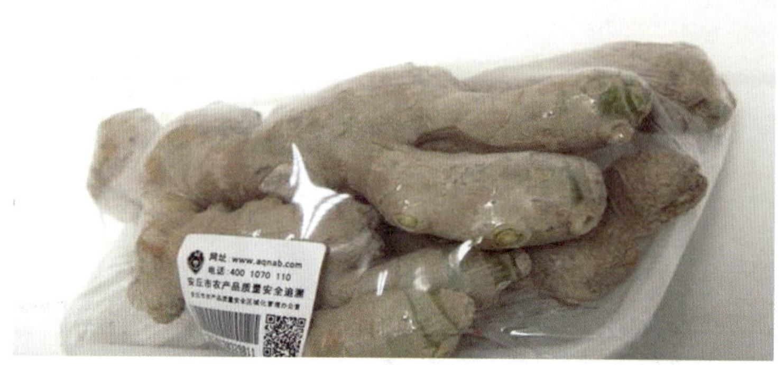

生姜上贴有二维码，存储检测结果、产地、种植户等信息

安丘兴安街道四海社区服务中心里的农产品监督员取样记录

高的价格。”

“那么批发市场由哪个部门来管？”

“市场监管局。”

“市场监管局也属于农安办协调的 17 个政府部门之一？”

“是的。农安办依据法规给他们制定职责。”

“这里有没有漏洞？假如说某个货主的产品没有检测证明，而他直接拿了 100 块钱给管理人员，然后管理人员睁一只眼闭一只眼就让卡车进入批发市场了，这种情况有发生的可能吗？”

“到目前为止还没有发生过。因为做检测只需要 5 块钱，所以他没有必要去花 100 元来行贿，而且如果没有检测证明，就不能保证你的产品是合格的，买家就不敢买你的，你的产品就卖不掉，所以不做检测真的是得不偿失。”李主任笑着说。

“这招真的很厉害，让不合格的农产品进不了市场。”我赞叹道。

“是的，2016 年 10 月 8 日安丘市正式开始实施《食用农产品产地准出管理办法》，成为全国首个全行政区域、全品种全覆盖的食用农产品产地准出县级市，我们从 2014 年开始调研，到 2016 年正式实施差不多花了两年左右的时间。通过试点、调研，修改了 14 次才定稿。光是在市政府常务会研究就多达 5 次。”李主任自豪地说。

“我知道您空闲不下来。那现在做什么?”

“我们正在写《安丘市食用农产品市场准入管理办法》（以下简称《准入管理办法》）。”

“为什么要写《准入管理办法》呢?”

“目的就是让我们这里的优质农产品能够实现优质优价。让为生产安全农产品的农民的劳动实现应有的价值。我们的思路是怎样充分利用二维码信息，增加农产品信息透明度，叫响‘出口农产品、安丘原产地’的地域品牌。”

“这是个好主意。国内外中产阶级人数迅速增加，收入较丰厚，健康意识都很强，他们最关心的就是怎样通过可靠的渠道和信息买到安全的农产品。”

“你说的对，《准入管理办法》就是按照这个思路来写的。”李主任非常赞同我的说法。

“您觉得写这个《准入管理办法》的难度在哪里?”

“难就难在它的实现价值。”李主任说，“前面我也讲过，二维码信息是绝对可靠的。但农产品只有到达最终消费者手里才能实现价值。即使政府部门、市场管理经营人员明白，而没有得到最终消费者的认可，二维码中的信息价值就无法得到体现。而终端消费者分散在千家万户，我们可以通过什么方式让终端消费者关注，相信和充分利用二维码信息。这就是《准入管理办法》的最终目的，但实践起来难度很大。”

“这属于‘跨界’的难题。”我说，“政府部门起草和定稿的文件可以通过上下级组织系统来执行，但是，如果政府想把自己好的想法让消费者接受的话，就需要借助于其他手段，比如广告、微博、微信、出版物、宣传活动或者是体验旅游等各种营销手段来实现了。”

“最后您能简单介绍一下您的工作经历吗?”我继续问道。

“我的经历比较简单。”李主任回忆说，“我从 1984 年参加工作开始就一直在安丘，一开始在乡镇工作，干过司法干事、建房办主任、乡镇党委组织委员、副镇长、副书记、镇长、党委书记，2009 年起任农安办主任。农安办的工作我非常喜欢，这项工作不仅仅涉及行政管理，而且能接触到很多专业知识特别是农产品质量安全方面的知识，这就需要不断通过学习来提升自己，发现问题和解决问题。所以在 2012 年我考取了山东省标准化专家证书，成为省示范区专家组成员，2015 年 9 月在杭州召开的第十二届中国标准化论坛上我获得了‘2015 年度中国标准化十佳人物’的荣誉称号。前两年曾经有人鼓动我辞职去广州做顾问，年薪 24 万元，管吃管住，我当场就拒绝了。”

“您为什么不去呢，24 万元可不是小数目喽。”我问道。

“我这人对钱看得不重，只要身体健康就行了，况且现在发的工资也足够花了。我女儿和儿子都有不错的收入，不用我们操心，我和老伴目前最大的支出就是每个周末去看望孩子的交通费，我们家对高铁事业也做了不少贡献呢!”说到这儿，李主任脸上露出了非常满足的笑容，是啊，世上还有比享受天伦之乐更让人幸福的事情吗?

两个多小时的访谈快要结束的时候，窗外忽然下起了倾盆大雨，李主任兴奋地说：“终于下雨了，你们不知道安丘已经很长时间滴雨未下了，安丘用这场及时雨来欢迎你们的到来啊!"我笑着赶紧起身关窗，窗外浓重的土腥味伴着一股凉意扑面而来，晚上看新闻报道说6月23日安丘市的平均降水量为42毫米，最大降水量出现在石埠子镇，达到79.3毫米。

好雨正当时!

四、巾帼不让须眉——访山东鲁丰集团总经理刘海燕①

有数据显示，中国女企业家创造的财富约占男企业家创造财富的1/4，虽然规模低于男性，但这已是全球最高的比例。"巾帼不让须眉"是对她们最常见的赞扬，我们要采访的山东鲁丰集团的总经理刘海燕女士就是中国众多女企业家中的一员，我想通过对她的采访，了解企业是如何参与到出口食品农产品示范区建设当中的。

初见刘总，与我印象中的女强人不同，她很爱笑，落落大方，非常具有亲和力，虽年过半百，但看上去很年轻，脸上丝毫没有留下岁月的印痕。

刘海燕女士

"您好刘总，在采访吕伟厅长和姜宗亮局长的时候，他们二位都建议我们一定要采访一下您，说您对示范区的建设贡献很大。"见面后互相打完招呼，我就直奔主题。

"过奖了，贡献真的谈不上，但对安丘的示范区建设我还是比较熟悉的，我是有问必答。"刘总非常爽快地说。

"那就先请您介绍一下你们公司的基本情况吧。"

"好的。我们公司全称为山东鲁丰集团有限公司，前身是1976年成立的安丘外贸冷

① 采访人：胡定寰、孙庆珍；采访时间：2017年6月23日。

藏厂，1992 年进行外贸体制改革，我们因此成立了安丘对外贸易食品进出口公司，1999 年全部改制成立了安丘市外贸食品有限责任公司，到 2012 年组建了现在的山东鲁丰集团有限公司，可以说我们公司的发展历程正是我们国家国企改革的一个缩影。”刘总接着说，“在 20 世纪 70 年代，那时候安丘的老百姓基本上家家户户都养兔子，于是我们工厂就把这些兔子收购起来，经过加工后通过山东外贸食品公司把兔肉出口到欧洲，您知道安丘的农畜产品资源比较好，所以慢慢地公司除了出口兔肉外，还做鸡肉、蔬菜、水果、小麦等加工出口，目前我们公司有禽肉制品、调理食品、面食品、罐头食品、冷冻果蔬、干果、面粉等系列产品 600 多个品种、规格，主要销往日本、美国及欧盟等国家和地区。”

“公司达到现在这个规模真不容易！”我感叹道，“那您能谈谈公司产品是如何出口的吗？在国外都设立分公司了吗？”

山东鲁丰集团的前身——安丘外贸冷藏厂

“我们没有在国外设立分公司。”刘总解释道，“我们都是跟国外的进口商合作，共同开发产品，进行定向销售，这样费用比较低。比如说，我们先选择一些安全的，有一定规模的，可以长期做的优势农畜产品资源推荐给这些进口商，然后他们会带着相关的研发与销售人员来安丘，根据我们提供资源的实际情况和他们当地的饮食文化，我们双方共同来开发产品，最后我们就根据订单要求进行生产加工，销售给这些进口商，目前与我们公司紧密合作的国外进口商就有 20 多家，合作时间最长的也有 30 年了。”

“现在你们集团总的销售额大约是多少？产品除了出口之外，在国内市场销售得如何？占比多少？”

“2016 年我们集团的销售收入接近 15 亿元，这在食品行业是比较高的了。”刘总自豪地回答。“2010 年以前我们 80% 的收入来自出口，只有 20% 的收入来自国内市场，而那时卖到国内的产品也大都是些畜产品的下脚料。随着这几年安丘开始搞区域化管理，到后来商务部门提出‘一个标准、两个市场’之后，2010 年我们就开始进入国内市场，但当时销售商和消费者还没有现在这种强烈的食品安全意识，我们按照出口日本、欧盟标准生产出的高质量的农产品进入市场之后因为价格较高并不是太受欢迎，所以说我们的产品真正进入国内市场是从 2012 年开始的，陆陆续续地有不少消费者开始接受我们的产品，我们目前国内的客户主要是一线城市的便利店和星级酒店。”

“我知道女同志做企业是非常不容易的，特别是做到总经理这个职位，您能简单介绍一下您的经历吗？”我问。

“可以的。”刘总回忆道，仿佛思绪一下子回到了 40 年之前，“我从 1978 年参加工作就一直在这个企业里，近 40 年了从没有离开过，一开始当品管员，后来又做质检班长、化验室的主任、质检科长，再到质检部的经理、副厂长、副经理，2002 年又走到了总经理这个岗位上一直到现在，所以我和公司有着非常深厚的感情，我亲眼见证了公司的成长。虽然有时候也想退下来，多陪陪孩子们，我现在孙女六岁，孙子一岁半了，我却一直没有时间照顾他们，所以我这个做奶奶的也很不称职，但是现在让我放下工作，还确实放不下，公司需要我，同时我也非常喜欢这份工作，看自己的身体状况吧，应该还要忙碌几年的，已经习惯了。”说到这儿，刘总沉默了一会儿，眼睛有些许湿润。

“那您一天的工作安排是怎样的？”我很想了解总经理忙碌的一天。

“呵呵，好的。”刘总笑着说，“我一般早上 6 点 30 分起床，7 点 15 分就到公司了，7 点 30 分各部门负责人准时开碰头会，这是每天的例行会，在会上要进行客户和业务的对接。会后如果有客户来访，就需要陪同他们去参观我们的车间、基地等情况，介绍我们的产品，然后进入谈判状态。如果没有客户来访的话，我就需要经常到车间、基地去看看，并召集有关部门进行产品的调度与规划设计，每天下午 5 点是我们的产品质量会，会上公司的品管部会把一天的产品质量情况做一个汇报，然后转到各个分管经理的邮箱，把一天的质量情况和一些反馈情况做一个小结，有什么问题的话就安排怎么处理。下班后如果有客户在这的话还需要陪同他们吃晚饭，因为吃饭的过程也是和客户沟通的过程，我们也想进一步了解一下他们对我们产品的要求，谈谈下一步的合作方向。如果没有客户的话，我一般就是晚上 7 点回家吃饭，但是回家吃饭的次数真的是少得可怜，一个月能回家吃饭两三次我就很满足了。”

“这些年你一直放在心里的事情是什么？”

“我们做食品这一行的最重要的就是安全了，因为食品是一个特殊的商品，它直接关系到人们的身体健康，而食品生产又牵扯若干个环节，如果对其中某个环节哪怕是很小的环节管控不到位就有可能存在很大的隐患，在这方面我们是有教训的。所以说我很大的精力都放在食品的质量安全上，到现在我还兼着公司的质检部经理。”

“那是什么样的教训呢？”我好奇地问。

“前几年我们在辅料上出过问题。当时是出口炸鸡肉块，就需要大量的蛋清。但如果我们直接用鸡蛋分离出蛋清的话，大量的蛋黄我们就派不上用场了，会造成很大的浪费，于是我们就购买蛋清粉。曾经有一次一家企业的蛋清粉里面有药残，因为当时我们的检验能力有限，所以那批炸鸡块出口到日本之后被检测出了有呋喃代谢物，整个集装箱就被退回来了。虽然当时损失得不多，但是对客户的影响了不得啊，因为既然客户订货了就说明他们缺货，而退柜后公司制作新的炸鸡块就需要时间，所以客户就会寻找别

刘海燕接待欧洲大使团成员

的公司来填补这个空缺。如果这个客户信任你的话，以后也许还会继续和你合作，如果他不信任你的话，就会和其他工厂合作，因为客户会觉得你这个管控是有缺陷的，在其他产品上也可能会出现类似的问题。虽然这家客户最终还是和我们继续合作，但扭转这种不良印象是花费了一定时间的，所以质量问题对于企业信誉的影响是没法用金钱来衡量的。”

“通过您的介绍，我了解了公司的基本情况，那安丘的出口农产品质量安全示范区建设对企业产生了哪些影响呢？”

“最大的影响就是示范区的建设在保证农产品质量安全的同时大大降低了我们企业的生产成本。”刘总不假思索地回答。

“您能详细说明一下吗？”我急切地问。

“好的。在示范区建设以前，我们出口用的蔬菜都来自我们公司自己的基地，那时候大概有 3 000 亩左右的自有基地，建立自有基地对公司来说虽然能保证质量，但也大大增加了公司的生产成本。比如说自有基地我们都需要建隔离带，因为基地外的农产品的农药有可能会飘移到我们基地，而隔离带要占很多土地，我大体算了一下，光隔离带就能占到总基地面积的 7.8%左右，这还不包括水利等其他基础设施。再比如说我们企业自己种植的话，因为基地规模是一定的，产量有限，若订单多了就没法满足客户需要，若订单少的话就会造成我们产品的积压，这也大大增加了我们的成本。”刘总稍停顿了一会儿，接着说，“但是从 2007 年安丘市开始搞农产品区域化管理，同时搞了八大体系来强化这一块，通过对农民普及教育，全民的产品安全意识提高了，农民都知道要严格按照良好操作规范来种地，而且农药这一块政府把控地又非常严格，同时我们公司自己也加大了检测力度，所以从 2008 年以后我们陆续和一些合作社合作搞合同基地。”

“那合同基地和自有基地相比，您认为有哪些优势呢？”我以前虽然调研过大量的合同和自有基地情况，但我还是想从刘总这儿了解一下她的看法。

“首先农药控制好以后，不用担心农药飘移的问题，隔离带就不需要了，大大节约了土地，同时我们和合同基地签订合同，到时只管收购我们需要的菠菜、土豆等农产

山东鲁丰集团甘蓝生产基地

品，他们除了给我们企业种植以外也可以给别的企业种植，这也就不存在产量不够或过剩的问题。还有就是自有基地我们是雇佣工人来种地，需要按照一天 8 个小时支付给他们工资，而如果农民自己种植的话，时间非常灵活，比如他们可以一早一晚就把农活干了，其他时间出去打工，这样就能获得双份收入，所以合同基地对我们而言是非常有优势的。”

“那你们公司与合同基地的具体合作模式是怎样的呢？”

“刚才谈到了我们一般都是按照订单要求进行生产加工，拿到订单以后，我们要先计算大约需要多少原料，然后和合作社签订合同，给他们订一个基准价，比如前一年某种农产品的价格是 2 元/斤，我们就先按照 2 元/斤来定基准价，假如说实际收购时价格低于 2 元/斤，我们还是按照 2 元/斤来收，如果说市场价格高于 2 元/斤，我们就按照市场价来收。”

“那如何给合同农户进行指导和监督，怎么监督？”我想进一步了解公司与合同基地的紧密合作程度。

“我们每个合同基地都配有专门的质保员，指导农户用药，并严格按照我们的种植规范来进行种植，所以现在农户都非常乐意和我们合作的，一是因为销路和价格有保证，二是还能给他们进行生产指导。同时我们也不用担心农民私自用违禁农药问题，因为示范区的建设最重要的一点就是源头的控制，在安丘境内农药经营店都是非常规范的，而且每种农药都有二维码，农户购买农药也是实名制的，另外在收购之前我们都有严格的检测，所以农户自己都非常清楚，若使用违禁农药付出的代价是很大的，得不偿失。所以经常出现这种情况，有时忙碌的时候我们植保员来不及到现场对一些农户进行用药指导时，他们就主动跑到公司来问自己用的农药是否合格，这已经形成一种习惯了。”

“是的，让规矩意识成为一种习惯这是非常关键的，我跟农民打了多年的交道，我知道虽然大部分农民文化水平还比较低，但如果让他们意识到只有执行良好的农产品生产规范，才能获取合法收益、安全收益和长期收益，他们会非常配合的，当然这也需要我们政府做好制度上的安排。”我说。

“您说得非常对，的确如此。”刘总非常赞同我的说法。

“那农药是你们公司提供还是农民自己购买？”

“也有我们提供的也有农户或合作社自己购买的。”

“什么情况下是你们提供？”我不断地发问。

“比如有些新培植的农场一时拿不出那么多钱来购买肥料和农药，我们就先提供给他们，等到收购农产品时再扣除肥料和农药钱，就等于先给他垫上。”刘总非常耐心地回答。

“您觉得在您的工作生涯中令您最难忘的事情是什么？”

刘总喝了一口茶，稍沉默了一会儿，接着说：“最难忘的事情应该就是当年向吴仪副总理汇报工作时的情景。因为吴仪副总理一直分管商务，对农产品出口自然非常重视，而那几年中国出口的农产品被退货的情况时有发生，在商务谈判中别的国家也多次提出对中国农产品安全不放心，所以在 2007 年的时候国家就开始做食品安全整治，吴仪副总理就到山东进行视察，当时她来到了我们企业的一个基地，走到地头的时候，她拉着我的手说：‘海燕啊，你给我介绍一下你们这个基地是怎么管理的。’我就很详细地向她做了汇报，还送给她一套教材，教材里汇集了当时我们区域化管理的一些标准和做法，副总理看了之后就说：‘你们这个办法很好，我们回去要好好研究，并拿到全国来推广，这是解决全国食品安全最有力的办法。’有了吴仪同志的肯定，安丘的示范区建设就更开始红红火火地干起来了。”

“吴仪副总理给您的感觉是怎样的？”我接着问。

刘总感叹说：“我能感觉到她的一股正气，同时她又非常具有亲和力，很平易近人，我记得当时她一直拉着我的手，问我给植保员发多少钱的工资，问我农民一亩地收入有多少，产量多少，还问我们公司一年投入多少，问得非常详细，最后我还记得她挖出一棵姜看看长势怎么样。听说副总理回去以后找当时的山东省省长谈了好几次关于农产品的区域化管理问题，这也把食品安全这项工作推到了新的高度。”

“既然您能给吴仪副总理汇报，说明您对出口农产品示范区建设是非常熟悉的。”我说。

刘总笑着说：“因为企业是这项建设的具体参与者之一，所以对这块我还是比较熟悉的，我同时也是示范区建设标准起草人之一。”

“您是非常胜任这项工作的，那您能具体谈谈是怎么具体参与到出口农产品示范区建设当中去的，什么时候实施的？”我问。

“2007 年 6 月 29 日。”刘总毫不犹豫地回答道。

“您记得这么清楚？那肯定是这个日子给您留下了深刻印象的，为什么正好定这个日子呢？”我好奇地问。

“因为 2006 年 5 月日本正式实行了肯定列表制度，给我们的农产品出口造成了很大的冲击，制度中列出的 5 万多个指标对每一个农产品都有严格的检测标准，叫作限量标准，而且还对他们日本人自己都拿不准的农药残留也都定了一个统一的标准，叫一律标准，这项技术壁垒确实是太严格了，我相信当时日本国内应该也做不到这一点，所以这项制度的实施真的让我们这些出口企业举步维艰。因为当时要想满足这个标准，就得有自己的基地，而我们企业每年光保鲜农产品就有几万吨的出口量，这得建多少基地才能供应这些订单啊，况且我们没有这么多资金和精力去做这么大面积的自有基地，所以那时候很多企业的订单都转到东南亚去了。"

说到这儿，刘总显得非常气愤，稍稍过了一会儿，她又很心平气和地说："但从另一方面想，这也是一件好事，它倒逼着我们去加强农产品质量安全管理，您也知道，安丘是农产品出口大市，日本又是主要市场，因为日本毕竟离我们近，如果出口到欧洲，最少 23 天到港，而出口到日本 3 天就到港了，非常便利，我们不能白白流失了这个市场，所以当时政府和企业都非常着急，我记得那时候有很多政府部门都来安丘调研找对策，我们企业也是一样，所以我和董事长就一起去了山东出入境检验检疫局商量这个事情。"

"是山东出入境检验检疫局邀请你们去的？"

"不是的，是我们主动去找他们的，我们去了以后，当时的姜宗亮局长就立即召集了山东出入境检验检疫局的几个食品专家来共同讨论这个事情，姜局长和我说，要想解决这个问题就得搞区域化管理，后来叫示范区建设，但当时我不理解什么是区域化管理，姜局长告诉我，区域化管理就是要充分发挥政府的作用，先划出一个区域来，比如说一个县，在这个县里面全面实行标准化种植，从农药这个源头上就要开始控制，才能彻底解决这个问题。听完之后我和董事长就说：我们可以回去试试，因为安丘有好几个乡镇都在种植蔬菜，出口基地比较集中，相对来说搞区域化管理比较容易一些。所以我们从山东出入境检验检疫局回来以后就立刻去向安丘的市委书记和市长做了汇报，他们非常重视这个事情，我清晰地记得当时市委书记说的话，他说：'无论如何我们要把安丘的出口市场给保住，让农民有更大的收益，让企业有更大的利润，我们安丘可以去试一试。'说实话，我挺佩服当时领导班子有这么大决心的，因为农业这块它不是什么形象工程，很有可能花费了很大的精力和时间却不会见效。"

刘总接着说："有了市领导的支持，安丘的区域化管理就开始行动了。当时姜局长对市委书记说：'如果你们安丘要搞，我们检验检疫局一定全力支持，我们负责建标准，你们负责搞培训和推广，但是说实话要做好这个事情难度特别大。'当时我们书记就表态了，他笑着说：'老大难老大难，老大抓了就不难。'于是安丘先选了凌河镇和石堆镇搞区域化管理，因为这两个镇种植蔬菜比较集中，而且种菜周期比较短，若在这两个镇试点成功的话，其他乡镇就比较好推广了，所以先从这两个镇下手。当时先提出来了'两导三动'，即政府来主导、科学指导、部门联动、龙头带动和全民行动。山东出入境检验检疫局把标准制定出来之后，我们安丘在 2007 年 6 月 29 日就正式开始了区域化管理的启动仪式，首先召开了全市有线广播电视大会，然后请山东出入境检验检疫局的专家过来培训，推广良好的操作规范，指导农民怎么种植，并将培训内容在安丘电视台滚动播放了 3 个月，我记得每个村、乡镇和市政府还要签订安全公约，真的是声势浩大，很快此项工作在安丘市就家喻户晓了。"我们从刘总的介绍中深切感受到了当时安丘市委市政府的魄力和做出的努力，也能感受到当时那种热火朝天的场面。

"在这两个镇的试点效果如何？"

“真的是出乎意料，效果非常好！”刘总非常兴奋地说，“实行区域化管理之后从这两个镇出来的第一批蔬菜都顺利出口到日本了，所以 2008 年年初区域化管理在整个安丘市就全面推开了，包括所有的经济作物和粮食作物。实行区域化管理以后，山东省商务厅就邀请日本农协、消协等部门还有很多日本媒体到安丘参观，他们参观完之后确实感觉很放心，要知道，当时因为毒水饺等食品安全事件，有的日本人在商场里一看到中国的产品，都避而远之。所以他们回去后就做了大量的宣传和报道，介绍他们看到的企业是什么样子的，农场是什么样子的，这个宣传效果确实非常好，作用不可估量。然后又请了 24 个国家的农业商务参赞来安丘看，他们看了以后也非常满意，通过一系列努力，国外对我们安丘的农产品也慢慢认可了，订单也不断增加，我们的农民和企业也确实非常争气，区域化管理之后因为农残退柜的情况几乎没有。随着工作的推进，后来又提出了八大体系建设、一个标准两个市场等，简单地说就是政府对农药肥料企业进行整合，实行备案，成立了技术指导队伍，还成立了执法大队，公安参与联合执法，对不法商贩实行强制管理，多管齐下，就把这个环境打造出来了，这样源头控制、全程监管的安丘模式也在不断地完善。”

“示范区建设从启动发展到现在，也已经有 10 年的时间了，那您觉得还有哪些方面是需要完善或加强的？”

“我觉得有两个方面需要不断完善和加强。一是品牌建设方面，现在安丘的农产品经过 10 年的示范区建设无论是面对国际还是国内市场都是安全的，我们讲一个标准、两个市场，我们发往国内的蔬菜，和发往日本的菜是一个标准。我们的质量，内外同一把尺子，绝不看人下菜碟、内外分两档。比如说像甘蓝地里的菜青虫、夜蛾、小菜蛾，就用生物农药‘菜喜杀虫剂’治，这种药过了 3 天的农药间隔期，就可顺利出口。像甘蓝长蚜虫，‘乐果’农药日本肯定列表制度不检测，但国内禁用，我们坚决不用；啶虫脒国内允许用、出口日本易检出药残，我们也不用。国际市场认可我们，所以我们的农产品出口价值较高，但在国内市场如何打出我们安丘自己的品牌，让国内消费者愿意付出稍高的价格购买我们的农产品，真正做到优质优价，这个还需要我们企业和政府一起努力。二是农业的生产规模还太小，这就需要政府引导，怎么样把小地块变成大的农场，并加强水利等基础设施的投入，我觉得下一步这就是个方向，因为现在农村的劳动力已经越来越少了，现在农村里基本都是老人在种地，等这些老人老了以后，农村人种地的就更少了。”

采访进行了一个多小时，我想刘总应该比较累了，我就又帮她倒了杯白开水，她笑着说：“没关系的，不累，我们有时和客户谈判一谈就是几个小时，我已经习惯了！”后来我们又天南地北地聊了很多，很快就到午饭的时间了，刘总起身告辞，抱歉说因为还有几个国外的客户在等着她，所以中午不能陪我们一起吃饭了，我说今天可是周末啊，她笑着说：“周末忙工作对我来说已是家常便饭，我是忙碌着、收获着、快乐着！”

我想正是她这种乐观、开朗、非常具有亲和力和感染力的性格让她在激烈的市场中带领公司不断前行！

五、吃着放心　卖着安心——访安丘市于家水西村瓜果种植专业合作社[①]

在安丘市农安办孙垂灵科长的带领下，我们前往位于安丘市凌河镇于家水西村的瓜果种植专业合作社进行采访。在采访之前，孙科长征求我的意见，问我："这家合作社相对来说规模不是很大，合作社生产的蔬菜也是销往国内市场，并没有出口，是否要进行采访?"

"我觉得很有必要去采访的。"我不假思索地回答。因为山东省创建出口农产品质量安全示范省的过程中，"一个标准、两个市场、以外促内、统筹发展"一直是总要求。通过以国际先进标准倒逼国内食品安全标准的提高，以出口食品农产品管理带动国内食品农产品安全整体水平的提升，一直是山东省创建"示范省"所努力的方向。于家水西村的瓜果种植专业合作社无论是规模、种植和销售模式在目前我国合作社中带有普遍性，让读者了解针对国内批发市场的合作社是如何去管理农民、保障食品质量安全是非常有必要的，事实也证明我此次采访不虚此行。

车刚驶入于家水西村，就看到一排排很整齐的房子矗立在街道一旁，整个村子给人的感觉就是干净整洁，而且在每个房子旁边都有沼气池，听孙科长介绍，沼气池是2012年由安丘市政府投资建设的，既保护了环境，又提供了肥源，很受老百姓的欢迎。

于家水西村干净整洁的住房

孙科长首先带我们来到了一栋二层的普通办公楼——水西社区。孙科长告诉我，水西社区相当于安丘凌河镇下设的一个服务机构，为周围13个村的村民提供服务，像办理社保、劳保、计划生育等相关业务就不用跑到镇上或县里，直接到社区就能办理，大

① 采访人：孙庆珍；采访时间：2017年9月23日。

大方便了周围的村民。

安丘市还在 100 多个涉农社区设立了农产品快速检测室，水西社区检测室就是其中之一。这时正好碰到一位农民来为他的大葱进行农残检测，几分钟之后农药残留的检测结果就出来了。

“请问您专门拿着您的大葱跑过来做检测，有必要吗？”我试探地问。

“当然有必要了。”这位农民痛快地回答，“这个检测中心离我们家很近，而且是免费检测，简单方便，拿着这个检测结果我就能卖个好价钱，即使自己吃，有个这个检测结果吃着也放心呢！”

这时孙科长笑着跟我说：“农民将准备上市销售的农产品拿来做检测，这在安丘市已经家喻户晓、深入人心了，可以说已经成为了一种习惯。”

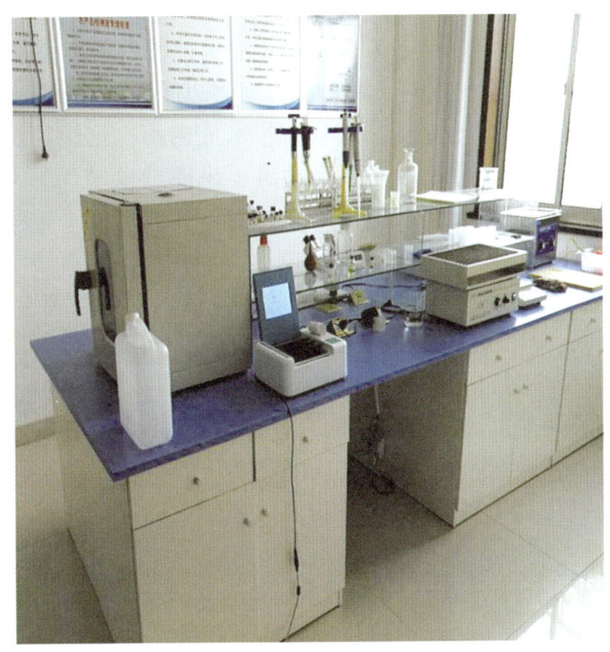

水西社区农产品检测室

检测时间:2017-09-19 15:53:46
检测项目:农药残留
吸光值:
空白样:-0.797 0.422
第2通道:0.280 1.333
第3通道:0.038 0.941
第5通道:-0.526 0.431
第6通道:0.042 0.759
第7通道:0.338 1.223
第8通道:0.255 1.302
抑制率:
第2通道:大葱 13.6% 合格
检测依据:GB/T5009.199-2003
第3通道:大葱 26.0% 合格
检测依据:GB/T5009.199-2003
第5通道:大葱 21.5% 合格
检测依据:GB/T5009.199-2003
第6通道:大葱 41.2% 合格
检测依据:GB/T5009.199-2003
第7通道:大葱 27.5% 合格
检测依据:GB/T5009.199-2003
第8通道:大葱 14.1% 合格
检测依据:GB/T5009.199-2003
被检单位:
凌河镇水西社区

大葱样本农残检测结果

参观完检测室，孙科长领着我来到位于水西社区二楼的合作社办公室，专业合作社的工作人员早已在等候着我们了。

“我叫于海全，就是于家水西人，是我们瓜果种植专业合作社的理事会成员，和理事长一起处理合作社的所有事务，您有什么问题可以尽管问我。”见面后于海全主动做起了自我介绍，其爽快的性格也给我留下了深刻的印象。

“非常感谢，您能先简单介绍一下于家水西村和合作社的相关情况吗？”因为孙科长早已提前说明了我的来意，我就直接进入了采访主题。

“没问题。”于海全说，“我们于家水西村属于库区移民村，现在共有 350 户、1 380 口人，耕地面积 1 500 多亩，我们村最早的时候也是主要种植小麦、玉米等粮食作物，从 1992 年开始转向蔬菜种植。”

“我知道安丘很多地方都种植大姜，经济效益也很高，咱们为什么不种植大姜呢？”我疑惑地问。因为从安丘市区一路走来，我看到地里种植最多的还是大姜。

“这与我们村的土质有关。我们于家水西村地表以下约 1 米就是红岩石板，在 7 月初至 9 月中旬雨季时土地不但不渗水，还容易积水成内涝，这很容易使大姜根茎腐烂，不适宜大姜的种植，所以我们因地制宜，摸索出了拱棚种植‘土豆+西瓜+大葱’的种植模式，同样创造出了很高的经济效益。”

“您是说一年种 3 茬作物吗？”我补充道。

“是的。”于海全耐心地解释说，“在每年的 2 月初，先种一茬土豆，土豆从种植到收获正好 90 天的时间，3 个月结束之后也就到了 5 月上旬，这时候刚好种上无籽西瓜，无籽西瓜大约需要两个半月，到 7 月底拔园，8 月初就可以定植大葱了。定植后在霜降前 10 天左右将拱棚膜覆盖上，避免大葱受冻，在 1 月底之前出售，然后空出土地再种植土豆，这已经是多年的经验了。”

“这真是把土地利用到了极致啊！”我由衷地佩服劳动人民的智慧，“那收益一定也很可观了。”

“还可以吧。”于海全谦虚地说，“以 2016 年为例，土豆一般亩产在 4 000 斤左右，因为市场上那时候鲜土豆较少，所以价格较高，一般可亩收益 8 000 多元；西瓜一亩地可收获 6 000~7 000 斤，亩收益在 7 500 元左右；大葱一般亩产在 1.2 万斤以上，亩收益在 10 000 元左右，这样去年一年 3 茬种植，一般亩收益在 20 000~25 000 元，2015 年收益要更高，因为那年大葱很贵，直接从农户手中收购的大葱一斤就要 3 元多，2015 年一户平均来说就能赚十几万块钱。而且我们的拱棚薄膜是可以多年重复使用的，与种植大姜相比生产成本要低，反而能取得更高的收益，所以多年来我们村一直是沿用这种种植模式。因为种植蔬菜收入还不错，所以我们村出去打工的人并不多，青壮年劳动力也比较充足，相对来说接受新生事物更快一些，合作社的管理会更高效一些。”

“咱们于家水西瓜菜种植专业合作社是哪一年成立的呢？”

“2008 年成立的，当时成立合作社的目的很简单，合作嘛，我理解的就是由于同样的需求，一群人聚集起来，共同去做一件事。由于合作，人多力量大，可以做比一个人单打独斗时更大的事，也更容易把事情做好。成立合作社就能形成相对大的规模，加强讨价还价的能力，提高产品销售价格，降低采购价格，增加每一个社员的收入。”

合作社的大葱生产基地及地里的农家肥

“农民专业合作社可以有效地解决政府‘统’不了、部门‘包’不了、单家独户‘干’不了的难题。”孙科长一语中的。

我点了点头，非常赞同于海全和孙科长深入浅出而又非常朴实的回答。

“合作社目前有多少户农户？”我问。

“现在有 204 户农户加入我们合作社，大约有合同基地是 1 000 亩，要求社员必须按照合作社的要求去种植。我们把这 1 000 亩合同基地分为 4 个区域，每个区域都安排一名种植经验比较丰富的负责人，这位负责人管理区域日常的生产工作和农事记录。合作社规定社员种植的蔬菜必须‘统一供种、统一供肥、统一供药、统一指导、统一销售’，合作社统一采购种子、农药等生产资料后，先发放给区域负责人，再由区域负责人根据种植面积等实际情况发放给每家农户，这些生产资料的费用在收购产品时一并扣除，我们统一购买价格上要优惠得多。”

“合作社的农药购买渠道是怎样的？”

“安丘市对所有进入安丘市范围内销售的农兽药进行严格的告知备案制度，我们就从这些备案的企业中或者大型的农资店购买农药，而且所有备案的农药都有追溯标识码，我们只要扫一下二维码，生产企业、生产批次、质量检验等相关信息就都显示出来了，所以那些禁用的农药我们在安丘境内是买不到的，即使能买到也不敢用。一是因为我们的蔬菜在收购前区域负责人要在每户的地块取样，然后拿到检测室进行农残检测，虽然我们的产品面对的都是国内市场，但现在经纪人在收购蔬菜时也都要求出具检测合格证，所以农残超标的蔬菜我们是坚决不收的，不仅不收情节严重的还有可能让他退社，而退社的代价是比较大的，首先没有了固定的销售渠道，而且销售价格上也不能保证；二是因为农业执法大队会不定期来检查我们购买的农药是否是经过备案；三是安丘市对群众举报经营使用禁限用农兽药是有奖励的，对举报属实的，能奖励 2 000~10 000 元呢，所以使用高毒农药的违法成本是很高的，我们合作社和每一个社员都有

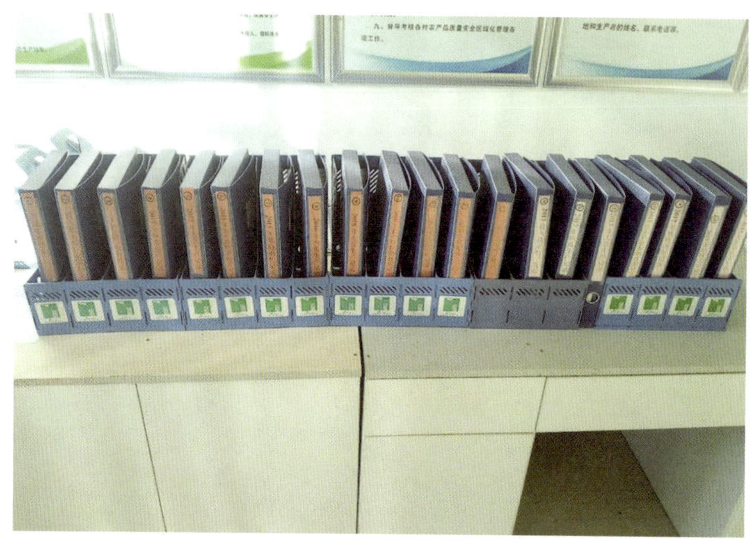

合作社土豆、西瓜、大葱的农事记录

这种意识：不能也没必要用高毒农药，否则只会得不偿失。”于海全说。

合作社将统一购买的生产资料发放到社员手中

“农民安全意识的提高和一系列措施的出台让农民对禁用农药产生了不敢用、不能用到不想用的效果。”我总结道。

“的确如此，我们种植的蔬菜我们自己吃着也放心，卖得也更安心。”于海全赞同道。

“那要是个别农户的蔬菜生病了需要用药怎么办？”

“如果是我们社员的话，他必须及时告知我们。”于海全继续说，“我们合作社有专门的技术员去给他做指导，若我们的技术员解决不了，合作社会请农业技术推广站的技术员来指导，告诉农户该如何处理及购买哪种农药，这些指导都是免费的，所以农户私自用药不仅效果不好，也是没有必要的。”

“农业部提出：到2020年我国要实现化肥、农药使用量的零增长，您对这个问题怎么看？”我问。

“有这个目标太好了，我觉得实现起来肯定没有问题。”于海全果断地回答道，“现在农民保护耕地质量的意识越来越强了，都知道化肥农药的过多使用对土壤和农作物是没有什么好处的，只会造成恶性循环，像人吸食鸦片一样，瘾越来越大，最后土地的肥力就不可恢复了。”

“你这个比喻非常恰当。”我附和道。

“就拿我们于家水西村来说，首先政府给我们免费配上了杀虫灯还有沼气池，那些卖不掉的小土豆和西瓜我们会把它们扔到沼气池里，烂掉发酵之后沼渣沼液作为肥料效果是非常好的，所以我们村的土地用化肥的量是极少的，农家肥的使用大大改善了土质，蔬菜抗病能力也增强了，产量也增加了，而且产生的沼气足够供我们做饭使用了，可以说一举多得。你们来的时候应该也看到了我们村家家户户门口都有沼气池，蔬菜地里也有沼液池，经过厌氧菌发酵过的沼液是一种很好的肥料，我们村的干净整洁与沼气池的大力使用是密不可分的。”于海全说。

蔬菜地里的沼气池

“而且现在农户在种植农作物的时候越来越重视通过预防来减少病虫害的发生。”于海全继续说。

“如何提前预防？您能给我们举个例子吗？”我问道。

“比如说马铃薯晚疫病，这是一种破坏性很强的病害，一旦发生并开始蔓延，就很难控制，对这种病害不是以治疗为主而是以预防为主，这就需要在种子选用、栽培技巧和药剂提前喷施等方面要特别注意。还有大家常吃的韭菜，很多人都害怕它的农药残留比较高，韭蛆是韭菜生产中一种主要的地下害虫，它的抗药能力极强，以前菜农防治韭蛆多使用一些残留期长的高毒农药进行灌根，现在这些农药禁用以后，一些相对低毒的农药对韭蛆的防治效果又不太理想，那怎么办呢？其实物理防治就可解决，用铁锄在韭

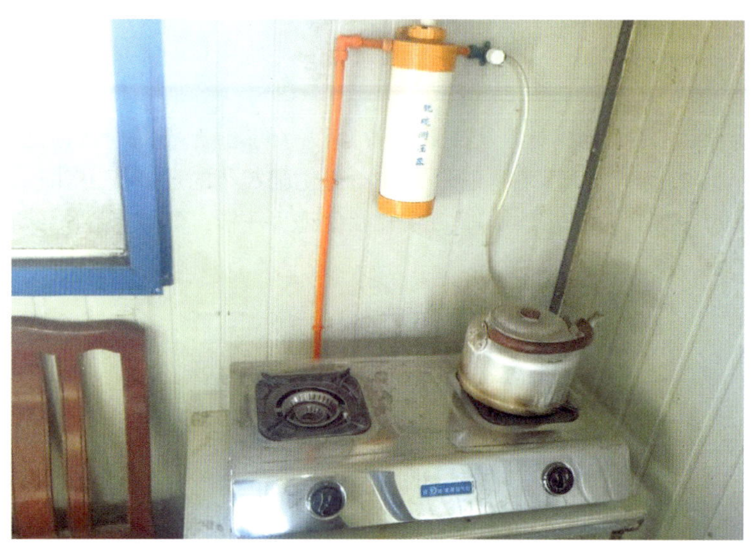

农户家里使用沼气做饭

菜地里犁出一道深5~10厘米的沟，沟里撒上做饭用下来的草木灰，用土把沟和草木灰盖住，再给韭菜浇一遍水，用这种方法不但地里不长地蛆，还会给韭菜增加肥料，效果很好。”

“这种方法真不错，既简单又实用！”我感叹这次采访不虚此行。“您觉得这么多年发展合作社面临的最大困难是什么？”

“合作社刚成立初期最大的困难就是寻找销路，那时候我们的主要任务就是拉着我们的蔬菜到济南、北京、上海等地的大型农贸市场去推销我们的产品，由于我们村蔬菜一直以来稳定的产量和好的质量，很快打开了销路，现在每到收获时间，各地的经纪人都会主动跟我们联系，同时我们也与企业签合同，提供产品。”于海全说，“现在我们的产品虽然销路不用愁了，但要想获得更多的收入，还需要提高我们蔬菜的质量和知名度，最好能建立自己的加工车间，但这需要大笔的资金，这是合作社面临的最大的困难。同时我们也想建设钢架棚，使用寿命更长一些，保温性效果要更好一些，建设钢架棚虽能获得更好的经济效益，但投资比较大，每平方米成本大约70元，所以我们合作社准备先做个示范园，若效果好的话会向农户进行推广，这也需要大量的资金支持。”

“您能介绍一下您一天的工作吗？”

“哈哈……”于海全笑着说，“我就是一个普通的农民，家里有5亩多地，全是拱棚，种植土豆、西瓜和大葱，全靠我和我老婆两个人打理。种土豆的时候每天早晚要去给拱棚通风，种植西瓜更麻烦些，除了给拱棚通风之外，还要进行人工授粉，平时就是除草等日常管理，忙的时候一天也要工作七八个小时，收获的时候要更忙一些，因为棚里面不能机械化收购，需要人工进行翻土采摘，我们村每年收获的时候都会来劳务队，现在人工费也越来越高了，比如起葱的人工费是0.8元/米左右，土豆的人工费差不多0.3元/米左右，比前些年涨了不少。”

“您家一年的收入大概多少？方便说吗？”我试着问道。

“当然可以，这不是什么秘密。”于海泉爽快地说，“种拱棚蔬菜我家每年收入7万元，再加上作为合作社理事会成员每年有7 000多元的工资，加起来一年能有7万多元的收入，比出去打工要强得多，关键是能跟老婆孩子在一起，还能照顾父母，教育孩子，我挺满意现在的生活的。”于海全脸上露出满足的微笑。

“知足者常乐嘛！非常感谢您真诚地接受我的采访，也让我学到了很多知识。”我由衷地表示感谢。

“太客气，接待你们也是我作为理事会成员的职责之一啊！”于海全笑着说。

临走时于海全带我到他自己的地里去看看，只见地里绿油油的大葱长势喜人，预示着又是一个丰收年。

六、全面覆盖、全程监管、全民共享——出口农产品质量安全示范区建设之威海经验①

在去威海做调研采访之前，威海市商务局发给我一份在威海调研采访的详细日程安排，整个日程安排得紧凑合理，井井有条，体贴到位，令我非常感动，也由衷地敬佩他们认真而细致的工作态度。

- **初到威海**

长沙出差回家，休整一天后，2017年7月18日我就直奔威海，经历了一周长沙的湿热天气，再来到威海这座海滨城市，微微的海风徐徐吹来，顿时让人感觉凉爽了不少，但他们告诉我，今年应该是威海近几年当中最热的一年了，原来夏天都几乎不用开空调的，而今年开空调的次数明显增多了。我想对于被凉爽的天气“宠坏”了的威海人来说，盛夏的气温超过30℃就是一大难事了。

为了让我们课题组全面地了解威海市在出口农产品质量安全示范区建设方面的情况，7月19号上午威海市商务局特地安排了由农安办、出入境检验检疫局、财政局等多个部门具体负责示范区建设的人员和出口企业参加的座谈会，我非常感动也倍加珍惜这次机会。上午9时，大家悉数到场，互相打过招呼后，主持座谈会的威海市商务局的曲明霞副局长直接开门见山地说：“首先欢迎课题组专家的到来，会议之前都通知大家此次座谈会的目的了，所以为了节省时间让课题组多了解咱们威海经验，咱们就直接步入主题吧。”简洁明了的开场白让人感受到了曲局长务实干练、雷厉风行的工作作风，从主持会议的效率就可见一斑。

“非常感谢曲局长和各位领导，那先请曲局长简单介绍一下威海的情况吧。”我自然也不用废话多说。

“好的。”曲局长用地道的胶东方言介绍道，“我们威海又叫威海卫，意思是威震海疆。地处山东半岛最东端，是中国大陆距离日本、韩国最近的城市，北、东、南三面濒

---

① 采访人：孙庆珍；采访时间：2017年7月18日。特别感谢钱启民、陈培强为本章节的撰写提供了大量数据资料。

临黄海，海岸线长达近千公里（千米），具有丰富的农业和海洋资源，种养殖业和海洋经济发达，年产花生 25 万吨，苹果 100 万吨，水产品 250 万吨，是中国最大的海产品罐头生产基地、最大的冷冻调理食品出口基地、最大的渔业生产基地、最大的海带养殖和加工基地，每年 4 月收获海带的场景那是非常壮观的。”

听到这儿，我不由地想起来前一天晚上在酒店吃的海带面，非常筋道爽滑，口感极好，据服务员介绍海带面是将海带粉碎后掺入面粉中制成的挂面，营养非常丰富，也难怪，在这个中国最大的海带养殖和加工基地，海带的吃法自然也就多种多样了。

“目前威海市辖环翠区、文登区、荣成市、乳山市，总人口 280 万人，在 1990 年的时候就被评为我国第一个国家卫生城市，您来到威海应该也感受到了威海的空气质量环境有多好。”曲局长继续说。

“我确实感受到了，昨天坐出租车的时候出租车司机还建议我在威海买房子呢!”我笑着回应道。

“我们威海还是中国城市居民幸福感排名第二的城市呢!”我记不清是谁补充了一句，但我清楚地记得他说这段话时那无比自豪的表情。

- **示范区建设的背景**

“当初咱们威海市进行出口农产品质量安全示范区建设的起因或者说背景是什么?”我问。

“我来说一下吧。”威海检验检疫部门的一位相关负责人接过我的问题介绍说，“威海市示范区建设的背景包括国内国外两个方面。一方面，食品安全的国内环境不容乐观，进入 21 世纪以来，我国遭遇了多次重大食品安全事件的挑战，尽管政府做了巨大努力，可是由于供应链上缺乏有效治理机制，而且农产品都是一家一户进行种植，种植规模也很小，农民的食品安全意识也比较差，所以食品安全事件屡禁不止。另一方面，国外对食品安全的要求越来越高，出台了一系列严格的进口标准。当时日本全面实施肯定列表制度，欧盟试行新的食品安全卫生法规，这好比为一直畅行国际市场的威海农产品突然加高了门槛、增设了关卡。以日本的肯定列表制度为例，这应该是目前为止世界上最严格的农残检测标准，它将所有的农产品、食品中使用的全部农业化学品残留纳入其管理体系中，规定 5 万多个残留限量标准；没有设定限量标准的，将执行‘一律标准’，这远远高于国内的标准，它的出台给我国的输日农产品带来了严重影响。”

“威海市是山东省第三大农产品出口城市，具有出口企业 400 余家，出口备案种养殖基地（场）460 余个，与 128 个国家和地区有经贸往来。这样一个以出口为导向的庞大产业体系，如果不能迅速破解发达国家为贸易保护而设置的所谓绿色屏障，改革开放以来好不容易积累起来的发展成果，将面临‘灰飞烟灭’。”曲局长痛心地说。

面对“高天滚滚寒流急”的复杂国际贸易形势和出口危局，威海市委、市政府在无捷径可走、无缓冲可依、基本无先例可循的情况下，以勇于担当的统一意志，做出一系列准确、果断的历史性抉择。

- **示范区建设历程**

在这次调研之前威海市商务局已经发给我一份介绍威海市示范区建设经验的报告，我已经仔细研读了好几遍，从这份报告中我了解到从 2008 年到 2017 年这十年来，威海市示范区建设经历了县域试点、全面推行和持续改进 3 个阶段。

县域试点：2007 年威海市借鉴安丘模式，在下辖的乳山市开展试点，探索适合威海地域特点的管理模式。当时还专门安排威海出入境检验检疫局农产品质量安全技术专家曲径挂职乳山市，担任主抓农产品质量安全区域化管理的副市长。

“‘安丘模式’是一个好模式，但对威海来讲，由于没有安丘那样成片的出口基地，全部照推成本高，而且受益面受限。所以，威海要学，只能学它的精神和思路，再结合威海实际和中国农业、农村、农民的基本情况，开创一个有威海特色的路子。”在后来采访曲径教授时如是表示。

“经过一年的试点，乳山在区域化管理上取得了圆满成功。”乳山农安办主任介绍说，“我们乳山探索出‘政府主导、部门联动、企业主体、市场运作’的运行机制，创立了‘以政府为主导、以企业为主体、以市场为导向、以基地为依托、以品牌为引领、以标准为核心’的六位一体的区域化管理模式。建立了质量安全标准体系、农业化学品投入控制体系、农产品生产加工检测监控评估预警体系、质量安全可追溯体系、企业质量安全诚信体系、多元化国际市场体系六大体系，实现了‘投入无违禁、管理无盲区、产品无公害、出口无障碍’的目标。以农化投入品为例，乳山市规定，凡是进入乳山市场的农药生产经营企业，必须先审核登记，签订《质量承诺书》，挂靠指定的 3 家大型经营机构。所有备案农资、农药经指定的 3 家经营机构加贴标志后，方可分销、专供，确保农化品来得明白、销得清楚。2008 年，我们乳山市的农产品出口额就达到 2. 6 亿美元，增长 28%，其中花生制品出口量居全国县级第二位，占据日本市场 60%以上份额。乳山农民也获益匪浅，人均纯收入达到 7 533 元，较上年增长 9. 8%，其中生姜、苹果价格每千克较周边地区分别高出 0. 30 元和 0. 40 元，仅差额部分就增收 1. 7 亿元。在 2010 年，世界餐饮巨头肯德基、麦当劳等的全球供货商、美国 OSI 集团在中国设立的独资企业——福喜公司落户乳山，当时美国 OSI 集团公司总裁 Sheldon Lavin 说：‘我们选择在乳山建设中国最大的肉鸡供货基地，主要是因为他们在中国首推农产品质量安全区域化管理模式，将安全管理范围由出口农产品延伸到了行政区域内农、牧、渔所有农产品，用这里生产的粮食作为原料养殖肉鸡很安全。’”

全面推行：乳山试点成功之后，可以说带来了连锁效应。2009 年 4 月，威海市委市政府就要求在威海全市范围内推广出口食品农产品质量安全示范区建设，把管理范围由出口基地、县级市扩大到全市，把领域由蔬菜拓展到粮食、蔬菜、水果、畜禽等所有农产品，把管理从陆地延伸到海洋，因为不能光让好的农产品都出口，而不合格不安全的农产品留给国内老百姓，这肯定是不行的，所以威海市在示范区建设初期就要求不管是出口的农产品还是在国内销售的农产品都必须一个标准来生产，即“一个标准、两个市场”，从而实现区域全覆盖、品种全覆盖和空间全覆盖，威海示范区建设开始驶入了“全面覆盖、全程管理、全民共享”的快车道。

持续改进阶段：2009 年和 2010 年，全国出口农产品质量安全示范区建设工作会议在威海召开，对“威海经验”进行了总结推广。取得成功的威海并没有放缓脚步，他们在认真回顾总结的基础上，不断完善措施，深化管理。近年来，建立完善了一系列规章制度，实现了农产品质量安全管理的常态化和长效化。加大科技投入，整合各类资源，建设了信息化监管平台、检验检测平台和电子追溯平台，提高了监管的能力和水平。注重扩大基地规模、建立国际标准、创树知名品牌、推动企业认证等，提高农业的现代化程度。通过一年一度的世界食品博览会，集中展示全市的优质农产品；积极推动与大型连锁超市开展“农超对接”，拓展农产品产销渠道，助推企业拓展国际、国内两个市场。经常举办相关农业法规、食品安全法规和农业技术培训班，不断提高企业和农民群众的诚信意识、法律意识和管理水平。2015 年 10 月国务院食品安全委员会在威海召开现场会，向全国推广了“威海经验”。

“曲局长，请您介绍一下威海市在出口农产品质量安全示范区建设方面所取得的经验吧？”我问。

“好的，这些年威海的农业发展得很快，2011 年，威海市被授予山东省首个‘出口农产品质量安全示范市’称号；2016 年 12 月，威海市整建制被认定为‘国家农产品质量安全市’。2017 年 6 月，威海市被授牌命名，正式成为首批国家食品安全示范城市，所以我们威海市成为全国唯一的整建制创建为国家食品安全示范市和国家农产品质量安全市的城市，这是令我们每一个威海人引以为豪的事情，所以我们也觉得好的东西要大家共享。所以前一段时间我们自己也总结了一下我们这些年所做的工作，之前发给您的那份材料上也做了介绍，总的来说威海经验概括起来主要包括 9 个方面的内容，我介绍的时候大家可以随时做补充啊！”曲局长笑着对大家说。

- **威海经验之一——重组监管体系，形成区域化管理运行机制**

“我们知道建立一套完善的、权威的、行之有效的组织管理体系在出口农产品质量安全示范区建设中是尤为重要。当年的威海市委书记王培廷曾说，‘我们为官一任、主政一地，连老百姓吃饭的安全都保证不了，我们愧对党和人民的重托与厚望’。应该说就是因为这样高度的认识和战略远见，威海市才能够把农产品质量安全作为政治责任和刚性任务来抓，作为各级党委、政府一把手工程，迅速展开。市政府与各市区政府（管委会）签订了《出口农产品质量安全区域化管理责任书》，每半年对各市区的该项工作进行定期考核，并将考核权重由原来的 8%提升到 10%，是所有经济指标中最高权重的考核指标。各市、镇、村也都层层签订责任状，逐级落实责任，形成了一级抓一级、层层抓落实的工作机制。在管理体系上，威海经验就是实现‘全方位’和‘全覆盖’。市级层面成立了由市领导任组长，各市区和检验检疫、农业、海洋、林业、商务等 14 个职能部门参加的领导小组。同时，细化各有关部门的工作职责，建立联席会议制度，加强信息沟通和工作联动。各区市成立农产品质量安全管理工作领导小组，设立了专门的有机构编制的办公室——农安办；各镇街设立了质量安全管理站，各村设立了农产品质量安全协管员，建立了市、县、镇、村四级联动、全面覆盖的行政监管网络，并做到了专业执法队伍建设到位、经费保障到位、专业执法装备配备达标。食品安全监管成为在政府领导下，多部门联动、社会广泛参与的系统工程。加强跨部门合作和跨区域协作，成立‘农安、食安、公安’三大系统联合协作办公室，实行‘联席、联勤、联动’，有效提升联合执法效能。继乳山之后，威海市再次选派 3 名业务能力强、工作水平高的检验检疫干部到荣成、文登及环翠区挂职担任副市（区）长，专职协调、指导区域化建设。”曲局长介绍道。

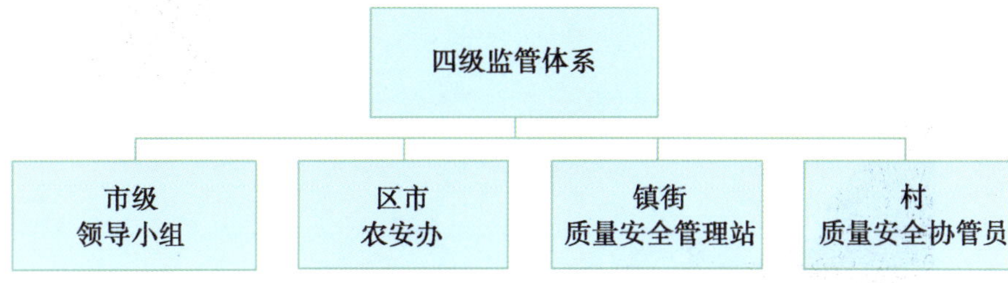

威海市农产品质量安全四级监管体系

- **威海经验之二——强化源头治理，严控农业化学品违禁滥用**

“在农化投入品管理方面，一是严格准入，明确农资经营范围。”曲局长继续说，“在国家禁用农药名录之外，全面禁止储存、销售 54 种高毒农药、国家限制使用农药，杜绝因滥用高毒农药导致的农药残留问题；将国际市场禁用农药一体纳入整治范围，消除出口、内销产品‘双重标准’问题。所有进入威海的农资必须到农安办备案，同时全面落实农兽药经营告知制度，未向主管部门和用户告知的农兽药严禁上市销售。二是信息监管，实现农资全程追溯。建立‘农资可追溯监管平台’，对进入市场的最小包装农资产品赋予追溯码，为所有农资店配备农资‘一卡通’设备，为所有农户办理了会员卡。农资店在销售农资时，通过刷会员卡、扫描追溯码，信息平台自动记载购买时间、产品名称、数量、规格、销售去向等内容，实现了农兽渔药销售 100%质量有保证、100%信息可查询、100%流向可跟踪。三是闭环销售，堵住外来农资入口。威海在全市设立 76 家配送中心，通过配送中心对外采购农资，向农资销售单位供货，实现了农资‘一个关口进入、一个管道流出’的闭环式销售。四是依法整治，有效提高依法监管效率。组织执法人员对辖区内农业化学投入品销售渠道进行经常性的集中清理整顿，先后开展了化学品质量安全专项整治月、规范农资经营执法月、乙草胺专项整治、农资打假护农、饲料专项整治等行动，坚决杜绝违禁高毒农药进入市场。我记得乳山好像有位农户因违规使用高毒农药而被治安拘留过？”曲局长问乳山市农安办孙主任。

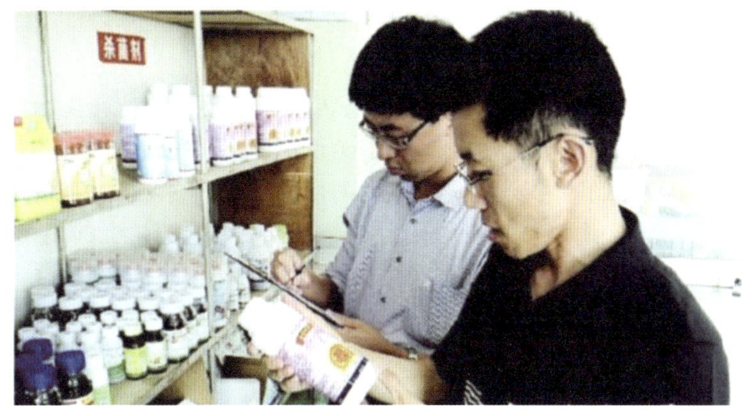

威海乳山市农安办工作人员在农资店检查销售的农药

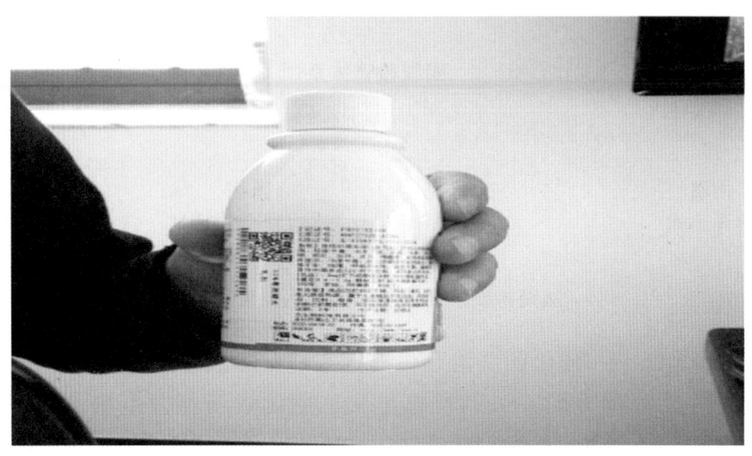

农药瓶上的二维码

"确有此事。"乳山农安办主任回应道，"2011 年的时候，有位农户因违规使用禁用农药 1605 被举报，乳山市农业综合执法大队依照国家《危险化学品安全管理条例有关规定》将其移交公安部门治安拘留了 7 天，这在威海尚属首例，给广大的农药生产、经营和使用者巨大的警示，让他们真正知道违规生产、销售、使用禁用农药是违法行为，一经查处绝不姑息。"

"在示范区建设初期，我想很多农民手中应该还有留存的高毒农药，咱们怎么处理呢?"我问道。

"威海市要求当地政府出资买药，与农民'等价交换'，既不让老百姓赔钱，又达到禁药目的。治理农业化学投入品，威海并不是简单的一'禁'了之，既要做到令行能禁，又要体现民之所愿。"威海市农业局的相关负责人回答道，"而且我们威海市突破国家限制标准，制定了高于国家标准的生产标准。在推行标准化生产中，没有机械地照搬国家标准和地方标准，而是从国外市场要求出发，参考国际标准制定生产标准。比如说乙草胺、福美胂是国家限用农药，在威海则是全面禁止销售使用的两种农药。由于威海的这些创新举措源于超前实践，代表了行业发展方向，与之相关的国家标准和专项法规均先后做了调整。"

"我以花生为例再说一下吧。"上一位发言人话音未落，一位花生出口企业的负责人说，"威海市花生主要出口日本，出口量占全市花生出口总量的 95%以上。同时，日本大粒花生 100%来自山东省，其中 90%以上来自威海市，这是因为威海的花生不仅口感好，而且甜度高，很受日本人的青睐，当时乙草胺在国内花生上的使用是很普遍的，但日本肯定列表制度实施之后，威海的花生因为乙草胺农残超标被通报了很多次，甚至一度暂停对花生的进口。于是当时乳山市就提出全面禁止使用乙草胺，但国家是没有做出这样严格要求的，所以也曾有人质疑乳山市的这种做法是否合法合规，甚至有人提出能否出口的花生不用乙草胺，但针对国内市场的花生是可以用的，但当时乳山市政府态度很坚决，认为国内国际两个市场要一个标准，所以力推全面禁止使用乙草胺，用异丙甲草胺来代替，后来就在整个威海就推开了，所以威海市从 2008 年全面禁止乙草胺以来，花生没有因为乙草胺农残超标被通报过，按照一个标准两个市场，既保证了国内的食品安全也做到了国外出口安全，我们出口企业和普通的老百姓都从中受益。”

这时在场的乳山华龙食品工业有限公司的一名负责人还给我们讲了一个小故事：2008 年 9 月 2 日上午，日本龟田公司购买部部长田中先生一行抵达乳山。此行他们有一项很重要的任务，就是考察乳山华隆所属的花生种植基地的产品质量情况。到达乳山后，田中先生立即提出要上田间地头看看。在徐家镇吴家屯村，田中一行没有看地里花生的生长情况，而是在地间、河沟边到处转悠，似乎是在找什么，转了很久，田中先生才告诉陪同的华隆公司副总经理林振刚，他非常满意，因为他没有看见一个禁用农药的包装袋或是药瓶。从前，龟田公司每年都要派出购买部的负责人赶赴乳山对花生原料进行 4~5 次的质量检测，2009 年以来，取消了这种“飞行”检测。其实这就是农产品质量安全区域化管理带来的新变化，日本客商通过实地考察，对整个乳山区域内的农产品质量非常放心。

● **威海经验之三——严密检测监控，确保农产品全链条质量安全**

“严密的环节质量控制，是农产品质量安全的重要保证。”曲局长说，“近几年，威海市逐步加大财政投入，整合各类社会资源，建立健全了严密的环节质量控制体系。一是检验检测体系。过去，威海市由于检测设备落后，很多指标无法检测，质量标准受制于人，造成很大被动。所以在示范区建设开始，威海市首先投入 1.2 亿元，建成了一个国家级检验检疫中心，实现了农产品、水产品、林产品、畜产品和食品全覆盖。这方面财政局应该更为清楚。”

威海市国家级农副产品检测中心

“是的，我来介绍一下这方面的情况吧。”威海市财政局的相关负责人接着说，“威海市财政局从开始创建农产品食品安全示范区时就设立了专门的资金，重点支持农产品质量安全检验检疫系统、冷链系统、品牌建设以及电子商务平台的建设。比如说我们从中央一次性拿到了 2 500 万资金支持肉菜流通追溯体系建设，对涉及农产品的九大子系统以及340余个节点进行了统一的建设。在比较大型的超市都给上了追溯软件，如果你到家家悦超市购买肉类、蔬菜时，超市打印出来的购物小票上，除了显示重量、价格等信息外，还有一个20位的追溯码和一个二维码，你只要拿出手机扫一扫包装上的二维码标贴，手机上立即显示出肉菜的整个流通过程和相关食品安全信息，包括肉类蔬菜的产地、配送、零售门店以及检验检疫等一连串的信息。"

"有了这个追溯码，我们就清楚地知道肉菜是怎么来的了!"我回应道。

"是的，这样顾客购物就更放心了。"

"刚才您谈到了冷链系统的建设，相对于发达国家而言，我国的农产品冷链流通率还是比较低的，比如果蔬类的通腐损率能达到20%~30%，这对我国的农产品质量安全是非常不利的。"我补充说。

"的确如此。所以从2016年开始，威海市成为中央财政支持冷链物流发展的10个示范省市之一，中央给予了1 500万元的资金支持，主要应用于标准化托盘、GPS监视器、冷链车的制冷系统等。以威海的无花果为例吧，在威海，无花果的栽培历史有100多年，无花果不仅具有很高的营养价值，而且富含硒元素和苯甲醛等抗癌物质，被誉为水果中的'抗癌明星'。"

"没想到无花果营养价值这么高!"我感叹道。

"所以我们威海人都有强健的体魄。"财政局的这位负责人笑着继续说，"每年夏天，我们威海市民几乎天天都买无花果吃，这俨然成为一种习惯。目前全市的无花果种植面积达2.13万亩，产量1.84万吨，种植规模和产量均居全国首位。但无花果不易保存，原来每到无花果丰收的季节，很多无花果都因为冷链运输不发达无法大批销到外地而烂在树上。从2016年威海成为冷链物流发展的试点之后，采摘下来的无花果以最快的速度送上冷链物流车，不出10小时，新鲜无花果就会出现在济南、德州等地的各大超市中，让全省人民都能吃上产自威海的'抗癌水果'。"

这时，在场的各位都纷纷笑起来，我喜欢这种座谈会的氛围，轻松而又热烈，大家无拘无束，畅所欲言。

"刚才谈到了严密检测监控中的第一个体系——检验检测体系，第二个体系就是质量追溯体系。"曲局长继续介绍说，"目前威海市所有生产企业、合作社和生产大户均建立生产过程电子档案，为农产品建立信息身份证，保障产地准出和市场准入的衔接机制有效运行。比如说荣成市通过建立'追溯宝'云服务平台，可以追溯包括基地、耕种、施肥、用药、采摘、加工、监测、包装、流通等全链条的产品生产信息，一旦产品出现问题，可随时定向召回。第三个体系是风险管控体系。结合'智慧城市'建设，整合农业、海洋渔业、畜牧、食品药品监管部门所属的农资信息化监管平台、'e通'动物卫生监管平台、餐饮电子监管平台、海水增养殖在线监测系统等信息平台资源，构建统一高效的'智慧食安'监管平台，实现了食品安全信息的互联互通和资源共享，实现了对农产品质量的日常监测。"

● 威海经验之四——扶持基地发展，提升农业现代化生产水平

"农业生产基地建设是农业现代化发展的重要途径，而标准化、规模化、专业化是基地建设的基本要求。"曲局长说，"威海市按照'统筹两个市场、以出口引领内需'

威海街头随处可见的“抗癌明星”——无花果

全国食品安全宣传周商务部主题日活动暨重要产品追溯体系建设现场会在威海举行

的目标，尽可能采用国际标准制定生产标准，先后围绕无公害农产品生产、生态环境建设和农产品出口等，制定了 130 多项生产、加工、储运规程和地方标准。鼓励扶持龙头企业与农户、养殖户、合作社联合建设标准化生产基地、全面推行标准化生产。目前已创建现代海水养殖、海洋食品加工等 4 个国家级产业技术创新战略联盟，建成 50 多处生态循环型现代渔业园区，‘三品一标’认证面积占食用农产品产地面积达到 60%以上，规模养殖场获得无公害认证的比率达到 80%以上，认证水产品面积占养殖面积达到 70%以上。对海参、果业、西洋参等大宗特色产业，成立行业协会，创建了国家工程实验室、国家技术中心和院士工作站，正在争取行业标准上升为国家标准。各市区采取措施，扶持基地提质升级。2009 年，荣成市实施了农产品认证（认定）及农业标准化基地奖励办法，鼓励开展农产品认证和标准化基地建设。对当年获得无公害农产品、绿色食品、有机产品认证和地理标志产品保护认定的以及当年建设的符合验收标准的农产品标准化生产基地，均可申报一次性奖励，以此加大对农产品认证和农业标准化基地建设的扶持力度，提高全市优势农产品的质量和效益。环翠区按照‘十有’标准开展基地建设，所有基地有认证标识、有检测设备、有生产记录、有操作规程、有追溯制度、有专家指导、有网络设施、有质量管理制度、有农超对接，有质量负责人。全区标准化生产基地总面积达到 24 000 亩，占全区农业生产面积 70%以上。”

“威海市各市区普遍推行了‘公司+基地+标准化+品牌+市场’‘基地+农场+标准化+品牌+市场’‘基地+农民合作社+标准化+品牌+市场’或‘农民合作社+基地+标准化+市场+品牌+市场’的生产管理模式，实行同一品种、同一农业化学品供应、统一采用国际最高标准、统一质量检测、统一收购销售的‘五统一’运作规范，实现了基地生产管理的标准化、集约化和规模化。通过扶持农民合作社发展，将农户组织起来连片建设基地，实行农资供应、技术指导、生产管理、质量检测和收购销售‘五统一’，大大提升了标准化生产水平。文登区依托宋村家家悦农副产品加工交易中心成立了龙惠蔬菜专业合作社，下设社员事务服务中心、质量安全服务中心、技术培训服务中心、农资供应服务中心和财务结算服务中心，配套微机、农药残留速测仪、土壤分析仪和恒温箱等检测设备，广泛吸纳蔬菜种植大户参加，基地种植面积发展到 148 万亩，农户通过合作社每天销售蔬菜 50 多万斤。截至目前，该市农民专业合作社已达到 3 460 家，入社社员 17. 3 万户，土地流转面积 90. 3 万多亩。出台了《农民专业合作组织星级管理办法》，对合作社实行‘星级评定’管理，鼓励引导合作社提升生产服务、管理质量和经营质效，逐步提高经营门槛，推动农民向规模大、效益好的‘星级’合作社靠拢，加快农业生产由分散经营向规模集中转型，由承包单干向互助协作转变。目前威海市已建成市级示范合作社 244 个。”

荣成市华峰果业的苹果可追溯基地

● 威海经验之五——培植龙头企业，打造农产品市场竞争优势

“龙头企业是连接市场与农业的关键环节，对农业调整产品结构、规模化、集约化经营、由小农经济向现代订单农业转变具有积极的带动作用。”曲局长说，“威海市通过培植出口龙头企业为核心，培育出一批具有较强市场竞争力的出口企业群体。一是重点扶持和培育一批产业关联度大、技术水平高、国际竞争力强、带动能力强的农产品出口龙头企业。2016 年，出口过千万美元的农产品出口企业达 46 家。二是加快企业‘走出去’步伐。鼓励有条件的龙头企业，积极开展对外经济技术合作，到海外投资兴办农产品加工项目或贸易营销机构，目前有 10 多家企业‘走出去’开展农产品种植、养殖捕捞和加工业务，大型农产品批发市场 16 家，家家悦连锁超市 300 余家。三是积极开展农业招商引资。相对内资企业而言，三资企业具有市场、技术和管理等优势。近年来，威海市充分利用地缘优势，加大了农产品种植、加工企业的招商引资力度，引进了威东日食品、佳康食品等一大批种养殖和食品加工企业，并在省外经贸厅的大力支持下，启动了新加坡—乳山‘无疫病食品区’建设。三资企业已成为农产品出口的主力。”曲局长说。

文登区帮助德正乳业成功申请了 5 000 万元财政贴息贷款，采取企业统一提供养殖场所、统一生产标准、统一供应饲料、统一原奶收购和吸纳农户集中养殖的模式，建设大德牧业等 4 处标准化奶牛养殖基地，养殖规模达到 1 万多头，为企业提供优质稳定的奶源支撑，推动德正乳业跻身山东省一流乳制品加工企业。成功促成了威盛食品与日本最大的花生制品企业——传六公司合作，与 49 个村签订花生收购合同，带动群众发展花生基地 7 万多亩。

• 威海经验之六——搭建展交平台，引领企业拓展市场空间

“从 2010 年到 2017 年，威海市已连续举办了 8 届‘威海国际食品博览会’。2017 年 6 月 16—19 日，山东出口食品农产品质量安全示范省成果展暨第八届威海国际食品博览会在威海举办。这次展会的规模是空前的，前来观展的公众达 15 万人次，现场销售额约 3 000 万元，同比增长 10% 以上；达成意向订单量约 16.5 亿元，同比增长 9.2%。”曲局长介绍道。

第八届威海国际食品博览会现场

“除了企业自主参加各种食品展交会、举办产品交易会外，我们乳山市由政府出面组织同行业企业集群参展，并补贴摊位费用。先后组织参加了巴黎国际食品展、日本国际食品与饮料展销会、莫斯科国际食品展览会、中东国际食品展、泰国食品博览会、海峡两岸食品展览会及国内各种食品展交会等。通过这些展会，企业、产品的展示平台高了，展示机会多了，市场空间被急速放大。”乳山市农安办主任补充说。

- **威海经验之七——加强环境保护，维护好农产品质量安全自然生态**

“‘环境优先、生态立市’是威海一以贯之的执政理念，‘决不以牺牲环境为代价换取一时的发展’也是历届威海党委、政府的共识。有污染项目一个不批，不达标企业坚决下马，环保基础设施必须向国际标准看齐。严格的环境保护措施，终于屏蔽了‘GDP 魔咒’，为我们威海市的百姓留住了纯净的阳光、沙滩、海水和空气。1 000 多千米海岸线，自然保有率高达 66.8%；市域森林覆盖率 42.2%，良好的自然生态已经成为威海最亮的城市名片，第一个国家级卫生城市、第一个国家环保模范城市群等多项桂冠，就是对这种执政理念最好的褒奖。”曲局长自豪地说。

“的确，好土壤好空气好水分才能孕育出好物产，只有最佳的生态环境才能培育出最安全的农产品。”我回应道。

“是的，这也是我们威海市打造‘食安威海’的根基。威海以生产、生活、生态‘三生共融’的理念，抓好经济发展的同时，开展农村环境综合整治、城乡环卫一体化和农村环境保护‘三大行动’，全面、系统、深入、有效地改善了农村的生态环境。近几年，持续不懈地开展河道整治行动、农村环境综合整治行动、农村环境保护行动、城乡环卫一体化行动、植树造林绿化行动五大行动，加强农村环境保护。在威海，‘户保洁、村收集、镇运输、市处理’的一体化处理模式，已经实现了城乡全覆盖。”

“城乡环卫一体化是城乡一体化建设的重要内容，在咱们威海的农村，垃圾和污水的处理具体是怎么实施的？”我问。

“以我们荣成为例。”荣成市农安办的丛主任接着说，“在城乡环卫一体化上，我们荣成市可以说投入了真金白银。首先投入 12 亿元建设环保设施，全市城乡垃圾、污水处理率近 100%，海水质量达到近一类水质，彻底解决海产品贝毒和重金属超标问题。每年还要投入 1 亿元，作为城乡环卫一体化管理运行经费。在村级层面，我们荣成市按照每 100 户 1 人的标准配备专职保洁员及清运员，光这支队伍人数就接近 3 000 人。垃圾处理方面，每天早上农民只需将自家垃圾袋放在门口，过一会儿便有保洁员将垃圾收集起来，放入村头的地埋式垃圾箱。上午，镇上的垃圾车准时将垃圾清运到镇上的垃圾站，压缩打包后送往市垃圾处理厂统一处理。污水处理方面，农村都修了和城里一样的下水道。农户家厨房、洗涤、洗澡、冲厕的水，和周边几十户邻家的一起，通过管网汇集到街头的小型污水处理器里进行处理。处理后的水几近透明，没有臭味，出水再经沉淀、消毒，达到一级 B 标准，养鱼都是没问题的。”

“另外，我们乳山市还为解决农业面源污染问题，特别是化肥过度使用带来的危害，引进上海综宝环境工程公司投资 1 亿元在乳山建设有机肥料厂，该厂生产的有机肥以作物秸秆为原料，产品显碱性，pH 值为 8.2，结合测土配方施肥项目，在全市大力推广使用，从根本上杜绝因土壤酸化导致的农产品质量不合格问题。”乳山市农安办主任说。

● 威海经验之八——推进诚信建设，把诚实守信变为农民群众自觉的行为规范

“我们威海话有句口头禅叫‘别熊（骗）人’，意思就是做人要守信用，讲诚信。”曲局长继续介绍说，“在推进示范区建设的历程中，无论是政府部门、企业还是普通的农民，都在秉承着‘人无信不立，业无信不兴’的优良传统。全面建立四级信用分级体系，及时发布食品和农产品安全‘黑名单’，并与土地、融资、审批、政策扶持等挂钩，让违法违规企业‘一处失信、处处受限’，倒逼企业诚信、守法经营。同时，通过‘农产品质量安全监管及产品追溯培训班’‘放心农资下乡进村宣传周’‘农产品质量安全及农资识假辨假宣传活动’‘食品安全宣传周’‘3.15 消费者权益保护日宣传活动’、《中华人民共和国食品安全法》宣传教育活动等，营造社会舆论氛围，增强人们的诚信意识，在全社会广泛形成了诚实守信的良好风气。在这方面，荣成的泰祥集团就给我们树立了一个好榜样。”

在座谈会上，我了解到泰祥集团是威海一家著名大型食品企业，主要生产对日本出口的食品。2011 年，出口日本的 400 多吨食品被检出有农药残留，悉数退回国内。这是企业按国家标准生产的，按理说可以“出口转内销”。泰祥集团董事长于建洋说：“外国人不能吃，中国人更不吃，咱丢不起那人！安全不是最高标准，而是最低底线；我们不应把食品仅作为一种产品，而应作为一份责任和使命。”于是毅然决定将价值 1 000 多万元的 400 多吨食品全部销毁。当时很多人都流下心疼的泪水，但同时也让每个人都刻骨铭心，公司还将销毁现场拍摄成视频录像，每年都要在员工例行培训大会上播放，还把现场建成质量教育基地，每年围绕质量开展演讲、技术比赛等活动，让广大员工把“诚实守信”牢牢地印到了脑海里，把“做安全食品”深深地刻到骨子里。而泰祥集团也成为“重质守信”的代名词，在广大客户和消费者心中树起了一座标杆。从此，泰祥集团成为威海的一面旗帜，成为中国出口企业“诚实守信”的范例，从而赢得外国进口商的信赖和赞许，出口订单纷至沓来。

泰祥集团董事长于建洋讲述“重质守信”的含义

● 威海经验之九——搞好宣传培训，提高全社会的质量安全意识

“我们都知道，农产品质量安全管理是一项专业性很强的系统工程。”曲局长喝了口水，继续缓缓地说，“可在基层，真正懂得农药使用、标签管理的人很少，经销者、使用者包括农业技术人员，往往对农药的成分、用量、使用期限不了解，更何况农药生产企业套牌套号、标签标识不规范等问题普遍存在，致使一些不规范甚至被禁用、限用的药品还在市场泛滥，农户们无从识别，农药经销商也大多不具备相关知识，更谈不上对购买者的指导，形成了农产品质量安全链上的巨大漏洞。要堵住这个漏洞，仅靠严格的管理、严明的执法还不够，还需要从增强经营者和使用者的自身意识和能力入手，提高全社会的质量安全意识。威海把宣传培训工作摆上了日程，与区域化管理工作同步展开。首先，广泛发动干部群众到集市、广场、小区、农户，发放宣传资料，进行口头宣传。其次，举办不同层次、不同对象的集中学习培训。乳山市对全市 400 余家农资经销店的经营者、出口企业和涉农企业管理者、生产组织管理者进行了集中培训。该市 15 个乡镇（办事处）的 1 480 余名机关干部、农技人员及农村两委干部也接受了轮流培训，还对工商、质监等部门执法人员进行了业务培训。最后，通过电视台、远程教育网等形式，进行专题讲座。我还记得当时你们乳山还做了一个 6 集的专题片，用很通俗的语言、大量的图片和案例教给农民如何进行标准化种植、农药如何科学使用等，效果非常好。”曲局长提醒道。

“是的，当时的专题片在乳山电视台黄金时间反复播出了好几个月，还通过发放明白纸、制作宣传栏等各种途径大力宣传，示范区建设可以说深入人心了，有些农民对还其做了总结：示范区建设就是让我们农民种出绿色蔬菜，高毒剧毒违禁农兽药坚决不能使用。农民的话说得很朴实但是很准确。”乳山农安办主任补充说。

威海市经区举办农药经销人员培训班

“以上 9 个方面应该说比较全面地总结了威海市在出口农产品质量安全示范区建设过程中的经验，我们在这历程中也走过弯路，有过曲折，但在各部门的有力配合下，应该说我们取得了很大的成就，我们也期盼着，‘威海经验’能为各地政府、部门、企业和社会提供有益借鉴，让中国农产品终将成为世界‘信品’的代名词!”曲局长充满信心地说。

两个多小时的座谈会很快就结束了，中午我们简单吃了午餐，我依然点了我最钟爱的海带面，午餐之后我们就直奔乳山和荣成去了解示范区建设的情况。在去乳山的路上，我丝毫没有睡意，仔细回味上午座谈会上大家热烈的讨论，又仔细研读了有关威海市示范区建设的相关材料，深深地体会到威海市在食品农产品质量安全上从绝境到走出现在这样一条康庄大道，体现了威海当政者“人民利益至上”的无畏担当，体现了农业、农村、农民对创新管理的深切呼唤，也体现了威海人民勇于实践、敢为人先的时代风范。十年风雨兼程，为威海，也为国家，留下许多历史性的足迹和沉淀……

七、曲径通幽——曲径教授谈“乳山模式”①

第一次去威海调研的时候，就听到了很多关于曲径教授在乳山示范区建设中的很多故事，敬佩之情油然而生，所以一直想去当面采访曲教授，后来偶然得知他目前人在成都，因为时间的关系，我不能前往成都面对面对他进行采访，所以我与曲教授通电话，向他征求意见能否通过网络视频的方式进行采访时，他爽快地答应了我的请求。

曲径通幽

- **特殊的见面**

在一个风和日丽的下午，我斟上一壶清茶，打开窗，拿起笔和纸，通过网络视频的方式联系上了远在 1 600 千米外的曲教授，开始了一次特殊的采访。令我感到非常欣慰的是在近两个小时的采访过程中，视频的音质和画面都非常的清晰流畅，没有丝毫的断片，我由衷地感激网络给我们的生活、工作和交流带来的便利与快捷。

“您好，曲教授，非常高兴能通过这种方式跟您见面！”我首先打招呼。

---

① 采访人：孙庆珍；采访时间：2017 年 12 月 6 日。

“您好，认识您也非常荣幸！”曲教授也热情地回应。

从曲教授事先发给我的他本人的简历中得知，曲教授1982年毕业于四川农业大学，近30年来一直从事动植物、农副产品和食品的检验检疫工作，对食品、农产品的质量安全控制有着丰富的实践经验和深入的理论研究，曾任山东检验检疫局第一届和第二届科技委动植物检验检疫专业委员会委员、中国质量认证中心HACCP食品安全管理体系审核员、威海出入境检验检疫局学科带头人，于2008年3月至2010年6月在乳山市挂职副市长，是国家认证认可监督管理委员会食品卫生注册主任评审员，而且从2003年至今一直担任哈尔滨工业大学（威海）的兼职教授，共发表学术论文数十篇，并著有《食品卫生与安全控制学》（2007年）、《食品安全控制学》（2011年）等著作，是一位名副其实的学者型领导，所以大家习惯称呼他为曲教授。

曲径教授

“曲教授，您的名字很特别，能介绍一下其中的含义吗？”我好奇地问。

“好的，其实很多人都问过我同样的问题。曲径，顾名思义就是曲径通幽，曲折迂回的小路，父母当时给我起这个名字大概就是想让我知道人生的路不可能是一路坦途，所有的成就都需要经过曲折和坎坷才能最终获得，即曲径通幽。”曲教授意味深长地回答。

“这段话实际上可以作为我们每个人的座右铭。”我说。

曲教授点头赞同。

“曲教授，我知道乳山市早在2007年就开始搞示范区建设了，当时我国的食品质量安全状况是怎样的？”我问道。

“说来话长。”曲教授喝了口茶，思绪仿佛一下子回到了十多年前，“那时候，我国的食品安全问题开始受到重视，我们中国人千挑万选出来的、我们自己都舍不得吃的高质量的农产品出口到日韩、美国、欧盟等国家或地区时却被检测出有严重的质量安全问题，农药兽药残留超标，一时间我国很多农产品在国外被下架销毁，很多只做出口的企业资金要不回来，没办法生产，工人解散、企业倒闭现象时有发生。在2008年奥运会时期，很多国家的运动员代表队们都从自己国家直接带来农产品进行加工，而不吃中国提供的产品，尽管奥运会期间我们国家做了种种努力，保证运动员们的食品质量安全，但仍有很多国家并不信任我们。同时这一系列食品安全问题的出现也让我们国家自己的老百姓对我们的农产品食品也心存疑虑和恐惧，当时我国的食品质量安全问题用‘形势非常严峻’来形容一点也不为过，真的是到了一个非抓不可的程度。”

“从没有哪个时代，能比我们所处的这个时代物质更丰富多彩。同时，也从没有哪个时期，能比我们所面临的食品安全问题最为揪心紧迫。应该说我们国家在成功地摆脱了‘不够吃’的大问题之后，今天的我们亟待破解‘不敢吃’的新问题。”我深有感触地说。

“是的，60多年前的农业生产方式，基本是一种自然生态生产方式，那时，农产品食品是在自然生态环境中生长的，与之相比，今天的农业注重化学投入品，人们日常食用的食品，已经是具有现代科技内容的食品了。农业生产技术和食品加工技术的开发应用，为人们提供了比以往任何时候都更加丰富多彩的食物，满足着食用者对食品色、香、味、形的不同嗜好，储藏也变得方便起来，改变了人们传统的消费习惯。可以说，没有现代生物工程技术和农业化学投入品这些新技术的应用，就没有现代农业；没有食品添加剂，就没有现代食品加工业；没有现代食品包装贮藏技术，就没有现代食品的流通新格局。同时，人们也忧虑地发现，人类的一些疾病与人们所食用的食物密切相关。”曲教授继续说，“党中央也密切关注到了这个问题，于是2005—2007年国家质检总局对出口农产品按照‘谁检验检疫，谁承担责任’的原则对多个分支机构的局长副局长、科长副科长等都做了不同程度的降职撤职等相关处分，说实话当时被处分的人员在感到丢脸失职的同时也感到很冤枉，因为毕竟检验检疫部门不可能对所有的农产品都进行检测，只是进行抽查。而绝大多数农产品质量安全问题是在田间地头养殖场的种养殖过程中产生的。”

“由于我国实行分段监管为主、品种监管为辅的食品安全监管模式，决定了对于出口食品农产品存在的农兽药残留、禁限用药物的非法销售和使用、允许使用药物的滥用、重金属等环境污染物质、黄曲霉毒素、非食用添加物质、非法使用添加剂以及滥用添加剂等问题，单靠检验检疫一个部门不可能完全解决，而且当时我国在食品安全方面的法律法规确实很不健全。”我插话道。

“当时不光是不健全，应该说是很欠缺的，在《中华人民共和国农产品质量安全法》颁布以前，只有一部《中华人民共和国食品卫生法》，而‘卫生’二字要求是比较低的，比如水不能喝生的、饭前便后要洗手、食物做熟了再吃等，卫生主要解决的是微生物污染的问题，说实话即使要求这么低很多部门和企业也没去贯彻落实和执行。所以当时我们认为国外相关的食品质量安全的法律法规这么严格是因为他们是资本主义发达国家，而我们是发展中国家，我们能解决13亿人口的温饱问题就已经是很大的功劳了。”曲教授忧心忡忡地说，“当时我在实验室承担着科研任务的同时也在哈尔滨工业大学威海分校做兼职教授，给学生们讲食品安全课，那时候课本上的主要内容都是关于营养加工、保质期、如何便于运输及包装等方面的内容，关于食品质量安全方面的内容却比较少。”

- **走马上任**

“您当时怎么会到乳山挂职副市长呢?”我之所以这样问，是因为很难将曲教授这样一位与世无争的学者与副市长这个职务联系起来。

“应该说我是被当时的形势推到副市长这个位子上的。”曲教授娓娓道来，“刚才咱们谈到了我国的食品农产品质量安全问题，于是2007年8月开始我国进行全国食品安全专项整治，时任国务院副总理吴仪到各地视察食品质量安全问题。一开始说吴仪副总理也要到威海来视察的，所以搞得整个威海市都很紧张，生怕出什么问题，但后来不知什么原因吴仪副总理并没有到威海来，威海市各级政府部门紧张的心放了下来，但同时也在反思，应该主动出击改善食品质量安全问题！所以时任乳山市委书记傅广照以及时任乳山市委副书记、市长李洪义同志就找到威海市检验检疫局，想让我们去帮助他们解决乳山的食品农产品质量安全问题。一开始我帮他们制定了比较详细的《农产品生产质量安全区域化建设实施方案》，但过了一两个月之后乳山市就反馈这个方案在乳山推不动，走不下去了，并提议能否让我直接去乳山挂职副市长，主抓农产品食品质量安全问题。对于去挂职这件事一开始我是不同意的，一是因为我年龄也大了身体也不太好，在搞科研的同时也在哈尔滨工业大学做兼职教授，给学校好几个专业的本科生讲授食品安全这门课程，过得忙碌而充实；二是食品质量安全问题太复杂，牵扯的面也很广，各部门不一定能全力配合，同时在食品安全领域，要想全面做好，还没有法律基础、标准基础和行政基础，怕自己做不好。所以一开始我并没有同意，后来我们局长反复动员我，同时我也征求了在哈尔滨工业大学的教授朋友的意见，他们建议说别等着以后让学生们发挥作用了，让我现在就去发挥作用，争取能创建一个模式出来。其实真正打动我去挂职的还是乳山市委市政府对食品质量安全问题的重视程度，至今我还清晰地记得乳山当时的市委书记傅广照和市长李洪义与我谈话时对食品质量安全的担忧及抓好它的决心与信心，让我真实地感受到他们是真的想为老百姓干实事，我也被他们的精神所感动，就这样经威海市委组织部同意，2008年3月我就赶赴乳山挂职副市长，主抓食品质量安全问题。”

“那您走马上任后在乳山做的第一件事情是什么?”我问。

“在2007年全国进行专项整治的时候，山东省也行动起来，让各地自查有关农药市场的问题，但是从反馈的情况看，各地都没有发现农药的销售和使用有什么大的问题，但是我还是想亲自了解掌握基层的情况，所以在挂职副市长之前，大约是2007年5月到7月，我就打扮成农民去各地的农药店进行暗访。”曲教授神秘地回答。

“是吗?出于什么目的要这么做?”

曲教授看着我惊讶的表情，微笑着对我说：“其实想法很简单，就是想看看当时农药从销售到使用的管理现状到底如何?不光是乳山的农资店，荣成、文登包括威海环翠区的农资店我都去调查过。我打扮成当地的农民，去农资店说我想买某种政府已经明令禁止销售和使用的农药，结果却有个别农资店老板从柜子底下偷偷地拿出来卖给我。于是我就把情况上报给威海市人民政府、山东省人民政府及山东省检验检疫局，引起了不小的轰动，我也因此得罪了不少人，说实话当时压力非常大，有时也在想这样做到底值不值，因为我也不确定这件事情上报之后是否会引起重视。最终令我感动的是，威海及乳山市委市政府看了我的报告之后都意识到了事态的严重性，对此非常重视，同时对我的行为也给予了充分的肯定。这也是乳山市委市政府为什么要请我去帮他们抓农产品质量安全的主要原因。”

“这无疑增加了您做好食品质量安全工作的决心！也为以后工作的开展打下了结实的基础。”

“的确如此，俗话说良好的开端是成功的一半嘛！这让我信心倍增！”曲教授坚定地说。

● 全领域、全方位、全覆盖

“曲教授，我们知道，2008 年山东省政府在安丘召开全省示范区建设第一次现场会，总结了‘安丘模式’，2009 年又在乳山召开第二次现场会，推广‘乳山模式’，您能介绍一下‘乳山模式’的主要内容吗?”我问。

“‘乳山模式’以‘管理无盲区、投入无违禁、产品无公害、出口无隐患、百姓无担忧’为目标，面对联产承包责任制之后的千家万户，面对广大的种养殖业农民，在乳山行政区域内，全方位无死角的强力推进农产品质量安全管理，采取的一系列措施是非常有代表性的，而且效果显著，所以第二次现场会安排在乳山召开，当时山东省有 54 个县（市）参加，规模空前，当时的情形至今历历在目。”说到这儿，曲教授脸上立刻涌现出一种自豪而兴奋的笑容。

“具体来说乳山市在农产品区域化管理上采取的措施主要包括以下几个方面：一是政府主导，构建安全网络，通过全领域、全方位和全覆盖来实现管理无盲区。”还未等我提问，曲教授主动做起了解释，“全领域，就是跳出出口界限，将管理范围由出口农产品延伸到行政区域内农、牧、渔所有农产品。当时的乳山市委书记就强调：‘如果只在出口生产基地实施标准化管理，保障的只是部分群体。而国内的群众同样需要吃上安全的农产品。另外，也只有全区域实施农产品质量安全管理，才能更好地保障出口生产基地的产品质量安全。’正是在这种思路的引领下，将乳山行政区内每一块土地都纳入区域化管理范围内，让国内的消费者也能享受到高品质的农产品，从而实现国际国内两个市场，一个标准，尽管这一管理方式整治范围更大，整治任务更重，但能从根本上解决农产品质量问题，有利于从整体上塑造区域农产品的品牌形象，更好地保出口、保民生，使受益群体实现最大化。全方位就是建立无缝隙无盲区的管理体系。当时我去各个乡镇进行培训调研时就发现在食品质量安全管理当中分头管理、多头管理、谁管谁都不管的现象严重，责任不清。比如说某企业或农药店出现了问题，会有五六个职能部门去罚款，但是一谈到责任归属问题，谁也不愿意承担责任。而且经常出现这个管理部门来检查提出若干意见，另外一个部门来检查又提出若干意见，而且意见相左的情况时有发生，所以搞得很多企业或农资店不知道该听谁的，无所适从。针对这种情况，乳山市就把安全监管、工商等各个部门组织起来，从这些部门中抽调业务骨干，并把农业执法大队也合并进来，成立了专门的农产品质量安全办公室，简称农安办，后来乳山市委市政府又专门给农安办配备了编制，并招收专业人员实行集中化、流程式监管。同时，全市 15 处镇每镇都配备了 3~5 名专职管理人员，601 个行政村每村都确定 2 名村干部兼任农产品质量监督员，目的就是要把各处的农药店从进货渠道到销售记录全面管起来，要清楚镇里生产什么农产品、常年有什么病虫害及该用什么药都要筛选出来，那些该用哪些不能用，哪些要规范使用、安全使用，哪些以前用的现在不能用了，都要监管清晰明确。”

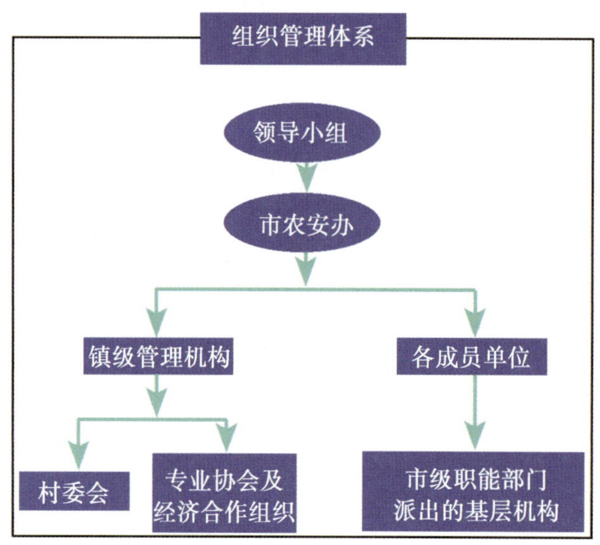

乳山市建立全覆盖的管理体系

“全覆盖就是把责任落实到每个机构、每个岗位、每个人身上，因为规范农资市场不仅是政府行为，村庄和企业也是主力军。对此，乳山市政府与村委会和企业签订了《农产品质量安全责任状》，通过行政行为和市场机制将三方联系在一起。规定凡不能完成责任状目标任务的，镇级取消评先选优资格，企业年终经济奖励降低一个档次，农村干部工资酌情扣减等，这些措施与各单位、各镇村的利益直接挂钩，从而保证各级监管的积极性，真正实现监管无死角，管理无断档。所以从管理无盲区这点可以看出乳山市委市政府对食品质量安全管理的力度和决心是相当大的，市委市政府的领导也在大大小小的会议上不断强调：‘让消费者吃上安全放心的农产品是我们义不容辞的责任和义务，坚决不让不合格农产品为威海的农产品形象抹黑。’如果没有政府部门从上至下的重视，没有科学、有效、系统的管理机制，单纯依靠执法部门的监督检查，显然是捉襟见肘，以往‘按下葫芦起来瓢’的食品质量安全事件就是明证。”

- **源头治理第一道关——市场准入关**

“您这个比喻非常恰当，乳山市从全领域、全方位和全覆盖 3 个方面很好地实现了管理无盲区，那在投入无违禁方面也就是强化源头治理方面具体做了哪些工作呢？”我进一步问。

“在区域化管理中只要抓住农业化学投入品这一‘牛鼻子’，就能产生‘四两拨千斤’的效果，从而实现投入无违禁这个目标。投入无违禁的主要内容，一是凡事食品安全标准和国家法律法规规定的禁止销售和使用的各类农兽渔药，都不得在乳山区域内销售；二是所有允许使用和限制使用的药物，必须按照规范来进行使用。为此我们做了大量的工作，其中也发生了很多故事，充满了曲折，现在想来好像没什么，但在当时乳

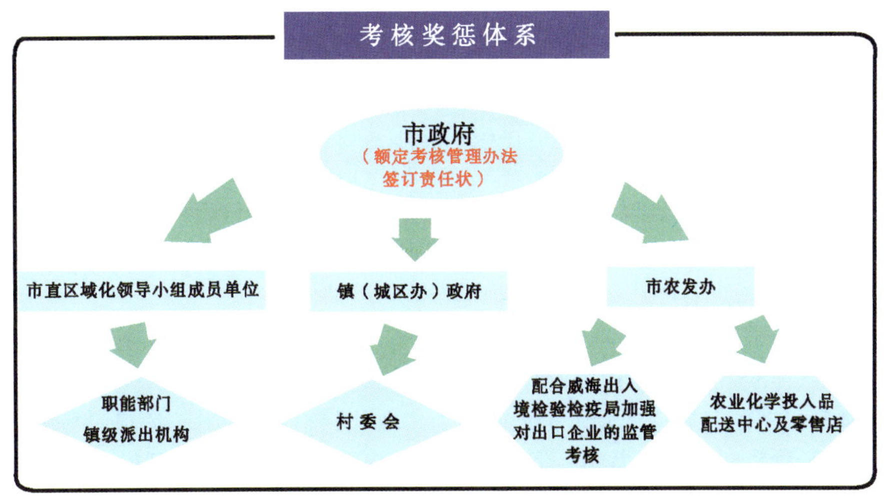

乳山市农产品质量安全考核奖惩体系

山市各级领导确实面临很大的压力，当然也包括我在内。”

这时曲教授的爱人倒了杯茶端过来，并向我点头致意，我这才意识到采访了一个多小时竟没有停歇，曲教授仿佛看出了我的歉意，他喝了口茶，笑着对我说：“没关系，我已经很习惯了，有时讲课中间也没休息，一讲就 2~4 个小时。”

我点头表示感谢，曲教授接着意味深长地说：“关于农业化学投入品的问题，我认为有两个问题必须搞清楚：一是我们 13 亿人口，农产品数量的满足度仍然是十分重要的。我们当今的农业生产也确实离不开这些当代科技的产物—农业化学投入品。二是农业化学投入品本身无所谓善恶，关键是你善用还是恶用。善用，它就是天使，为人类造福；恶用，它就是魔鬼，将祸害我们。所以我们就要依法依规做好农产品生产的源头管理。”曲教授对每个问题总是能给出深入浅出的解答，令我非常敬佩，我想这也是他多年从事科研和教学、多年和农民打交道养成的讲话风格吧，值得我好好学习。

“乳山农产品区域化管理在农化投入品管理方面做得还是相当成功的。为实现投入无禁区这一目标，乳山市重点要把好几道关。”曲教授继续说道，“第一道关就是把好准入关，堵住源头。为此乳山市 2008 年 4 月出台了《农兽渔药市场准入管理办法》，规定所有农药生产厂家要进入乳山市场，除了提供生产许可证、农药登记证、营业执照‘三证’之外，还要提供农药的完整详细配方，毫无遗漏地将各项成分标示出来，当然提供的配方我们是会为企业绝对保密的，最后还要提交书面的由法人签字盖章的质量承诺书，承诺企业所提供的证件和配方真实准确，否则将承担一切经济法律责任。企业只要能满足 3 个条件，他们的产品是不需要经过检测就可以直接进入乳山市场的。但是在出台《农兽渔药市场准入管理办法》时却颇费了一番周折。当时我把准入管理办法的初稿写好之后报到乳山市法制局，结果一个多月都过去了也没给审批，后来我跑过去问原因，市法制局的人答复说：县级政府没有审批这种行政许可的权利。于是我就马上找到时任乳山傅广照书记和李洪义市长，把来龙去脉讲给他们听。我说：‘我们现在正在搞农产品区域化管理试点，什么叫试点？试点说白了就是以前没有做过，现在需要我们进行创新，并同时突破原有的一些规章制度等进行尝试的，看效果如何。如果没有创造性的突破，我到乳山挂职也是没有任何意义的。再说我写的《农兽渔药市场准入管理办法》中没有一条是违反国家基本法律法规的，也没有任何私权谋利，更没有损害人民大众的利益，相反此管理办法的出台却能够让老百姓的血汗钱在乳山市能买到来路清楚、成分明确、含量达标、标签要素齐全、质量可追溯的放心药，从这几个方面来讲为什么不能推行？'说实话到现在我还是非常佩服乳山市政府做这件事情的魄力的，我阐述完我的观点，书记和市长很快就给了我回复，让法制局打破常规准予审批，于是2008年年底乳山市就出台了《农兽渔药市场准入管理办法》。"

"《农兽渔药市场准入管理办法》虽然通过了审批，那在具体实施过程中顺利吗？有没有企业觉得准入条件过于苛刻？"我直截了当地问。

"在刚开始实施时确实遇到了很大的阻力。"曲教授停顿片刻，说道，"正规诚信的企业是非常乐意我们这样去做的，但那些产品有问题的企业对此意见很大，他们甚至说乳山政府的相关部门在故意设障，不让他们进入乳山市场，甚至有些个别的药店还联合厂家来抵制这个管理办法，并到法院告我们。比如说乙草胺这种除草剂，国家是允许在某些作物上生产和使用的，但在乳山市是禁止销售和使用的，因为乳山市原来在花生种植上也大量使用乙草胺，而乙草胺在日本是禁止使用的，所以造成乳山的花生出口到日本之后因为乙草胺农残问题被大量退货销毁，损失惨重，要知道乳山市60%以上的花生都用于出口，且主要是出口到日本，于是乳山市境内从2008年5月开始就全面禁止销售和使用乙草胺。被禁止以后，生产和销售乙草胺的厂家就联合一些农资店到法庭去告我们，说我们违反了《中华人民共和国行政许可法》。于是农业部农药鉴定所、山东省农药鉴定所的领导都给我打电话：说县级人民政府确实没有权力来规定哪些农药可以流通哪些药不能流通的。我就向他们解释：乳山市要进行高标准示范区建设试点，实现两个市场、一个标准，所以《农兽渔药市场准入管理办法》中的各种规定，包括乳山境内禁用的农药品种多于国家标准，只有这样，才能杜绝农兽渔药市场的混乱，才能保证乳山的农产品在顺利出口的同时，也能让老百姓吃上放心安全的农产品。而且我们在禁止使用乙草胺的同时，也推出了它的替代品——甲草胺，虽然使用甲草胺每亩地的成本多出30元钱左右，但每亩地的产量却能增加二三百斤，还能解决农残问题，所以推出之后老百姓都竞相购买使用，从这个角度上来说我们禁止乙草胺在乳山市场上流通是否就合法了呢？同时我又向农业部农药管理部门重申，我们这个办法就是要杜绝一些国家禁止生产销售和使用的农药在乳山流通，而让质量好的合法的生产企业的产品在乳山流通，同时实现农药从进货到销售到使用的追溯化管理体系的建设，最后上级农药鉴定所的领导就同意让我们试试。我们通过多次的全方位的培训教育和沟通，绝大多数农药店和农药生产企业也充分地理解了我们，都承认我们这是在为老百姓做好事，因此，也没有到法院去起诉。"

"没想到过程这么曲折，情节也如此跌宕起伏！但是创新和变革总是要面对各种困难和风险的。"我由衷地赞叹曲教授及乳山市政府建设高质量示范区的那份决心和承担风险的毅力和责任心。

"不经历风雨，怎么见彩虹？虽然经历了很多困难，但效果也是明显的。"曲教授自豪之情溢于言表，“《农兽渔药市场准入管理办法》实施之后，2008 年乳山市的农产品出口额就达到 2.6 亿美元，增长 28%。随着试点的成功，2009 年 4 月，威海市就要求在威海全市范围内推广示范区建设，把管理范围由出口基地、县级市扩大到全市，把领域由蔬菜拓展到粮食、蔬菜、水果、畜禽等所有农产品，把管理从陆地延伸到海洋，实现区域全覆盖、品种全覆盖和空间全覆盖，创造了‘威海经验’。后来时任农业部农产品质量安全监管局马爱国局长曾两次到乳山视察农产品质量安全，都提到这是农业部寻找多年的好方法，适合在全国推广，很快农业部的种植业快报就刊发了‘管理无盲区、投入无违禁、产品无公害、百姓无担忧、出口无隐患’的管理模式，并向全国推广了加强农药流通环节的方法，解决了许多出口企业需要在千家万户收购原始农产品存在的安全隐患，也解决了国内企业和国内大型超市采购农产品的安全问题。”

曲径教授（右二）在农资店检查

“曲教授，我还有一个问题，那就是为什么不直接将农药进行化验检测后再决定是否进入乳山市场呢？这样做的话不是更直接吗？”我抛出了我的疑问。

“要是对每一种农药都进行化验检测的话，不仅耗时耗力，而且费用很高，不管是政府部门还是企业都很难去负担，而且国家禁用的农药兽药中还有相当一部分目前还没有合适的方法进行检测，所以我很不赞成以检测为主要手段来保障农产品质量安全。《农兽渔药市场准入管理办法》中的这些措施正是我们提出的以诚信为基础、低成本、有效的农药管理方法。”曲教授说。

- **源头治理第二道关——市场流通关**

“刚才您为我们详细介绍了投入无禁区要把好的第一道关——市场准入关，第二道关是什么？”我急切地问。

“第二道关就是把好市场流通关。当时乳山市有三四百家农资经营店，它们分别挂靠于农业植保、供销生资和邮政三农服务站 3 家法人单位，但这种挂靠只是形式上的，并没有什么实质性的管理手段。针对这一现状，乳山市实行了叫作‘枢纽式’的追根管理，重点强化对3家骨干经营单位的连带管理责任，即执法中若发现问题将对经营业主和挂靠单位实行‘双追究’。所以这3家骨干经营单位均与挂靠店签订挂靠合同和承诺书，所有备案农药加贴标识后，向挂靠店进行分销、专供。这样做既解决了农资经营店点多面广与执法力量相对薄弱的矛盾，又强化了骨干经营单位的管理责任，实现了执法部门由全面抓向重点管、经营单位由被动管理向主动自律的‘双转变’。”曲教授继续说，“同时，乳山农户买农药时，带着‘一卡通’一扫，就能读出个人信息。这样，任何一家农资店卖了什么药，卖了多少；哪户农民买了什么药，家里种了多少地，种了什么，监管部门看得一清二楚，实现电子化监管。”

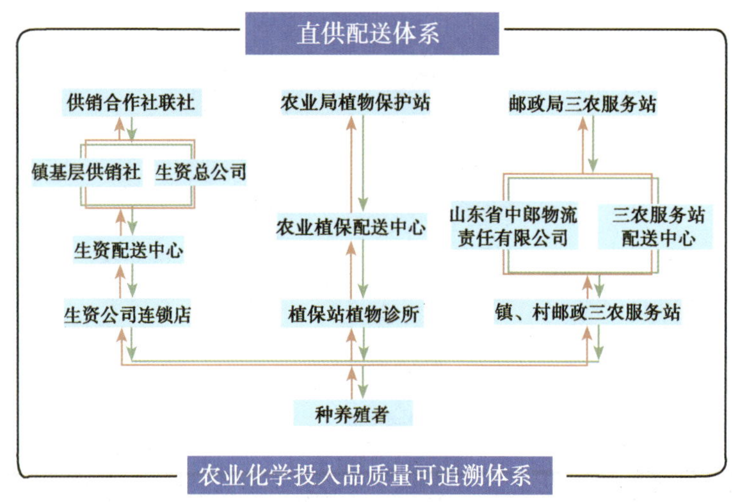

乳山市农业化学投入品质量可追溯体系

● **源头治理第三道关——安全使用关**

“第三道关就是把好安全使用，也就是通过加强教育宣传，提高全民的质量安全意识，让无知者有知，这在保证农产品质量安全方面是非常关键的一步，但同时也是最难的一步。我在调查的时候曾经问一些农民，你为什么要把涕灭威、甲胺磷等农药用在白菜、韭菜上呢？他们回答：这是国家允许销售和生产的，为什么不能用呢？我又问：那你们知不知道这些农药国家只允许在非食用作物上使用，但是严禁在果蔬等食用作物上使用的？他们纷纷摇头，因为对于这个问题他们根本就没有考虑过，甚至觉得我的问题有点多此一举，他们关注的只是短期的效果和低廉的价格。其实不光是农民，很多农资店老板甚至包括一些农药科技人员对很常见的农药用药知识也是一知半解的。为此，我们对乳山市大量的人员进行了培训，培训分为3个层次：第一层次是对农业科技人员进行知识更新、理念更新及责任意识的培训，让他们知道农民使用农药的来龙去脉及安全要素，明白我们的农产品质量安全的核心是什么，我们的责任是什么，怎么抓才能保证农产品质量安全，这样他们才有能力去指导农民，所以第一层次就是通过培训让农业科技人员变成不仅仅是防虫治病增加经济效益的能手，同时也是抓农产品质量安全的能手；第二层次针对的是农资店经销人员，让他们掌握相应的用药知识，培养他们的社会使命感和守法意识，做一个有良心有责任担当的经营者，让农民花血汗钱能买到放心药。例如培训要求农资店经销人员做到5个方面的要求：农药来源清楚、成分明确、含量达标、标签清晰易懂、农药质量可追溯；培训结束后，相关部门还将组织考试，考试合格的，发给农资销售上岗证，不合格的将坚决予以辞退。第三个层次就是面向广大的农民，说实话之前我们对农民如何使用农药方面的安全知识和技术培训几乎是空白的，所以出现了有些农民在自家田地里喷洒农药时中毒倒地或者吃了自家种植的农作物之后中毒的现象。”曲教授介绍道。

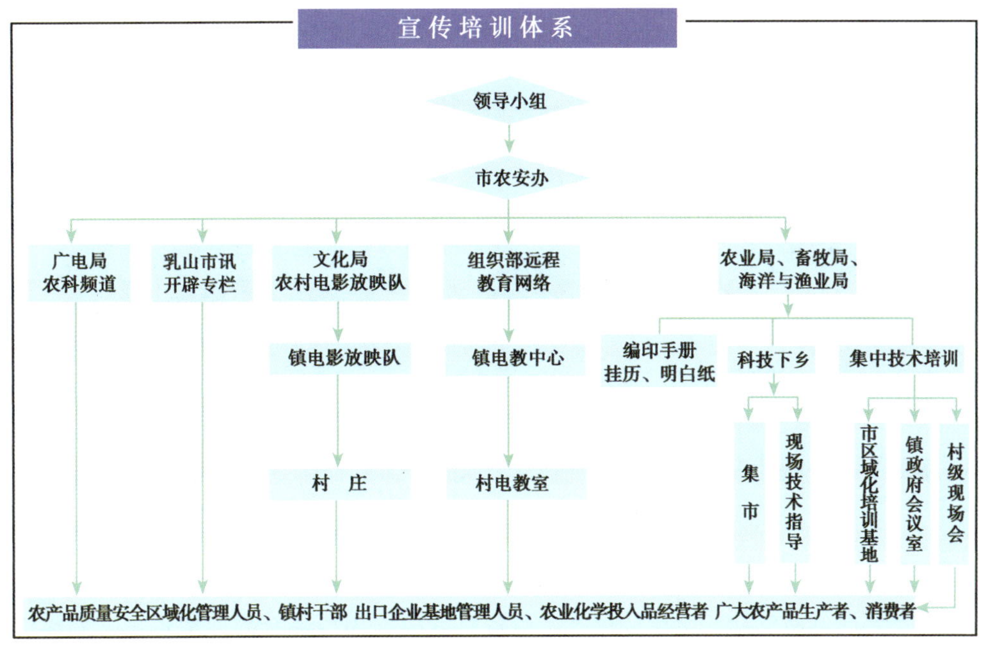

乳山市农产品质量安全宣传培训体系

“的确，我们在调研中也发现，有些农民购买农药时都是凭经验或者仿效别人，在食用作物上使用一些高毒农药，而且在喷洒时不采取任何的防护措施，用完的药瓶、包装袋等随意丢弃在田间地头，对此他们不以为然，因为多少年来一直就是这么做的，不认为这样做有什么不妥，加强农民的农产品质量安全意识可以说是任重而道远的。”我担忧地说出了我的看法。

“你说的现象确实存在，这也说明我们对农民这方面的宣传和培训还是太少了，所以如何用通俗易懂的语言让农民了解用药知识、了解食品安全知识是非常关键的，为此乳山市专门制作了6集纪录片，用老百姓的语言、用生动鲜活的案例去讲解农药的安全使用知识、农作物的科学管理知识等，比如在纪录片中我总结了农药安全使用的五要素：第一是适用范围，任何一种批准使用的农药都有批准使用的范围，超出使用范围就是违法的；第二是允许使用次数，有些农药残留期很长，不容易分解，所以在整个作物生长期只允许使用一次，有些很容易分解的可以使用多次；第三就是每亩最大使用量，多了残留增加，少了效果不好；第四就是配比浓度，在使用时一定严格按照配比进行；

第五也是最重要的就是安全间隔期，因为这是经过科学实验的，即农药使用多少天之后会降解，人食用后不会造成危害。这么一讲很通俗易懂，农民很容易接受了。纪录片在乳山电视台黄金时间反复播出，效果是显著的，同时乳山市政府还出资 30 万元印制了挂历、年历、《农产品质量安全控制知识手册》，以及 15 万份农药销售、使用明白纸，逐村逐户发放、张贴，科学指导农民安全用药，要让农民在哪里都能看到农产品质量安全问题的重要性，都能看到怎么做和具体要求，可以说通过这些‘狂轰滥炸’的宣传，农产品质量安全在乳山已经深入人心，成了大家茶余饭后的谈资。”

乳山市举办的农产品质量安全培训班

- **源头治理第四道关——违法必究关**

“我在威海调研的时候听他们说乳山市曾有人因使用违禁农药而被拘留，当时引起了很大的轰动，您能讲讲具体是怎么一回事吗？”我问。

“这正是我想说的投入无禁区要把好的第四道关——违法必究关。”曲教授说，“当时这件事情在社会上确实反响很大。我们知道对硫磷是国家禁止销售使用的，乳山《农兽渔药市场准入管理办法》实施以后，对硫磷在乳山境内是绝对买不到的，有位农民就从附近的县购买了一箱对硫磷，用在了自己种植的果树上，结果被周围邻居发现就将他举报了，因为在乳山对禁用农药销售和使用的行为进行举报是有奖的，而且一旦哪个村庄使用了违禁的农药，整个村庄的农产品就面临着无法出口甚至被销毁的危险，再加上不断的宣传教育，农民在安全用药方面的意识大大增强了，可以说已成为全民行动。农业执法大队对这件事情查证属实之后，公安局就对此农民做出了拘留 15 天的处罚，电视台也全程跟踪曝光。”

“这种处罚是否过于苛刻？老百姓能接受吗？”我问。

“拘留的处罚并不过分，因为在这之前我们已经进行了一年多的农产品质量安全、农药知识、法律法规等方面的培训了，每个农民都知道使用禁止农药是违法的，但他依然存在侥幸心理，知法犯法，所以我们必须严厉处罚。这件事情曝光之后，一时间‘生产、经营、使用违禁农药可被拘留’，政府部门对违禁农药管理规定‘真抓真落实’

的消息一下子在社会上流传开，大大提升了农民对农药产品质量的重视程度，广大市民也拍手叫好，认为市委市政府这是在真正解决我们的农产品食品安全问题，其实这才是我们通过这件事情想释放出的信号。”曲教授解释道。

● **基地建设“双备案制”**

“龙头带基地、联农户既是农业产业化的有效形式，也是示范区建设的重要途径。乳山市在抓基地建设上有哪些措施？”我问。

“乳山在基地建设上实行‘双备案制’，我认为也是一大突破。”曲教授停顿片刻，继续说，“但在具体工作中我们发现，由于利益不直接，村级组织对基地建设积极性不高，导致部分企业由于管理难度大而不愿扩大基地，甚至个别基地有名无实。为进一步激发企业和村委会双方管理基地的积极性，乳山市政府与威海出入境检验检疫局经过探讨，一方面，对出口企业基地进行‘双备案’，凡是生产档案完善、产品质量达标的基地，都可以申请备案，获备案基地可以减少检验批次，产品出口随检随放，较好地激发了企业监管基地的主动性。另一方面，围绕调动村级组织参与基地建设的积极性、发挥好村级组织带领农民从事标准化生产的协调管理作用，着手建立了以村为基本单位的管理责任制，引导企业与基地所在村签订合同，凡按标准要求进行种植，每收购 1 吨达标原料，企业给予基地村 200 元的管理补贴，这样一来，既减少了原料收购的中间环节，降低了企业生产成本，又做到了让利于村、以工补农。”

“乳山市通过构建‘农化投入品质量可追溯体系、出口大宗农产品可追溯体系、组织管理体系、考核奖惩体系、宣传培训体系、质量检测体系、安全预警体系和安全应急体系’八大体系，很好地实现了‘管理无盲区、投入无违禁、产品无公害、出口无隐患、百姓无担忧’的五无目标，以出口大宗农产品可追溯体系为例，乳山市将企业基地、合作组织和生产大户等纳入追溯体系，推行基地标准化生产。在筛选的基地里，安装了农残速测仪、条码打印机、扫描枪、电脑等仪器设备，由基地技术员负责做好农事记录和农残速测情况，随时录入农产品质量追溯体系系统。”曲教授解释道。

“我去乳山调研的时候，在大型连锁超市，只要拿手机扫描蔬菜等农产品包装上的二维码，产品信息、农事操作、用药信息、加工信息、包装信息、检测报告等一清二楚就显示出来了，真正实现了百姓无担忧。”我补充道，“在调研的时候我还得知乳山还探索建立了全国首个牡蛎质量安全追溯体系。随着牡蛎销售的火爆，个别不良厂家打着‘乳山牡蛎’的品牌进行销售，既损害了消费者的合法权益也影响了乳山牡蛎品牌。去乳山华信公司参观的时候，我就发现每一箱鲜牡蛎包装上都张贴着印有‘乳山牡蛎’字眼的蓝色卡片，卡片右下角有一个二维码，用手机扫一下就能出现该批牡蛎的养殖企业名称、法人、海域使用权证书、出货捕捞时间、订单发货时间等相关信息。他们告诉我，只有取得乳山牡蛎地理标志证明商标使用权、海域使用证、实际养殖面积在 500 亩以上、加入乳山牡蛎协会的养殖企业或合作社才能申请使用防伪溯源标签。对于养殖面积低于 500 亩的牡蛎养殖户，乳山鼓励其加入合作社或成立公司，达到规定标准后即可申请使用，这就很好地保证了乳山牡蛎的质量安全。”

“乳山牡蛎确实名不虚传，是‘乳山三宝’（乳山牡蛎、乳山大姜、乳山绿茶）之一，养殖面积达 8 万亩，在全国县级市位居首位。牡蛎，俗称海蛎子，它的营养价值极高，被誉为‘海底的牛奶’，而乳山牡蛎具有个体较大、肥满度高、肉质爽滑、味道鲜美等特点，所含蛋白质、锌、铁、锰、硒等均高于其他地区产品，所以乳山牡蛎的应用价值更高，乳山市政府为了保护乳山牡蛎的品牌确实做了很多工作。”曲教授赞赏道。

乳山牡蛎及包装上的二维码

“曲教授，非常感谢您耐心而细致的讲述，虽然您在乳山挂职只有两年多的时间，但确实做了大量具体而富有成效的工作，2010 年 8 月您被威海市委市政府授予二等功，应该说就是对您工作的极大肯定和鼓励，我在威海和乳山调研的时候他们也给予了您很高的评价，我相信这段挂职的经历也是您一生中非常刻骨铭心的一次体验。”我感同身受地说。

“是啊，虽然 7 年过去了，当时发生的每一件事现在回想起来仍然历历在目，感慨良多，我非常感谢威海市和乳山市各级领导给予我的信心特别是支持，我也是尽自己最大的努力去做好这项工作，虽然也做出了一点成绩，但食品农产品质量安全问题是一项复杂的、长期的系统工程，必须高度重视、常抓不懈，看到威海各市区这些年在示范区建设上所取得的成就，在呵护百姓‘舌尖上的安全’道路上的不断创新与探索，我由衷地感到高兴和自豪！我虽然远在千里之外，但时刻关注和挂念着。”曲教授说到这儿，眼睛有些湿润。

我再次对曲教授接受采访表示衷心的感谢，曲教授也真诚地邀请我到成都做客，因为孩子在成都工作，所以他会在成都长住一段时间。在两个多小时的采访中，我能深切地感受到曲教授作为一名学者严谨的治学态度，作为一名领导强烈的责任感和担当意识，也能感受到他作为一名普通消费者的期许和心愿。

曲径通幽处，禅房花木深。

八、“好品”荣成——访荣成市农安办主任丛培杰[①]

● 自由呼吸　自在荣成

以前去过荣成的一个朋友一提到荣成，总是赞叹不已，每次都是很文艺范地对我说：“荣成的山，幽静安然；荣成的天，湛蓝清心；荣成的人，淳朴实在。”他的话让我对荣成这座海滨小城产生了无尽的向往，所以很期待这次荣成的采访之旅，期盼看到现实版海边旭日东升的美景。

高铁的便利让到达这座海滨城市变得不再遥远，一下高铁，巨大的“太阳　大海　荣成人”“自由呼吸　自在荣成”的城市形象标语呈现在眼前，再看看湛蓝的天空，处处高清的画面，仿佛旅途中所有的劳累一下子烟消云散了。

荣成市湛蓝天空下的城市形象标语

事先已经和丛主任取得了联系，他执意要来高铁站接我，我很是感激，上车见面打招呼之后，话题自然就聊到了荣成的环境。

“荣成的环境好果然名不虚传，先给我介绍一下荣成这座海滨城市吧！”我有点迫不及待。

“非常乐意介绍我的家乡。”丛主任自豪之情溢于言表：“荣成是个县级市，位于山东半岛最东端，是太阳升起最早的地方，这里三面环海，海岸线长达 500 千米，与韩国、日本隔海相望，是我国距离韩国最近的城市。说起荣成的好环境，我跟你说组数据就代表了。2016 年我们荣成的环境空气质量优良天数是 349 天，优良率达到了 95.4%，居全省考核县级第一呢。我就是土生土长的荣成人，在这儿住了一辈子也住不够，当然我们荣成不光环境好，经济也发达，2016 年荣成市在全国中小城市综合实力百强县市

① 采访人：孙庆珍；采访时间：2017 年 8 月 22 日。

榜单中排名第十三位，在山东省仅次于龙口市排在第二位。”

“荣成人民真是太幸福了！”我由衷地羡慕。

● **走进农安办综合服务大厅**

从主任先把我送到酒店，我稍作休整，和从主任简单用完午餐之后，就驱车前往他的工作单位——荣成市农产品质量安全管理办公室。荣成市农安办是一座很普通的七层楼，进入一楼大厅，首先映入眼帘的是一个偌大的监控平台，上面布满了密密麻麻的各种数据，在我驻足观看时，从主任向我做起了介绍。

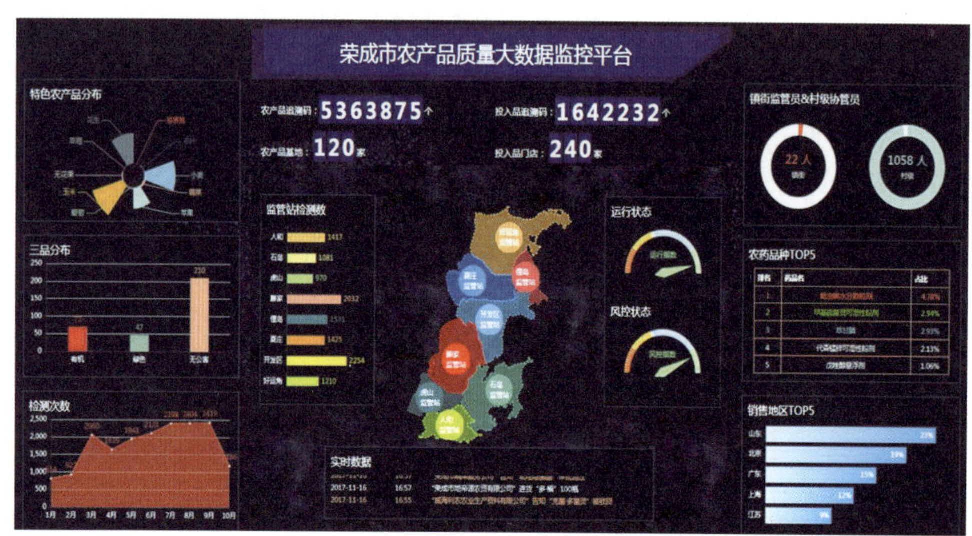

荣成农安办的农产品质量大数据监控平台

“这是我们打造的农产品质量大数据监控平台，上面所体现的都是实时数据，从左到右依次是特色农产品分布情况、‘三品’分布情况、农残检测数据、农药品种的销售排名情况和农产品销售地区的排名情况，中间 8 个点是我们新下设的 8 处区域性监管站所在的地理位置，上面两个即时的数据，分别体现了我们在全市 120 家生产基地实现的农产品质量追溯全覆盖和在 240 家农资超市、连锁店实现的农药质量追溯全覆盖的情况。”

“覆盖得这么全面！”我不禁感叹道。

“是啊，数字化时代嘛！”从主任一边笑着一边继续介绍道，“整个一楼是我们的综合服务大厅，刚才你看到的是我们的农产品质量大数据监控平台，这面墙上挂着的各种展板是我们的刊板展示区，展示了‘十大体系，三道防线’的流程图。”

这时展示区旁边的六块监视屏引起了我的注意，只见监视屏的画面在不断地变动着，数据进行着实时更新，看得我目不暇接。

“这是我们利用‘互联网+’打造的农安综合监控平台，对所有农产品质量安全相关环节实施管控。”站在我身后的一位小姑娘指着监视屏对我说，“第一块是农药追溯管理平台，它实时更新农资店进销货情况，我们还可以随时检查经营店经营告知、标签追溯等情况，农药销售过程清晰透明，通过上面的现场视频监控我们可以查看经营门店

荣成农安办的农安综合监控平台

对各项制度的落实情况；第二块是生产基地监控平台，我们可以通过视频监督农事生产操作全过程，还可以通过实时更新的基地检测数据把控农产品质量安全；第三块是生产加工监控平台，我们通过视频监控不断找出加工过程漏洞，一旦出现问题可立即找到出事环节，及时纠偏改错；第四块是农产品质量追溯平台，通过它，消费者可通过手机扫描二维码的方式查询到农产品田间操作、施肥打药及加工、检测等过程信息，监督生产过程，倒逼生产者采用良好农业生产操作进行生产；第五块是销售市场的农残检测平台，通过它确保了所有农产品在上午 9 点上市销售前必须进行农残检测，检测合格后方可流向市场；第六块是诚信建设管理平台，我们将所有涉及农产品质量安全的法人和自然人都纳入诚信覆盖范围，如果有严重违法事项，要联合惩戒。”小姑娘一口气帮我详细介绍了 6 个监控平台的功能，我竖起拇指表示赞赏和感谢。

“这是我们农安办农产品质量讲座演播室，制作的科普节目上载到远教频道免费点播。这几年，我们农安办每年都要招聘相关专业的大学生来充实我们的队伍，他们都非常的精明能干。”从主任赞许道。

“2017 年 6 月在威海召开的山东出口食品农产品质量安全示范省成果展暨第八届国际美食博览会上，我们荣成农安办打造的农安综合监管网络平台就作为示范省建设重大创新成果进行了参展。当时来自日本、美国、欧盟等 20 多个考察团进行了现场观摩，他们都没想到我们中国的农产品智慧监管平台如此先进，由此对我们的农产品质量安全也更加充满了信心。”从主任补充说。

• 农安办的三级组织体系

参观完一楼的综合服务大厅，从主任带我来到了二楼的办公室，帮我沏了杯茶。“尝尝我们正宗的荣成绿茶吧，荣成绿茶是国家地理标志性产品。我们荣成现在注册的国家地理标志农产品已达到 18 个，全国最多。”从主任缓缓地说，“由于生长在高纬度地区，荣成绿茶生长期长，采摘期短，营养积累多，因此叶片肥厚耐冲泡，味道醇厚，和日照绿茶一样，荣成是20世纪60年代山东省‘南茶北引’最成功的县市之一。”

我随即端起茶，饮了一口，清香而又甘醇，在绿茶散发的屡屡清香中，我们正式开始了今天的采访。

“从主任，先介绍一下荣成农安办的情况好吗?”虽然已经采访了安丘农安办的李建芳主任，了解了农安办的一些情况，但我还是想了解荣成农安办的一些具体情况，或者说不同之处。

“好的。”从主任喝了口茶，继续说，“我们都知道组织领导体系是农产品质量安全工作的关键，荣成市因此成立了比较完备的市、镇、村三级组织体系。”

“能详细介绍一下这三级组织体系吗?”我问。

“首先是市级层面，在2009年成立正科级的事业单位——荣成市农产品质量安全管理办公室，主要职责就是组织、协调和考核全市农产品质量安全工作，编制由最初的8人到目前的30人，还成立了副科级的农业综合执法大队，编制为10人。”

“这在县级市的事业单位编制中应该算是多的了吧?”我打断问道。

“是的，像我们市农业局也只有16个人的编制，市里拿出这么多编制给农安办和执法大队，这是非常不容易的，也足以说明威海、荣成两级政府对农产品质量安全的重视程度。因为威海是山东省第三大农产品出口城市，2016年威海年产花生25万吨，苹果100万吨，水产品250万吨，10%~30%用于出口，其中2016年我们荣成苹果的种植面积近15万亩，年产量30万吨左右，2016年出口量3万吨。荣成的大花生含糖量高、口感好，2016年种植面积近30万亩，年产量7.5万吨左右，2016年出口量近3万吨，占山东省花生总出口量的30%。水产品100多万吨，30%用于出口。”从主任说，“但是2006年由于日本、欧盟等国家和地区开始试行新的食品安全卫生法规，所以威海市整个农产品出口遭遇了前所未有的质量障碍。以荣成为例，2006年5月，日本正式对中国对日出口农产品实施农业化学品残留肯定列表制度，荣成的出口农产品的数量从40多万吨一下子降到30多万吨，农民收入下降明显，这对以出口为导向的农业产业体系的打击是巨大的，所以威海市委市政府高度重视，2007年在借鉴‘安丘模式’的基础上，探索适合威海的示范区的建设模式。当时的威海市委书记王培廷更是亲力亲为，亲自主抓示范区建设，他说的一句话我至今印象深刻。他说：‘我们如果连食品农产品安全问题都搞不好，就没法向老百姓交代，更没有资格谈招商引资。’经过充分调研，首先选择在威海的乳山进行试点，确立了‘投入无违禁、管理无盲区、产品无公害、出口无障碍、百姓无担忧’的出口农产品质量安全区域化管理目标。经过一年多的试点，效果很显著，到2008年乳山的农产品出口额就增长了28%，于是2009年4月，威海市就提出了既然要做就要高标准要求，即国内国际两个市场、同一个食品安全的标准。”

“在组织机构上，威海市设立了副处级级别的农安办，编制15人，这在山东省地级市中人数是最多的。紧接着文登、荣成、乳山都相继设立了正科级的农安办，农安办成为了一个主抓农产品质量安全的牵头部门，协调农业、渔业、工商、质检、公安、商务等10余个部门。其次就是在镇级层面。荣成市设立了8处区域性监管站和22处镇（街）农安办，负责对所辖区域的农安工作进行管理。一开始上级部门要求荣成市每个乡镇都要配备一名食品（农产品）安全专管员，但我们觉得这种模式不太好，因为食品（农产品质量）安全专管员要占用乡镇的编制，而乡镇的编制有限，所以食品（农产品质量）安全专管员这个职位就可能要兼着其他方面的工作，这样就不能全身心投入食品（农产品质量）安全当中去，所以我们就向市里建议设立 8 处区域性监管站，作为市农安办的派出机构，每个监管站都安排 2~4 名监管员，这样我们的编制就增加了 22 人，达到目前的 30 人，这种全额拨款事业单位编制能够让新进工作人员稳定下来，就能安心工作心无旁骛，所以我们荣成农安办的人数是最多的，在省里的模式是最特殊的。这 8 个派出机构覆盖了荣成全市范围，除了经济开发区监管站设在市农安办大楼外，其余 7 处监管站均设在各自辖区镇街，独立办公，他们的主要工作涵盖了监管、执法、检测、推广等，执法的范围包括农资店、农田用药情况等。我们知道农业局也有执法大队，但他们的人数有限，所以我们的监管员巡查出问题后随时上报给他们来处理，这样两个部门就形成了相互补充、相互衔接的关系，能更好地发现问题，及时解决。”

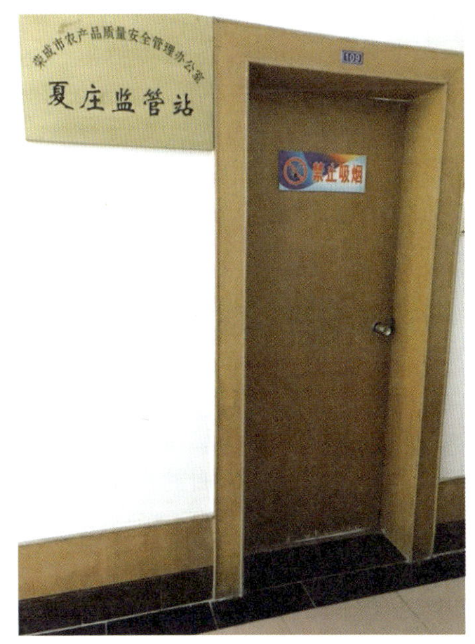

荣成市农产品质量安全管理办公室夏庄监管站

“我们的 8 个监管站‘麻雀虽小、五脏俱全’啊！”丛主任继续说，“不仅办公桌椅、电脑、打印机、档案柜等基础设施一应俱全，而且每个站都配备一辆农残检测车，负责各自区域内的果蔬农残检测工作及日常工作需要，同时安装了农残速测仪及联机操作软件，能够及时上传检测数据到市级检测平台，也安装了‘追溯宝’软件及二维码打印机，形成打印产品二维码，产品质量实现全程可追溯。所以我们荣成市在这方面可以说是下了大力气的，光这 22 个监管员一年的工资劳保福利费用就 200 多万元，每辆流动检测车就价值 20 多万元，再加上其他检测设备的购买和维修，投入支出是非常大的。”

“这也依托于荣成市雄厚的财力基础啊！”我插话道，“刚才您详细介绍了市级、镇级层面，那村一级又是如何监管的呢？”

“第三个就是在村级层面。2015 年，荣成市出台了《荣成市食品农产品质量协管员管理规定》，按照村户数 400 户以下设 1 名、400 户以上设 2 名的标准，在全市 931 个村（居委会）设立村级专职协管员 1 058 名，承担全部村级农产品的监管协管任务，协助农安监管站、镇（街）农安办开展监管工作。这些村级协管员我们都要进行选拔和培训，持证上岗，上岗之后每年还要至少参加两次培训，我们农安办每半年对他们进行一次量化考核，根据专门出台的《荣成市农产品质量安全协管员考核办法》，考核合格的，全额发放误工补贴（工资），当年评为不合格的，扣除误工补贴 10%~30%，连续两年考核被评为不合格的予以解聘。”

“那能方便说一下这些村级协管员每年的误工补贴是多少吗？”我试探地问。

“当然可以，每年 2 400 元。”丛主任毫不犹豫地回答道，“这些补贴对这些村级协管员来说也是一笔不小的收入，所以他们的工作积极性是很高的。”

- **农安监管的“六个全覆盖”**

“通过您详细的介绍，让我们了解了荣成市在农安监管中市、镇、村三级组织领导体系情况，可以说环环相扣，形成了一个封闭的环，组织体系建设或者说领导的重视程度在食品农产品质量安全中是非常关键的。”我总结道。

“的确如此，凡是食品安全出问题的地方都有一个共同点——领导部门的不重视，只要领导先重视起来，开展工作就容易得多了，在这点上我们威海及荣成市委市政府是走在前面的，看问题眼光很长远。”丛主任继续说，“荣成市在示范区建设中实现了农产品质量安全的‘六个全覆盖’，刚才谈到的市、镇、村三级组织领导体系是第一个全覆盖——监管网络体系的全覆盖。”

“那第二个全覆盖呢？”我问。

“第二个全覆盖是农药流向追溯全覆盖。我认为只要能管好农药这个源头，就相当于解决了农产品质量安全的 80%。我们荣成市在农业投入品监管方面的程序是：第一步要获取农药经营告知书：根据《荣成市农兽渔药经营告知制度》及《荣成市准入农业化学投入品生产企业经营告知管理办法》的规定，凡是要进入荣成的农资（药）生产企业及产品，必须通过相关的业务部门审核获取农药经营告知书之后，方可销售。”说到这儿，丛主任从抽屉里拿出一个空的农药瓶，指着瓶子上的标签对我说：“备案后的农药都会有这样一个二维码，平时我们区域监管站的工作人员也会不定期抽查各农资店，如果农药瓶上没有这种二维码的，那就说明这种农药没在我们荣成备案，安全性不能保证，需要进行进一步的核查，联合农业执法大队对农资店要采取相应的处理措施。”

“第二步是实行农资统一配送管理：获取农药经营告知书的农药，必须进入荣成唯一的农资配送中心，由 7 家经销商负责对下属分支机构配送，形成‘市专营、店直供’农资物流配送模式，实现农资供应新模式，即‘一个管道流入、一个关卡流出’。”

“第三步投资 200 多万元对全市 240 家农业投入品经营单位、32 家兽渔药经营单位免费配备追溯系统，统一配置电脑、条形码打印机、扫码器、小票打印机和 POS 终端

农药瓶上的二维码及手机追溯查询信息

投资 8 500万元、总面积 4 万平方米的荣成市农资配送中心

软件，消费者购买农药需出示身份证或一卡通，有了追溯系统就可以让我们更方便地统计出问题，进一步查清来龙去脉、找到责任人这是很重要的，这就是全覆盖追溯系统的优点，实现了农药销售 100%质量有保证、100%信息可查询、100%流向可跟踪。”说着丛主任给我展示了一幅流程图，可以让读者很直观地了解整个农业投入品追溯系统的全覆盖。

“刚才您提到的农药可追溯系统使得现在农药的使用比较规范了，那在建立示范区之前对农药的管控是怎样的？”我继续问道。

“在建立示范区之前，对农药没有告知制度等要求，更谈不上可追溯了，对农药的管理可以说是开放式的，各地的农资店自己选择想要销售的农药，农户不需要登记可以直接购买，所以一些禁用的农药就会流入市场中，因为这些高毒的农药相对来说价格比较便宜，短期内效果比较好，于是就会出现农残超标问题。2017 年 6 月 1 号我国正式施行的 2017 年修订版《农药管理条例》，就把追溯等要求都写进去了，可以说这是我国农药管理史上的重大变革，也是我们示范区建设的重大经验成果推广，意义是巨大的。”从主任兴奋地说。

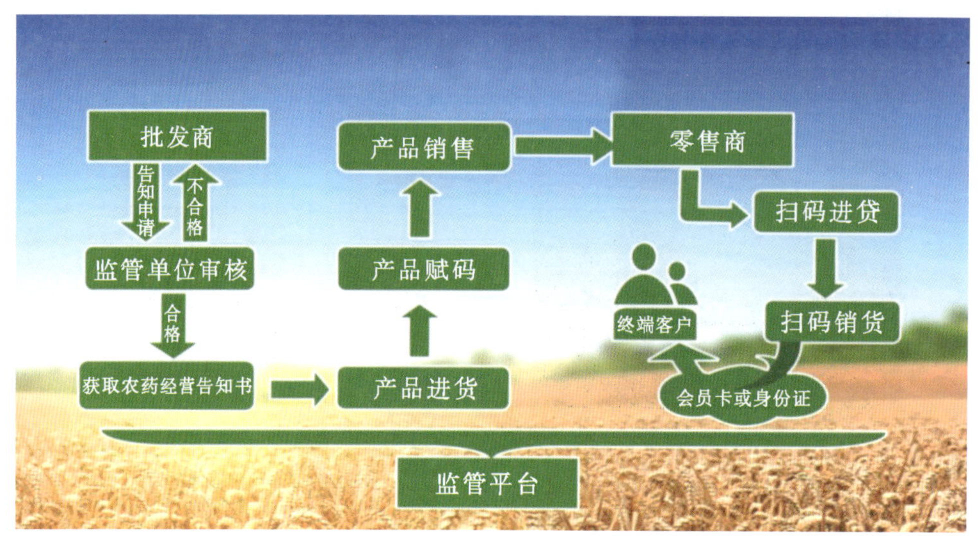

荣成市农业投入品追溯系统流程

“是啊，正是因为像出口农产品质量安全示范区等这些新生事物的不断实践和创新，推动着我国法律法规的不断发展和完善。”我感慨道。

“你说得太对了，总需要有第一个吃螃蟹的人！”从主任回应道。

“从主任，我一直有一个问题，既然剧毒高毒农药危害很多，那国家为什么不全面禁止，还允许企业生产和销售呢？”我想也有很多人跟我有同样的疑问。

从主任站起身来，略微沉思了一会，缓缓地说：“现在咱们国家也正在加快淘汰剧毒高毒农药的使用和生产，这几年已经禁用了 39 种高毒农药了，还有 12 种要限定在非食用作物上使用。据统计，我国高毒农药使用量比重已经从 21 世纪初的 35%下降到 2%。但为什么不能马上淘汰呢？因为有一些害虫，比如地下害虫，像经济作物、非食用作物，包括林木害虫，目前还需要依赖这样的药物，发生蝗灾等严重病虫害时这些农药品种可以迅速控制灾情，而且新农药的开发周期相对比较长，短期内难以找到这些剧毒农药理想的替代品种，所以目前全面禁用剧毒、高毒农药还不具备条件，只能逐步淘汰。现在有些农民也不具备用药常识，经常一遇到病虫害就想用这些高毒农药去快速解决，所以在高毒剧毒农药还存在的情况下，就需要政府去加强服务和监管，像刚才提到的实施农药可追溯制度等，这也是不得已而为之吧。”

“第三个全覆盖是农产品质量追溯全覆盖。荣成市作为全国食用农产品合格证试点城市之一，我们推出了‘二维码+合格证’的统一食用农产品合格证管理模式。首先荣成市政府投资近 200 万元，对全市 120 家果、菜、茶、中草药生产合作社、基地配备追溯设备，只要从这些合作社、基地生产出来的农产品上市前必须打印‘二维码’，作为食用农产品合格证使用。消费者只要用手机扫描合格证上的‘二维码’，可以直接查询到农产品的生产基地及田间操作、施肥打药、加工检测等全过程信息，这样就倒逼生产者必须采用良好的农事生产操作规程进行生产。对不能打印‘二维码’的生产单位，农安办统一印制食用农产品的‘即时贴’与‘正副联’向生产经营者免费发放，由经营者按包装自行选择开具（‘即时贴’适用于独立小包装产品；‘正副联’适用于散装农产品）。对于散户我们的镇街、区域速测室和流动检测车会免费提供检测服务，我们荣成市要求只要上市销售的农产品都必须有监管站提供的追溯码和合格证，食药局等部门也会到市场进行抽查。”

农产品上的二维码及其扫描信息

“第四个全覆盖是国际标准全覆盖。例如花生、水产均采用日本标准，水果采用欧洲标准，用国际最高标准替代国内标准，实现内外贸双赢，让咱们国内的老百姓也能吃上跟出口一样标准的高质量的农产品。”

“第五个全覆盖是检验检测全覆盖。目前荣成市共建有官方检测中心两处，龙头企业检测中心 2 处，镇街速测室 44 处，区域速测室 8 处，企业速测室 120 处，企业自控检验室 300 多处，我们农安办还配有 13 部流动检测车，这样就保证我们上市销售的全部食用农产品都能得到检测。”

“流动检测车的主要作用是什么呢？”我忍不住问。

“我们的流动检测车可以随时随地对果蔬基地、农贸市场、路边商贩的农产品进行抽样检测，检测车可以快速且准确地检测出蔬菜水果中残留的有机磷及氨基甲酸酯类农药，如果连流动监测车这第一关都过不了的样品，将被送往市级农产品质量安全检测室做进一步检测确认。在此期间，有药残嫌疑的农产品将被禁止进入流通环节。流动检测车未投入以前，原来我们农安办只在一些固定的蔬菜批发市场设有专门的检测站，但对一些流动市场只能派人取样拿回来，然后再进行检测，发现有问题，再回去进行处罚，整个过程有时要花上一整天。有了流动检测车，不仅提高了检测效率，而且检测人员可以走到哪，查到哪，这样就大大扩大了检测范围。”

荣成市农产品质量安全流动检测车

荣成市农产品质量安全流动检测车

“您觉得政府投入这么大财力、物力、人力去做这件事情有必要吗?”虽然我知道答案一定是肯定的，但我还是想听听丛主任对此问题的理解和看法。

“非常有必要的。”如我所料，丛主任斩钉截铁地回答，“市里投入这么大精力去管好食品安全，就给每一个老百姓传递出一个强烈的信号：政府一直有专门的部门、专门的工作人员在管这件事，而且力度很大，让每一个老百姓自觉地提高食品农产品质量安全的意识，比如让种地的农民觉得食品农产品安全绝不是小事，千万不能投机取巧，而且政府检测合格发放的合格证很有说服力，无论在农贸市场销售还是网上销售，合格证无疑可以增加农产品的‘身价’，获取更多的收益，从而农户也会非常看重自己的诚信。同时宣传、检测的常态化也让消费者能自觉提高食品安全的意识，去自觉购买检测合格的农产品。这样就能产生良性循环，也避免了农产品市场中以次充好的现象发生。”

“就是经济学中常说的‘劣币驱逐良币’的现象。”我补充道，“那第六个全覆盖是什么?”

“第六个全覆盖就是考核全覆盖。农安办将荣成市所有镇街纳入市政府考核范围，考核结果与乡镇干部的政绩挂钩。对所有基层监管站、农药销售企业、农产品生产基地实施星级考核，对星级高的我们会减少对他们的考核次数，而星级低的我们会增加考核次数，每次考核结果都会在媒体上公布，接受监督。实行信用红黑榜制度，将失信企业列入黑名单，对黑名单企业实施联合惩戒。对 1 058 名村级协管员也要进行考核，考核分数高的协管员工资也会越高。”

“什么是红黑榜制度，能举个例子吗?”我好奇地问。

“2016 年 12 月，荣成市农业局、文明办、人民银行、人社局、市场监管局、财政局、出入境检验检疫局等多个部门联合签署了《关于对农产品质量安全领域严重失信企业及个人联合惩戒备忘录》，有了这个备忘录，我们就可以对列入黑榜的失信企业实施联合惩戒。比如说你是一家农资店，若因为出售禁用农药而被列入黑榜的话，首先农业执法大队会对你进行高额的罚款，财政取消补贴、银行贷款困难，工商部门还有可能会吊销你的营业执照，企业法人个人的信用也会下降，也就是说一个企业要是被打入黑名单的话就很难翻起身了。相反若一个企业进入红榜的话，我们也会联合很多部门给予他们办事优先的权利。”丛主任解释说。

“这样就能构建一个良好的诚信环境，让失信者寸步难行，让守信者一路畅通。”我说。

“你总结的很对。”丛主任笑着回应道。

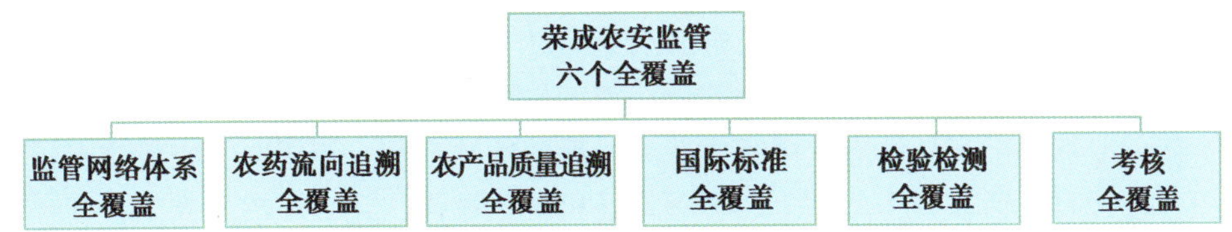

荣成市农产品质量安全管理的“六个全覆盖”

● 农　业

“丛主任，非常感谢您的详细介绍，让我们了解了荣成市示范区建设上所做出的努力，真的是非常不容易的，那您本人从事农业工作多少年了?”我问。

“转眼快 31 年了。”丛主任回忆说，“我从学校毕业之后先到了荣成果树站工作，干过两年的技术员，3 年的副站长和 10 年的站长，又到了荣成市农业局里干了 5 年的副局长，2009 年就调到农安办了，这一转眼又 8 年了。说实话，刚进入农安办的时候，我的压力是非常大的，因为国家投入了这么多钱，还给我们农安办配备了这么多工作人员，如果这项工作做不好我们真的是无颜面对江东父老的。但如何去开展工作，当时真的很茫然。因为虽然有‘安丘模式’可以借鉴，但毕竟产品不同、地域不同、种植模式不同，我们必须根据我们的实际情况摸索出一种新的农产品质量安全管理模式。我记得刚到农安办那两年我是抽烟抽得非常厉害，一天需要两盒，因为白天我们下去走访开展工作，晚上回来开会讨论，会议结束后我一般都在办公室再待一会儿，静下心来思考一些问题，所以抽烟能提神也能帮助我思考问题。”

“现在依然吸烟很频繁吗?”我关切地问，“其实并不是吸烟本身有助于思考，而是一种使自己习惯并舒适的行为或感觉有助于思考。如果你习惯于喝茶，喝咖啡，甚至嚼口香糖，也会一样有助于思考的，毕竟吸烟对身体不好。”

“放心吧，2011 年我就戒烟了。”看我吃惊的表情，丛主任微微一笑，接着说，“当时我女儿对我吸烟意见很大，所以我就答应女儿要戒烟，我想既然说到也一定要做到，做一个一诺千金的父亲，给孩子树立说话算数的榜样，其实那时候示范区建设也初见成效了，我们在乳山试点的基础上，结合荣成的实际情况摸索出了刚才咱们谈到的六个全覆盖，通过这六个全覆盖就打造了‘十大体系、三道防线’的管理模式。工作小有成就，压力稍有减轻，这也给了我很大的戒烟的动力，虽然戒烟过程很痛苦，但痛苦并快乐着，从那次戒烟之后我就再也没有抽过烟，可以说，是我对孩子说话算数的承诺帮我戒了烟，可见诚信的力量，我的第四次戒烟终于成功。”

“您这么多年一直都从事农业和农产品质量安全工作，您怎么看待我国目前的农业？”

“农业是需要大量的资本和技术投入的，其实现在很多人对农业都有误区，认为种地不需要什么技术，很多目不识丁的农民照样也能种地，这在以前可以，但也仅限于解决温饱问题，我们不能满足于此，我们要步入小康社会，向更高目标迈进，从农业角度来讲就要培养大量的职业农民，所以我非常赞同国家提出的允许工商资本参与到农业中来，能很好地解决农业中最需要的资本和技术投入不足的问题，从而也能培养更多的职业农民，来解决现在农村中普遍出现的‘谁来种地’的问题，同时也能大大降低生产成本和提高农产品质量安全，我们的行政管理成本也就大大降低了。我记得 1997 年去美国的时候看到一个家庭农场几千公顷，一家三口管理就足够了，社会上的专业化农业服务企业，能提供由产品供应、田间作业到产后销售的全程专业服务，农场主只需要给这些服务公司打电话就行，全部生产过程都是机械化操作，几乎不需要人工，我当时就非常羡慕，如今 20 年过去了，现在我们国家很多地区的农业现代化水平也很高了，但整体来说水平还是偏低，可以说任重而道远，但我们毕竟在一步一步地扎实往前迈步，而且国家对农业也越来越重视，从 2003 年开始每年的中央一号文件都是关于‘三农’问题的，所以我相信用不了多长时间咱们国家的农业现代化水平将上一个大的台阶，构建适合我国国情的新型农业经营体系，从事农业工作也将成为人人羡慕的职业。”丛主任不无感慨地说。

采访结束的时候已经是傍晚 6 点多了，整个城市早已灯火阑珊，丛主任邀请我去尝尝地道的荣成海鲜，我欣然前往。在离农安办不远处的一家店面不大的海鲜店里，老板用最简单的蒸煮方式给我们奉上了一大盘最原汁原味的海鲜大餐，海鲜品种多样，味道鲜美之极，至今想起来仍然回味无穷。回到酒店，发现写字台上静静地放置了一杯苹果汁，杯底下压着一张手写的祝福语卡片，突然感觉格外的亲切与感动，品着淡淡的果汁，望着窗外的万家灯火，我尽情享受着荣成这座城市带给我的惬意与感动。

自由呼吸，自在荣成！

九、自由呼吸　自然红——访威海市翠虹果品股份有限公司总经理岳建东①

“自由呼吸　自然红”荣成苹果区域公用品牌发布

2016 年 10 月 10 日，对荣成市苹果产业来说，是个值得纪念的好日子，这一天，荣成市苹果区域公用品牌战略发布会成功举行，将荣成苹果品牌核心价值表述为“自由呼吸　自然红”，既展现了荣成苹果绝佳的生长环境和产品特质，也寓意着荣成苹果红红火火的事业前景，这也标志着荣成苹果由“产品经济”迈向“品牌经济”、从“低端粗放”转向“精品包装”的历史性跨越。

截至 2016 年年底，荣成市果园面积达 28 万亩，其中现代果园 16.8 万亩，栽植了以“红富士”等为代表的苹果品种达 100 多种，年产量可达 50 万吨，远销欧美、东南亚等 20 多个国家和地区，荣成市也先后被评为“全国首批现代苹果标准园创建单位”“全国苹果重点基地县”，2016 年荣获“全国苹果产业十强县”称号。

我们要去采访的就是荣成市现代果业的领军人物——威海市翠虹果品股份有限公司总经理岳建东，去了解荣成市在示范区建设的过程中，如何运用“互联网+现代农业”的现代种植方式，让荣成苹果具备“自由呼吸　自然红”的高品质。

沿着荣成市成山大道由东向西行驶，很快我们便来到了威海市翠虹果品股份有限公司的现代苹果种植基地。一下车，总经理岳建东便热情地迎上前来同我们握手，初见岳总，给人的感觉是充满活力而又精明能干的年轻人形象，很难看出他已过知天命的年纪。

- **现代苹果种植基地**

“您好，岳总，认识您很高兴，但您看上去真的比实际年龄年轻很多!”我发自内

---

① 采访人：孙庆珍；采访时间：2017 年 9 月 27 日。

心的问候。

“谢谢夸奖，这可能与我开朗外向、不服输的性格有关吧！”岳总笑着回应道。

威海市翠虹果品股份有限公司总经理岳建东

“岳总，既然来到了咱们公司的现代苹果种植基地，能否先带我们参观一下您的现代苹果园?”早就听说岳总是荣成市现代果园种植模式的开创者，所以我迫不及待地想了解现代苹果种植模式与传统模式的不同。

“当然可以，跟我来吧。”岳总欣然应允。

来到基地，只见一排排水泥桩彼此连着铁丝，中间固定着一棵棵茂盛的苹果树，一眼望去，蔚为壮观。只是与我以前见过的苹果树不同，这里的苹果树长得都不算太高，树也不算太大，行与行之间能有 4 米的距离，在中间进行机械作业是没有问题的。

矮化、生态、宽行密植的现代苹果园

“岳总，能简单介绍一下公司采用的这种现代种植模式的特点吗?”我问。

“好的。”岳总边走边介绍说，“公司目前所有的苹果种植基地全是按照矮砧集约种植的现代苹果种植模式栽种的。我们知道传统的苹果种植模式存在诸多弊端，比如种植数量少，且通风、采光效果差，同时产量及优果率较低；由于果树行距过小，难以进行机械化作业，增加了养护成本；而且传统的漫灌方法，还会造成土壤积水及水资源浪费，等等。与传统的种植模式相比，矮砧苹果具有省肥、省水、省地、省人力的‘四省’特点和结果早、丰产期早等明显优势。我们的矮砧种植采用目前世界上最先进的良种矮化、生态、宽行密植、篱架、集约栽培模式。良种矮化是将短枝富士与 SH 系中间砧进行完美结合，使产品具备特殊的风味和品质，矮砧苹果当年栽树就能见花，第三年产量达 15~20 吨/公顷，第四年 33~40 吨/公顷，第七年达 60~75 吨/公顷，产量是乔化苹果的 3~4 倍，丰产年龄维持在 20 年以上。生态是指我们的基地从建园开始就严格执行生态管理理念，在苹果的种植管理中全部采用施用有机肥和生草覆草技术，基地大量使用沼渣沼液，并进行深翻改土，传统的耕种层一般只有 20 厘米厚，而我们将土地深耕到 1 米，将表层的 20 厘米翻至地下，使果园土壤有机质能达到 1.2%以上，土壤的 pH 值始终保持在 6.5~7，从而让果树始终处于最适宜生长的生态环境之中；宽行密植使两排果树之间的行距能达到 4 米，这样果树光照充足、通风效果好、营养积累多，而且中间还可以采用机械化种植，目前我们公司从平地、种植、除草、施肥、植保、收获等环节都实现了机械化作业，机械化作业率能达 70%以上，管理起来更加有效便利，省时省力，而且随着树龄的增加，果园的管理成本会明显下降。因为行距比较宽，每行就可以采用密植方式，原先一亩地能种植 50~60 棵苹果树，而现代果业每亩地可以种植 240 棵左右，极大地提高了产量。机械化作业、水肥一体化系统等先进技术的使用，使得化肥、农药的使用量大大减少，从源头上保证了农产品的质量安全。现代果园的这些特点都是传统种植模式无法达到的，所以用这种方式种出的苹果自然是‘自由呼吸　自然红’。”

岳总接着说：“现代果园的成本主要在苗木、土地流转资金、选购机械等前期投入上，随着盛果期的到来，现代果园的成本将越来越低，收益却越来越大，随着土地流转的加快和农村劳动力成本的增加，这种现代苹果种植模式在我国的发展潜力巨大，前景一片向好。而且栽培技术比较简单，种植户一学就会，在提高农户生产效率的同时又保障了农户收入。”

这时远处正在作业的一台机器引起了我的注意，我刚想提问，岳总主动做起了介绍：“那是我们公司引进的国外先进的现代植保设备——风送静电式弥雾机，该机器可以让药液经机器雾化后，在高速风机带动下通过喷头向两侧喷洒，射程远达 10 米以上，且喷洒更加均匀。同时，通过电场作用，使药液雾滴带正电荷，自动向带负电荷的枝叶正反面和虫体吸附。这样的静电喷雾使农药利用率达到 90%以上，比传统的农药喷洒能节省 70%的施用量，而且效率相当高，一台植保车就可以防治近 200 亩果园，也大大节省了人工。”

的确，我看到那台先进的静电弥雾植保设备喷出的药液均匀地洒在两旁的苗木上，只用几分钟就完成了对两行苹果树的施药，效率之高让我不禁连连称赞。

先进的风送静电式弥雾机

“而且荣成市的农药购销实行的是‘一个关卡流入、一个管道流出’的农资配送新模式，并建有农资可追溯监管平台，对进入市场的最小包装的农资产品都赋予了追溯码，使得每瓶农药都来源清去向明，所以在我们荣成市场上是绝对够买不到违禁农药的，这无论对自有基地还是合同基地而言无疑大大降低了农药残留的风险，从源头上很好地保障了农产品的质量安全。”岳总补充说。

这时我们来到了公司的矮化苹果树苗基地，岳总告诉我们，公司目前培育了500多亩的矮化苹果树苗，为自己的果园以及其他企业或农户发展现代果园提供育苗服务。这些矮化果树苗都是经过精心嫁接的，根粗苗壮，生命力旺盛，现在都已经长到1米多高了，明年春天就可以大批量栽植。看着自己果园里的果苗，岳总仿佛已经看到了丰收的景象。

● **监管全覆盖**

参观完苹果种植基地，我们驱车前往公司的办公所在地，在办公楼一楼的监控中心，我们看到了覆盖整个生产基地的监控系统，可以随时观测到田间地头的各个角落。“我们荣成市始终高度重视农产品质量安全工作，特别是示范区建设以来，更是将各项标准延伸推广到全市的每个生产基地。我们这个系统和荣成市农安办农产品质量安全监管系统是联网的，他们可以通过视频监督农事生产操作的全过程，农安办还将全市139家现代矮砧苹果生产基地全部纳入市级追溯平台，给我们各个生产基地统一配备电脑、速测仪及相关设备，我们通过系统将耕种、用药、采摘、初加工及检测等相关信息上传到质量监管平台，消费者通过查询机或手机扫描追溯码，立即可以获得该农产品的生产全过程信息，实现苹果质量安全全过程、无缝隙、信息化管理体系。”岳总一边指着监控画面一边详细地做介绍。

监控系统旁边的屏幕上一条条曲线、一组组数字也在时时发生变化，岳总告诉我们，这是他们的水肥一体化管理系统，这套系统通过埋在田间的成千上万个感应器，可以随时传送土壤与果树的pH值、干湿度、微量元素等各项指标，进而指导管理人员按需进行水肥管理，在灌溉的同时将肥料配对成肥液一起输送到作物根部土壤，确保水分养分均匀、准确、定时定量地供应，为作物生长创造良好的水、肥、气、热环境。水肥

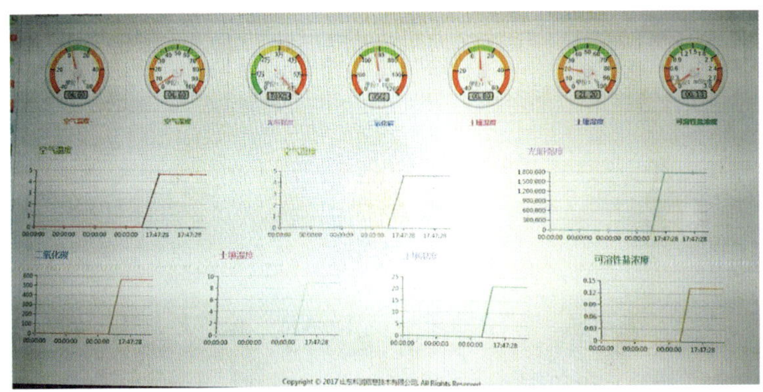

覆盖整个翠虹果品生产基地的监控系统

一体化管理系统每年可比传统沟施肥料减少用量80%以上，一棵苹果树一年下来平均只用半斤肥，施肥施药效率却是原来的20倍。

大力发展节水农业，实施化肥使用量零增长行动，推广普及水肥一体化等农田节水技术，是我国转变农业发展方式、促进农业可持续发展的必由之路。农业部在2017年1月也出台了《推进水肥一体化实施方案（2016—2020年）》的通知，要求到2020年水肥一体化技术推广面积要达到1.5亿亩。威海市翠虹果品股份有限公司的这套水肥一体化管理系统在节约成本、保护环境的同时又提高了产量，为我国设施农业的农田节水技术提供了很好的范例。

基地水肥一体化

- **翠虹苹果**

参观完一楼的监控中心，岳总带我们来到了会议室，会议桌上事先摆好了几盘红通通的大苹果，看着就很诱人，岳总热情地招呼我们："来尝尝我们的翠虹牌红富士，不是有句谚语嘛——一天一苹果，医生远离我，这是去年的苹果，尝尝味道如何？"

我随手拿起一个咬了一口，果然不仅个大皮薄，而且甜脆多汁，虽然已存放了近一年的时间，但口感非常好，像新采摘的一样，"翠虹"这个名字的确与苹果的外形、颜色、口感是高度契合的。岳总告诉我们，公司拥有先进的气调保鲜库，总储量为

12 000吨，库内采用了先进的电脑自动控温系统及气调贮藏技术，改变了传统单一的降温贮藏方法，此过程不需要化学药物进行防腐处理，而是采用低温-0.5~1℃、低氧2%~3%、高氮95%、二氧化碳1.5%的相互作用，使库内的水果长时间处于一个休眠状态，使其贮藏一年后还能保持原汁原味，从营养、外形，色泽、口感及特有风味上，最大程度接近于采收时的新鲜状态。目前公司产品的60%通过天猫翠虹苹果旗舰店、微信商城、北京新发地市场直营店，以及广州、福建、上海的商超进行销售，另外40%用于出口。

翠虹苹果

在我们品尝苹果的间隙，岳总向我们亮出了翠虹苹果的身份证——二维追溯码，我拿出手机轻轻一扫，这箱苹果的所有“档案”一目了然地呈现出来，内容包括苹果的生产基地、浇水、施肥、农药、检测、生产加工、包装等相关信息。

“通过对质量安全信息的全过程获取，确保了农产品从生产到加工到销售各个环节信息的公开透明，应该说很好地保障了公众的知情权，也极大提升了顾客对产品的知情度和信赖度。”我感叹道。

“正因为如此，这小小的二维码标签可是我们翠虹苹果产品大卖的秘诀之一呢!”岳总自豪之情溢于言表，“这得益于我们荣成市大力推广的为食品、农产品提供可追溯管理云服务平台的‘追溯宝’系统。企业在生产过程中，通过该追溯管理系统，为每株果树、每部农业机械、每类包装容器、每瓶农药、每名工人定制固定身份，将农产品种植、施肥、喷药、除草、生产加工、包装、检验检测及销售等信息通过加密计算生成二维追溯码，并打印成标签贴在产品外包装上，实现从种植到存贮、加工、销售全过程可追溯。通过小小的二维码，执法部门不仅可以利用全新的互联网、物联网、移动互联网等技术，实现对产品质量的全方位跟踪和信息化管理，消费者也能借助微信、手机二维码扫描、网络查询等方式，来了解农产品的整个生产、加工和销售过程，大大提升了消费者的信任度。随着消费者食品质量安全意识的不断增强，现在越来越多的采购商也都要求产品包装上必须贴有产品信息二维码，这也为翠虹品牌走向更高端市场奠定了坚实的基础。而且我们公司建有产品质量检验检测室，所有地块产品批批检验检测，确保合格产品入库，同时市农安办每年都对全市的苹果种植基地和种植户开展苹果农残抽样检测工作，还详查果品生产过程的农业投入品记录、农事记录、产品收获销售记录，所以我们荣成苹果的质量安全是绝对有保障的。”

翠虹苹果的追溯宝二维码

- **艰苦创业**

“岳总，您与苹果打了多少年交道了？”我问。

“说起来有 30 多年了吧。我本人是土生土长的荣成人，父母也都是地地道道的农民，小的时候，家里就种了 5 亩果园，都是传统富士。每天放学后或者假期都得帮着父母整理果园，施肥、浇水、打药，老感觉整天有忙不完的活。所以虽然从小就与苹果打交道，但那时根本对种苹果不感兴趣。”岳总回忆说。

“可能因为整理果园的农活剥夺了你玩的时间。”我笑着说道。

“应该是的。”岳总也笑着回应道，“所以 17 岁初中毕业之后，我并不想回家和父亲一起种植苹果，就想出去闯荡一番，那时候毕竟年轻气盛嘛，我先是到鞋厂做了一段时间的业务员，后来又自己贩卖包具，当起了小老板，虽然起早贪黑地确实很辛苦，但过得非常充实，而且收入也不错。”

“那是什么原因又让你重新跟苹果打上交道呢？”我好奇地问。

“大约是 1990 年吧，那年的苹果行情非常不好，便宜的时候每千克苹果只能卖到 1 角钱，尽管价格很低，但那个年代没有冷风库储存，要是不及时卖掉的话，春节以后苹果就更不好卖了。所以当时老父亲真的是一筹莫展，毕竟辛辛苦苦忙活了整整一年，末了却为苹果滞销而犯愁，我当时也是寝食难安。我就想：既然在本地卖不动，为何不往外地卖卖试试？于是，1990 年 10 月，我就背着一书包苹果样品前往了宁波。当时没想别的，就想把自己家的苹果卖出去，结果没想到我们的苹果因为水分大、口感好，在南方很受欢迎，从那时起我再次与苹果打起了交道，从贩卖苹果到建造冷库，再到成立公司和合作社自己种植苹果，一路走来与苹果之间的缘分就变得一发不可收拾了！”岳总虽然很轻描淡写地向我们讲述他的创业经历，但我知道其中肯定充满了各种困难和艰辛。

“岳总，这么多年一路走来，您感觉最难的事情是什么？”我进一步问。

“最难的事应该是搞现代苹果种植基地时进行土地流转的时候吧。”岳总思绪仿佛一下子回到了8年之前，“那时候我想建立自己的苹果种植基地，但是又不想继续走传统种植的老路，于是我就自费到全国各地的苹果种植基地进行观摩学习，参加各种研讨会、培训班，掌握了现代苹果种植的新理念、新模式，脑海中的蓝图也日渐清晰。可当我兴高采烈地向家人和朋友描述着现代果园的美好愿景时，他们几乎没有一个支持我的，有的朋友甚至说：‘你这样一意孤行搞的话，就等着赔钱吧。’尽管如此，我还是对现代苹果的种植模式充满信心，我觉得这就是现代农业的发展方向。所以2010年我就开始流转土地准备搞现代化果园，但是农民手里的土地，是他们的饭碗，本来对于流转就很谨慎，再加上当时很多农民对现代苹果种植模式并不看好，认为我是在‘瞎折腾’，所以一开始根本没人愿意将他们手中的土地流转给我。”

“我知道这种现代化果园种植需要大面积连片的土地，即使大部分人同意流转但若是中间有几户农民不同意的话，现代化的种植模式都很难实现，在这种情况下，您怎么去一一说服他们的？”我担心地问。

“那时候真的觉得很难，但既然想干就得走下去，于是我就厚着脸皮每天晚上走家串户，挨家挨户地去做工作。每次去之前我都要列个单子，哪家同意了，哪家走访了几次还不同意。有的果农很客气，能让我进屋喝点茶水慢慢聊，有的抵触情绪很严重，甚至恶语相向。但令我感动的是，当时荣成市农业局、商务局、农安办等部门都非常支持我的想法，也非常看好这种现代苹果种植模式，他们也派相关工作人员过来帮忙，还有城西街道、河西村、东岭后村村委会的工作人员都同我一起去入户走访，给农民讲解现代苹果种植的前景以及土地流转能给每个家庭带来的实实在在的好处，有了政府部门的支持，农民对我的信任度也大大增加了，那时平均下来我们几乎每家都得跑个三四回，多的能跑个七八回，但最终经过半年多的努力，到2010年年底，我们按照每亩每年900元的价格从农民手里流转了900亩土地，其中100亩作为育苗基地。”岳总现在回忆起当时的艰难仍然历历在目。

“现在咱们公司的现代苹果种植基地有多少亩？”我问。

“现在我们有3 000亩的现代苹果种植基地，2014年11月，我们基地的第一批150吨翠虹苹果一上市就被抢购一空。2015年，在苹果市场低迷的情况下，我们1 000多吨的翠虹苹果春节前就轻松售出350吨，且平均售价达到每千克12元。经过几年的发展，最初不同意流转的农民看到了现代果园的生机活力，也都主动找上门来流转土地。特别是现在土地确权颁证之后，农民流转土地的意愿就更大了，因为土地流转使农民在保持土地基本收益不减少的前提下，能从土地上解放出来外出务工或者在基地里做农业工人，收入渠道进一步拓宽了。”岳总兴奋地说。

“荣成市普遍推行‘公司+基地+标准化+品牌+市场、基地+农民合作社+标准化+品牌+市场’等生产管理模式，实行同一品种、同一农业化学投入品供应、统一采用国际最高标准、统一质量检测、统一收购销售的‘五统一’运作规范，实现了基地生产管

威海市翠虹果品股份有限公司的现代苹果种植基地

理的标准化、集约化和规模化，这大大提升了我们果园的标准化生产水平和产品的质量安全水平。同时也出台了一系列扶持苹果产业发展的政策文件，比如说荣成市对新发展的果园，100 亩以上的，每亩一次性补助 500 元；流转土地，100 亩以上的，每亩补助 100 元，500 亩以上的，每亩补助 200 元，这个力度是相当大的，很大程度上促进了荣成苹果的规模化经营，因为只有规模化经营，现代化的种植模式才能充分显现出它的优势来。目前荣成市已有的 26 万亩苹果当中，有 16 万余亩是全部采取矮化、宽行、密植的现代种植模式，目前荣成市现代果园的种植面积位居全国县级市第一，这也显示了现代苹果种植模式的巨大生命力。”岳总信心满满地说。

● 副总理点赞

“我听说汪洋副总理视察荣成时还专门参观了咱们的基地，还为您点过赞呢！”我问。

“是的，真的非常荣幸！”虽然时间已经过去了两年多了，但提起当年的情形，岳总依然难掩兴奋。“那是 2015 年 10 月 20 日，也正是苹果成熟的时候。汪洋副总理来到我们果园，认真查看苹果的长势，品尝了新采摘的苹果，并问我苹果‘安不安全’。我向他详细介绍了现代化的果园管理技术、质量安全全程追溯系统以及通过‘三租’（即租用农民土地、雇用农民作为产业工人、租借农村闲置荒地与场房），实现‘三得’（即果农得技术、村民得工资、社员得租金）的管理模式后，汪洋副总理很高兴，说我们的经验和做法值得总结和推广，认为这是苹果产业未来的发展方向。汪洋副总理的鼓励，也更坚定了我们发展现代化农业的决心。”

●“抱团”发展

“岳总，我知道您是荣成市苹果行业协会的会长，作为会长，您觉得荣成苹果作为一个区域品牌应该如何更好地去开拓市场？”我又抛出了我的问题。

“一个企业的力量是有限的，如果荣成市所有好的企业联合起来拧成一股绳，便能形成一个大的产业，对苹果产业尤其如此。”岳总非常耐心地回答，“在 2016 年 10 月，荣成市苹果区域公用品牌战略正式发布，这应该说是我们荣成果业发展史上的里程碑。

为避免‘砸牌子’的现象发生，由我们荣成市苹果行业协会牵头，积极协助 10 家首批荣成苹果品牌授权使用单位，按照‘五个统一’的标准，统一内部管理制度，完善经营管理机制，对产品质量、包装等进行统一规范，并建立严格的质量追溯制度，从而很好地维护了荣成苹果的市场形象和品牌声誉，只有企业通过‘抱团’发展，运用统一的生产标准和管理模式来进行种植销售，荣成苹果的内在美和外在美才能完全地展现出来。”

● 一二三产业融合发展

“岳总，下一步公司的发展规划是怎样的？还要继续扩大规模吗？”我穷追不舍。

“在做大做强原有苹果产业的基础上，公司还将对河西、东岭后等村的连片荒山、耕地进行设施农业改造升级，进一步打造集休闲、采摘、垂钓、旅游、生态等多种功能于一体的观光采摘园。同时还要新建农产品展示、培训中心和加工车间用于苹果分拣包装和深加工，并通过‘互联网+’进行宣传和销售产品，走出一条生态环境优良、果品风味独特、产品质量保障、生产效率提升、可持续发展、生态观光、与农民同创业的现代农业之路。”岳总充满信心地回答。

“1994 年日本学者今村奈良臣提出了‘第六产业’的概念，即第六产业=第一产业×第二产业×第三产业，意思是指农村一二三产业的融合发展能够产生乘数效应，从而形成新的竞争力和高效益。公司下一步的发展规划将会很好地促进当地农村一二三产业的融合发展，从而更好地激发价值链，进行产业链的分解、重构以及功能升级，获得更多的效益。”我非常赞同岳总的想法。

“谢谢，我们也正在朝着这个目标努力！其实土地就是黄金，我们现在做农业就好比把钱存到土地里，只要你肯用心、细心、耐心地耕耘，就一定会得到土地的馈赠。我本身就是一位土生土长的农民，我也深爱着这片土地，我坚信农村是将来中国发展最有活力和最具潜力的地方。”岳总深情地说道。

采访结束了，我们握手告别，当车再次经过一片片生机勃勃的现代苹果种植园时，我感慨万千，希望中国农村出现更多的像岳总这样懂农业、爱农村、爱农民的人才，从而让农业经营真正产生效益，让农业成为有奔头的产业，让农民成为体面的职业，也让农村成为安居乐业的美丽家园。

十、又是一年花生收获时——访荣成市副食品公司总经理许明杰①

据老辈人讲，“吃香的喝辣的”中的“香”除了指猪肉之外还包括花生。的确，若是老友相聚，啥也不用，只需一人一把花生一碗酒，便能喝上一下午，足以诉说衷肠。今天我们就去采访集花生种植、花生原料加工、花生制品的制造于一体的综合性花生生产企业——荣成市副食品有限公司总经理许明杰先生。

① 采访人：孙庆珍；采访时间：2017 年 9 月 28 日。

我们到达荣成的时候正值花生收获的季节，一路上无论是在农户宽大的院子里，还是平整的麦场上甚至平屋顶上，到处都能看到晾晒着的颗粒饱满的大花生，同时收获的幸福也都洋溢在每一个人的脸上，仿佛在告诉我们这又是一年花生收获时。

我们驱车很快来到了荣成市副食品有限公司的办公楼，一进大厅，“反思、改进、创新、超越”八个大字的企业文化给人以思考、激励与奋进的感觉。总经理许明杰先生早已在等候我们，相互交换名片简单介绍来意之后就正式开始了今天的采访。许总一口标准的普通话让我顿时轻松不少，因为地道的荣成话对我来说的确是一大考验。

荣成市副食品公司总经理许明杰

- **接过接力棒**

“许总，您还非常年轻，怎么会与花生打交道呢?”之所以这样问，是因为现在很多的年轻人都不愿意留在农村，从事农业。

“从事花生产业源于我的父亲。”许总回忆道，“荣成市副食品有限公司是我父亲在1986年一手创立的，专门做花生产业，后来我父亲年纪大了，也该安享晚年了，就问我愿不愿意接手，说实话我一开始是没兴趣做花生这个产业的，因为那时候我做其他生意，事业发展的也非常顺利。但是副食品公司发展到现在毕竟30多年了，真的不舍得父亲这份心血，于是在2011年我就真正接过了父亲的接力棒，当时我父亲就跟我讲，作为实业来说，一般10年为一个周期，其中4年赚钱，4年不赚钱，2年赔钱。所以我父亲说我不要求你10年都赚钱，你只要能遵循这个规律，咱们的这个企业就能永远地生存下去。说实话，以前做生意的时候，虽然挣钱相对容易，但人会变得非常浮躁，总想一口吃成个胖子，而接手公司做了一段时间之后，整天跟花生打交道，我突然感觉整个人变得非常踏实，很有成就感。父亲看我确实在用心地去经营，也就慢慢放手让我自己去干了。”

“公司从一开始到现在一直就是做花生产业吗?”我问。

“是的，公司在刚成立的时候业务很简单，就是向日本出口花生生料，几乎不做任何加工，2008年由于客观原因开始转型，到现在我们公司集花生种植、花生原料加工、花生制品的生产于一体，目前有基地近1.4万亩，固定资产5 000万元，营业面积4.3

万平方米，包括了 3 条油炸线、1 条烤果生产线、1 条花生制品小包装生产线、2 条原料加工生产线和库容 4 000 吨的冷风库。公司年产花生大约 1 万吨，其中出口占到 60% 左右，主要是出口到日本，也包括中东、欧盟、香港、东南亚等国家和地区，在出口的约 6 000 吨花生产品中，生料只能占到 10%，烤果、油炸仁等花生制品占到了 90%。”许总介绍道。

荣成市副食品公司花生加工车间

- **吃花生好处多**

“日本人为什么这么钟爱胶东的大花生呢?”我好奇地问。

“首先日本人喜欢吃花生。我们知道吃花生的好处确实非常多，花生中富含叶酸、膳食纤维、精氨酸等，能对心脏起到保护作用，同时花生中的钙含量极高，可以促进人体的生长发育，而且花生中所含有的儿茶素对人体具有很强的抗老化的作用，所以多食花生，有助于延年益寿，这也是花生为什么又称‘长生果’的重要原因。正因为花生有这么多的优点，所以日本人很喜欢吃花生，而且日本的 NHK 电视台经常播放一些宣传片，宣传吃花生对人体的健康是非常有帮助的。我记得宣传片中他们还把花生和杏仁、扁桃仁、开心果等其他坚果放在一起作比较，花生和这些高价位的坚果相比，价格便宜，但功效差不多，这样一来日本人对花生的消费就更多了。日本人除了直接食用花生，还与米果搭配起来食用，米果是日本历史悠久且颇受欢迎的一种传统休闲食品，原料以大米或糯米为主。花生与其搭配，营养丰富，老少皆宜，可谓‘黄金搭档’。”说到这儿，许总特地让人拿过一包他们与日本最大的米果销售商合作生产的花生米果让我们品尝，吃起来确实非常酥脆可口。

“以前日本人喜欢吃的这种大粒花生主要来自世界最著名的花生产区之一——日本的千叶县。”许总继续说，“但随着时间的推移，千叶县的花生产量已远不能满足日本人的需求，而威海市位于胶东半岛最东端，与日本千叶县处于同一纬度，并且土壤为沙壤土，透气性好，得天独厚的地理位置和气候条件极为适宜大粒花生的生长，我们知道我国种植的大部分花生主要是用来榨油，而直接食用时由于含油量较高，吃起来会有一点苦涩感。威海大花生的特点就在于含油量比较低，而含糖量却比普通花生高出 40%～

60%，油酸、亚油酸比值也比普通花生高出 50%，所以威海大花生含糖量高、脂肪低、外形大而饱满、口感较一般花生香且香中带甜，从而深受日本消费者欢迎。日本大粒花生 90%来自山东省，其中 50%以上是来自威海市。”

听了许总的介绍，才知道这小小的花生竟然蕴涵了这么丰富的营养。

出口日本的大粒花生仁

● **好花生是种出来的**

“公司目前的花生基地情况如何？”我问。

“我们公司一直非常重视基地建设。早在 1997 年就开始建立花生基地，目前已形成了比较完整的基地建设体系，主要有两种形式，第一种是自有基地，这个量很少，目前只有 140 亩，因为毕竟我们公司只做花生制品，如果原料只靠自有基地的话，成本就太高了，我们设立自有基地的主要目的就是进行示范种植，用我们不断创新的技术和管理方式进行种植，然后再进行推广。第二种是契约合同基地，我们在荣成发展了 1.4 万亩基地，对合同基地农户，我们实行良种统一采购、种植所需杀虫、杀菌、除草三类农药免费发放、病虫害防治指导、技术指导、保护价收购及机械化耕种等‘菜单式’半托管服务，让农民种得放心。我们在每个种植村确定一名基地管理员，负责逐户签订种植收购合同，同时我们会对基地管理员每年进行 2~3 次的培训，基地管理员再给村民进行培训，做好宣传、农药发放及监督工作。这种‘菜单式’半托管服务能有效地组织好大规模的标准化生产，达到互惠互利的合作共赢关系。我们每年都要与社员农户签订种植购销合同，将基地面积落实到户、到地块，并绘制地块图，标明农户地块编号、地块面积、种植作物名称及周边环境，根据地理位置划片分组，并编制基地农户汇总表，建立完整的基地生产原始记录，并进行归档，保证在秋季花生收购时，每一批次都能够与生产农户直接对应。为此我们专门注册了‘圣农’这一品牌，先后取得 A 级和 AA 级绿色食品基地、日本有机协会（JONA）的 JAS 和欧盟认证机构 ECOCERT 的双重有机认证。”许总介绍说。

荣成市副食品公司的花生种植基地

- **保价收购**

“就像您刚才介绍的，公司主要是靠合同基地来保证原料来源，但是农民的契约意识相对来说是比较薄弱的，公司免费提供了农药等生产资料，但收获时农民不把花生卖给公司怎么办?”我在其他地方调研的时候有很多公司或合作社都出现过这样的问题，令他们很是头疼。

“这个问题不用担心的。”许总笑着说，“我们公司对合同基地的花生采取的都是保价收购，从每年的10月公司开始收购花生，收购价格公司可以一直保价到12月底，农户把花生卖给我们公司，我们给他打好收据，然后第二年1月付款，付款价格是按照上一年的10月1日到12月31日期间的市场最高价来支付的。以2016年为例，10月收购开秤时是4元/斤，后来涨到最高价5元/斤，我们最后就是按照5元/斤的价格支付给合同农户的，虽然大部分农户在出售时市场价格大都在4.5元/斤。所以通过农资免费发放、保护价收购及机械化服务等方式，让签合同的农户在前期种植、后期销售中都能得到实实在在的好处，既解除了他们的后顾之忧，也保证了我们公司原料来源的数量和质量。”

- **黄曲霉毒素**

“日本对农产品农残限定的高标准是众所周知的，那出口日本的花生农残情况如何?”我问。

“2006年日本肯定列表制度涉及花生的农业化学品达到300多种，但实际上我们这个地区在花生种植上被农户广泛使用的农药也就七八种，所以只要加强管理，就能有效避免花生的农残超标问题。”许总继续说，“日本肯定列表制度实施以后，荣成市政府的反应速度是相当快的，一方面，通过荣成市农安办下发了《关于禁止经营、使用乙草胺、福美胂农药的通知》，通知要求在荣成地区全面禁止乙草胺等在花生种植中使用。同时对全市的农资经营单位进行‘拉网式’检查，对乙草胺等农药进行集中清理

荣成电视台播报关于荣成市副食品公司保价收购社员花生的新闻

整顿，及时将源头控制住了，农业化学投入品‘一个关口流入、一个管道流出’的经营模式也很受我们企业和农户的欢迎。另一方面，指导企业以无偿提供、差额补助等方式为基地种植农户提供异丙甲草胺等国外限量较高的农药，来替代乙草胺等农药的使用。而且荣成市农安办等部门会定期对花生进行抽样，送至出入境检验检疫局统一检测，并定期公布检测结果，我们公司自己也建有检测室，对基地大花生质量进行检测，符合标准的才能进行收购和销售。所以从 2010 年以来，荣成辖区未发生一起出口花生检出乙草胺问题。”

“其实这些年困扰我们花生企业的最大问题不是农残超标而是黄曲霉毒素超标。”许总话锋一转，继续介绍说，“花生从田间到收获、贮存、加工等各个环节都有感染黄曲霉的风险，它跟气候、水分、土壤、温度等都有关系，而且带有黄曲霉的花生还有可能会传染给周围的花生，会蔓延和扩散，这是人为控制不了的。几年前人们都对黄曲霉的概念不了解，以为那些发霉的花生中才含有黄曲霉毒素，但实际情况并非如此。我们曾做过检测，有些发霉霉烂的花生中并不含有黄曲霉，但有些品相好的花生中却被检测出黄曲霉毒素超标，这是人肉眼看不到的，也是非常令人头疼的问题。”

“那如何检测花生中黄曲霉毒素是否超标呢？”

“到目前为止，几乎所有的设备都是通过化验的方式来检测黄曲霉毒素是否超标，但如果化验的话就必须将花生粉碎，但是花生粉碎之后就无法销售了，因为我们出口到日本的花生会有一个指标：破瓣率，有些客户要求破瓣率不能超过 6%，有的甚至要求不能超过 3%。我们公司也曾在 2014 年花了 100 多万元买了一台花生选别设备，可以通过红外线透过花生的表皮看内部结构，将含有黄曲霉毒素和其他一些霉变的花生挑选出来，虽然比用化验的方法检测先进了许多，但还是出现了用机器检测合格的花生到日本又被检测出黄曲霉毒素超标的情况，所以我们不能全部依赖这台设备，也依然进行抽样化验。一般我们会在每年的 7 月 30 日、8 月 15 日、9 月 30 日这 3 个花生的生长阶段进行抽检，特别是 9 月 30 日的这次抽检我们会和荣成市商检局联合取样，来了解荣成地区当年花生的农残、黄曲霉等的总体情况。我们的生料在5月以后都是用冻柜脱氧包装运输，避免在运输过程中产生黄曲霉毒素。油炸成品车间每天都会检测一次，也就是一个出口柜至少要做3~4次检测。”许总解释说。

“黄曲霉毒素是比较危险的致癌物质吗？网上好像有些相关的报道。”我接着问。

“黄曲霉虽然是致癌物质，但是经过权威专家的研究发现：如果每天都食用日本上限量的黄曲霉毒素超标花生并且连续食用75年才有可能会得癌症，所以致癌的概率是非常非常小的。”许总说。

“日本自己产的花生也存在黄曲霉素的问题吗？”我问。

“当然存在，只是他们不承认、不报道而已。”许总回应道，“他们一般会在千叶县找一块最好的地选出花生来，只检测1次，当然检测不出来，然后就对日本的国民消费者宣布日本产的花生是没有黄曲霉毒素的，是很安全的，大家可以放心食用，慢慢地，日本人就会觉得只要是日本本土的农产品质量都是好的，价格高也是理所当然的。以花生为例，日本的花生分日本产、中国产和中国原料日本加工这3种，日本产的花生价格是从中国进口的花生价格的10倍左右。但这两年我国的花生价格也在不断上涨，所以日本进口花生的成本也在增加，相应的花生制品价格也会水涨船高。但是日本厂商调价是通过减少重量或降低花生含量等方式保持利润，比如一包米果原来的重量是65克，现在降到50克，或者米果里面的花生含量由40%降到30%，但销售价格保持不变，日本厂商通过这种方式，来调节自己的成本。”

• “三同”——同线、同标、同质

“2014年9月，李克强总理在视察质检工作时提出了‘三同’的要求，山东省特别是威海市也高度重视，已经在大力地推行，您怎么看待这样一个标准？”我问。

“三同”即同线、同标、同质，是指出口企业在同一条生产线上，按照相同的标准生产出口和内销产品，从而使供应国内市场和供应国际市场的产品达到相同的质量水准。

许总不假思索地说：“‘三同’标准我是非常赞同的，国内的消费者理应享受出口食品农产品同样的质量安全标准，而且这标准是就高不就低。我们公司相对来说国内市场做得少一些，目前永辉和物美这两个大超市是我们国内的最大的客户，主要给他们供应原味的烤果，当时选择进入这两家超市，主要因为我们有共同的经营理念，就是更加注重农产品的质量安全，而不是一味地压低价格，所以我们供应超市的花生和出口日本的花生在各个环节上的标准都是一样的，虽然价格上会稍高一些，但现在国内消费者的质量安全意识也在逐步增强，所以国内市场的发展空间是非常大的，我们最高的时候国内市场一年可做到1 000多吨，我们也希望通过我们的努力，让荣成大花生这一品牌无论在国内市场还是国际市场上都更加名副其实、熠熠生辉。”

虽然还想了解更多的情况，但因为有客户已经等待许总很长时间了，我们很是过意不去，感谢许总后我们便起身告退，但许总还是坚持送我们到楼下。在返回的途中，看到几位老人围坐在一起一边剥着花生，一边聊着家常，共同展望着来年的丰收，让人感觉小小一粒花生不仅包含着大自然的慷慨馈赠，更能带给人无限的希望。

附录一

山东省人民政府办公厅
关于加快推进出口农产品质量安全
示范区建设的意见

鲁政办发〔2009〕43号

各市人民政府，各县（市、区）人民政府，省政府各部门、各直属机构，各大企业，各高等院校：

为深入贯彻落实党的十七届三中全会精神和《中共山东省委关于认真贯彻落实党的十七届三中全会决定推进我省农村改革发展的意见》（鲁发〔2008〕23号），进一步提高我省出口农产品质量安全水平，促进农产品出口稳定增长，经省政府同意，现就加快推进出口农产品质量安全示范区建设提出如下意见。

一、总体要求

山东省人民政府办公厅文件坚持以科学发展观为指导，建立“政府主导、部门联动、企业主体、市场运作”的工作机制，对出口农产品各环节、全过程进行质量安全监管，在实施出口农产品质量安全区域化管理基础上，推行以企业为龙头、基地为依托、标准为核心、品牌为引领、市场为导向“五位一体”的出口农产品质量安全示范区发展模式，全面提升我省农产品国际竞争力。3年内在全省农产品出口主产区建立起规范的化学投入品“供、销、用”全程链式管理机制，40%的县（市、区）建成出口农产品质量安全示范区，示范区出口农产品符合国际标准和进口国（地区）质量安全标准，实现“源头无隐患、投入无违禁、管理无盲区、出口无障碍”的示范效果。

二、体系建设

（一）健全出口农产品质量安全标准化体系。依据国际标准和进口国（地区）技术标准、规程，结合实际，组织制定出口农产品标准。鼓励引导农产品加工企业和流通企业开展质量管理（ISO）、良好农业操作规范（GAP）、良好生产规范（GMP）、危害分析与关键控制点（HACCP）等体系认证，支持农产品出口企业开展美国NOP、

KOSHER、日本JAS、欧盟GLOBALGAP、英国BRC等国际认证，提高示范区标准化管理水平。各级政府负责制定标准化建设推进计划，促进示范区基地连片开发、标准化建设。

（二）健全农业化学投入品控制体系。农业部门会同有关部门根据出口农产品质量安全要求，制定《示范区农业化学投入品使用规范》《示范区农业化学投入品生产企业登记备案管理办法》，对允许使用的农业化学投入品及其生产企业实行备案管理，清理整顿农业化学投入品销售渠道，对有关药物实行专营专供。农业（畜牧）、海洋与渔业部门要对使用环节加强指导，规范用药。检验检疫部门负责指导出口农产品生产加工企业建立生产经营台账，严格记录生产环节投入品使用，形成农业化学投入品“供、销、用”全程链式管理机制。

（三）建立出口农产品质量安全可追溯体系。利用现代信息技术，对各环节、各关键点进行信息收集记录并实现逆向查询，逐步建立起源头可追溯、流向可跟踪、信息可查询的出口农产品质量安全全过程可追溯体系。以出口企业为主体，在产地环境、种植、养殖、农业化学投入品采购使用、病虫害防治与疫病控制、收获、储藏、运输、加工、包装、出口各环节建立可追溯体系。以经营企业为主体，在农业化学投入品的采购、储运、销售等环节建立可追溯体系。建立完善出口农产品质量安全可追溯信息平台，提高出口农产品质量安全可追溯能力。

（四）完善出口农产品质量安全监控评估预警体系。农业（畜牧）、海洋与渔业部门负责制定农产品质量安全、疫情疫病监控计划和实施方案；检验检疫部门对出口农产品实行监控检测，收集、汇总出口农产品质量安全信息，并及时通报。各监管部门根据监控检测结果和质量安全状况，定期开展风险评估，对农药兽药残留等重大质量安全隐患及时发布预警通报，提出整改工作方案并采取相应纠偏措施。各级政府要建立出口农产品质量安全重大突发事件应急处置机制，对重大突发事件立即启动应急处置预案，有效防范进口国对我省出口农产品启动停止进口程序或封关等措施。

（五）建立企业质量安全诚信体系。广泛开展道德、法律教育和诚信管理知识培训，进一步提高企业诚信意识、自律意识、社会责任意识。检验检疫部门会同有关部门制定失信行为举报、诚信信息甄别、被惩戒者申诉及复核、守信企业鼓励和失信企业惩戒等制度，建立信息共享机制，把诚信体系建设纳入制度化轨道。建立示范区出口企业诚信档案和产品质量信用记录，定期评价、发布企业质量安全诚信信息，对诚信企业予以表彰，对因失信造成出口农产品质量安全被国外官方通报并产生重大影响的企业，要依法进行处理。强化政府监管、行业自律和社会监督，逐步建立起示范区企业质量安全诚信体系。

（六）建立多元化国际市场体系。加快引进一批国际知名农产品加工企业和品牌，利用其国际营销渠道，带动我省农产品进入国际市场或直接进入大型连锁超市。重点引进一批境外目标市场农业新品种、新技术，生产开发适合目标市场需求的农产品，提高市场开拓的针对性和有效性。整合各种资源，发展壮大一大批起点高、规模大、带动力强的出口龙头企业，培育我省具有地方特色的农产品出口品牌，提高国际市场知名度，增强农产品出口示范带动效应。以动物源性产品、有机食品、特色农产品、调理食品等终端产品为重点，提高深加工程度和附加值，巩固开发日本、欧盟、美国等发达经济体高端市场；以蔬菜、果品、大蒜、粮食制粉、植物源性产品等具有比较优势和贸易互补农产品为重点，拓展韩国、我国港台、东盟等市场；以开发适合当地民族、市场口味特色的制成品为重点，研究细分市场，拓展南亚、中东、拉美、独联体等新兴市场。及时发布国际展会信息，组织指导示范区出口农产品企业参加国内外重要食品博览会等专业展会和促销活动。充分发挥驻外经商参处和机构的作用，及时向农产品出口企业传递国外农产品贸易政策、市场动态和商品信息，指导企业有重点、有针对性地开拓国际市场。

三、保障措施

（一）强化组织领导。各级政府对本区域出口农产品质量安全示范区建设负总责，要进一步强化组织领导，健全工作机制，制定完善工作方案，建立健全责任制，对职能部门履行职责情况进行考核，全力推进本区域出口农产品质量安全示范区建设。

（二）明确部门责任。建立各司其职、密切配合、齐抓共管的部门合作推进机制，形成推动全省出口农产品质量安全示范区建设的强大合力。农业（畜牧）部门负责植物产品原料种植环节和动物产品原料养殖环节的质量安全监管，加强对农业投入品使用的管理和指导，制定保障农产品质量安全的生产技术要求和操作规程，监测农产品生产区域水体、大气、土壤等环境，与环保部门按照职责要求分别负责农业环境污染防治监管。环保、质量技术监督部门会同农业（畜牧）、海洋与渔业等部门制定示范区产地环境质量标准和污染物排放标准。海洋与渔业部门负责水产品和水生动植物原料养殖环节的质量安全监管。检验检疫部门负责出口农产品的质量安全监督和出口农产品生产企业、出口农产品原料种植、养殖场的备案，并及时发布对出口农产品的警示通报信息。质量技术监督部门会同农业、工商行政管理部门负责组织协调依法查处生产和经销假冒伪劣商品活动中的质量违法行为和标准化、计量工作的管理。工商行政管理部门负责农资市场及流通环节监管。商务部门负责出口农产品综合协调及相关信息服务。

（三）加大政策扶持。积极争取国家促进农产品出口各项扶持政策。充分发挥各级财政资金的引导作用，加大对出口农产品质量安全示范区建设、出口农产品龙头企业、检测实验室、出口基地、品牌、新产品开发、市场开拓、国外注册认证、专业培训、应对贸易摩擦等方面的支持力度。检验检疫、海关、税务等相关部门为出口企业提供贸易便利化和信息服务，建立示范区出口农产品报检通关快速服务通道，优先办理检验检疫和通关手续，减少抽检频次和抽样数量，降低口岸查验比例。2009 年继续按规定减免出口农产品出入境检验检疫费，对农产品报关采取优先接单、优先审核、及时查验。

（四）扩大宣传培训。利用各种方式和渠道，加大对出口农产品质量安全示范区的对外宣传推介力度，树立山东农产品良好国际形象和较高美誉度。普及农产品质量安全常识，提高全社会、全民的出口农产品质量安全意识。进一步加强对出口农产品相关人员的培训，制订培训计划，有步骤、有重点、分层次地开展出口农产品质量安全体系、政策法规宣讲，定期组织有关专家逐级进行有关管理措施、技术规范的全面培训，强力推广国际化农产品质量安全管理模式，为加快出口农产品质量安全示范区建设打下坚实基础。

（五）加强考核管理。省商务部门会同有关部门研究制定山东省出口农产品质量安全示范区认定标准和考核管理办法，对示范区实行定期考核和动态管理。

各市、县（市、区）政府和省有关部门要结合各自实际，抓紧制定具体实施办法和细则，确保全省出口农产品质量安全示范区建设取得扎实成效。

山东省人民政府办公厅

2009 年 6 月 5 日

附录二

山东省人民政府办公厅
关于创建出口农产品质量安全
示范省的实施意见

鲁政办发〔2014〕28号

各市人民政府，各县（市、区）人民政府，省政府各部门、各直属机构，各大企业，各高等院校：

我省是全国重要的农产品生产、出口、消费大省，也是最早开展出口农产品质量安全示范区（以下简称示范区）建设工作的省份，经过多年努力，目前已有78个县（市、区）建成示范区、8个市建成出口农产品质量安全示范市（以下简称示范市），有效提高了农产品质量安全水平，巩固了出口农产品在全国的领先优势。为适应农产品出口新形势和农产品质量安全新要求，在国家有关部委支持下，确定创建出口农产品质量安全示范省（以下简称示范省），经省政府同意，现提出以下实施意见。

一、总体要求

（一）指导思想。深入贯彻党的十八届三中全会、中央经济工作会议、中央农村工作会议和习近平总书记视察山东重要讲话精神，按照“一个标准、两个市场、以外促内、统筹发展”的总要求，以市场为导向，以标准为基础，以品牌为引领，以可追溯为保障，加快培育出口农产品国际竞争新优势，推动内外贸一体化发展，为全面提升农产品质量安全发挥引领作用，促进优质农产品由出口保障转向全民共享。

（二）发展目标。通过连续3年的示范省创建活动，到2017年，基本实现以下目标。

1. 全产业链标准体系初步建成。在水海产品、肉食品、蔬菜、果品、花生、粮油制品等全省六大类主要出口农产品中普遍推行国际标准，构建起涵盖生产、加工、包装、储存、运输、消费各阶段关键质量安全技术要求的农产品全产业链标准体系。

2. 农产品品牌建设走在全国前列。在农产品生产、出口、流通等领域涌现出一批有较强竞争力的龙头企业，重点培育的农产品国际知名品牌达到100个，品牌农产品占出口农产品的比重和特色农产品地域品牌的市场认可度大幅提高。

3. 农产品市场竞争力进一步提升。农产品年出口力争达到200亿美元，国际市场份额进一步提高，在全国的领先优势更加稳固。优质农产品在国内高端市场的占有率进一步扩大，美誉度明显提升。

4. 农产品市场流通更加高效便捷。农产品市场布局进一步优化，建成一批功能集聚的农产品批发市场、绿色便捷的农产品零售市场、高效规范的电子商务新型市场。

5. 农产品质量安全水平不断提升。全省 80%以上的县（市、区）建成示范区，主产区的市建成示范市，出口农产品检验检疫合格率保持在 99.95%以上，区域性、系统性和行业性重大农产品质量安全风险得到有效控制。

二、健全质量安全体系，夯实示范区建设基础

（一）全面推行国际标准，健全农产品标准体系。大力支持农产品企业开展 JAS、GLOBALGAP、NOP 等国际农产品标准认证，广泛开展质量管理体系（ISO）、良好农业操作规范（GAP）、良好生产规范（GMP）、危害分析与关键控制点（HACCP）等标准的认证评价，提高农业经营主体标准化生产水平。逐步推行全产业链标准体系，以蔬菜为切入点，逐步扩大到其他种植业产品和畜产品、水产品、林产品，培植一批生产基地、农民专业合作社、家庭农场等示范典型，带动标准的推广应用。

（二）加强全程监管，健全农业投入品控制体系。依法加强对农业投入品生产、销售、使用的全程监管。强化经营准入管理，建立以农资连锁经营和直销配送为主渠道的农业投入品经营体系，整体提升经营主体素质。实行农兽药经营告知制度，对高风险农兽药实行定点经营，严禁销售、使用违禁农兽药。加强农业投入品联合执法，对不符合法定经营条件和经销假冒违禁农业投入品的单位坚决予以取缔和打击。支持在农村设立农产品质量安全监管员，协助做好农产品生产经营过程监督。

（三）加快信息化改造，健全可追溯体系。充分利用“大数据”“物联网”等现代信息技术，实现对农产品生产、流通全过程的信息管理，建立全覆盖的可追溯体系。以经销企业为主体，在农业化学投入品的采购、储运、销售等环节建立可追溯体系。加强基础信息采集，扩大信息采集点覆盖面，将示范区可追溯信息系统与山东省农产品国际标准质量安全公共平台对接，实现农产品质量安全信息互通共享。

（四）构建多层次培育机制，健全品牌引领体系。建立农产品品牌工作推进机制和激励机制，鼓励出口龙头企业开展商标国际注册，打造自主品牌，收购、租赁国际知名品牌。突出示范区区域特色，积极申请注册集体商标、证明商标，培育发展、依法经营区域公用品牌。推动示范区开展农产品国家地理标志认证，打造一批山东地域品牌。积极组织参加“食安山东”品牌引领行动。

（五）加强风险防范，健全监测预警体系。提高基层检测能力，扩大农药残留速测点、水产品速测点、瘦肉精检测点覆盖面，实现对农产品生产基地和重点商贸流通市场的全覆盖。建立农产品质量安全检测评估制度，及时收集、汇总、分析国外预警通报以及国内农产品质量安全信息，定期开展评估工作，根据评估结果对监测工作作出动态调整。健全出口农产品质量安全重大突发事件应急处置机制，及时把握舆情，最大限度地

减少损失。建立健全出口农产品技术性贸易措施预警和快速反应机制，指导企业积极应对国外技术壁垒。

（六）强化全民参与，健全科技服务体系。建立和完善多元化农业科技服务体系，制定出台激励政策，支持和鼓励各类社会化服务组织提供适时、实用、全面的农业科技服务。全面开展农业科技、质量安全、标准规范等领域的培训，为示范区建设提供专业人才支撑。建立新型职业农民全员经常性培训制度，采取“远程培训”和“现场培训”等灵活的方式，加快培养一批生产经营型、专业技能型和社会服务型职业农民。加大宣传力度，广播、电视、报纸、网络等新闻媒体采取多种形式，大力宣传普及农产品科技和质量安全知识，提高全民意识。

三、统筹整合区域资源，提升示范市建设水平

（一）建设区域性现代农产品流通市场。加强农产品流通市场统筹规划，整合、改造、提升一批区域性农产品批发市场，着力打造农产品集散中心、展销中心、价格形成中心。加快发展农产品冷链物流，建设区域性农产品冷链物流配送中心和肉类、水产品、果蔬等重要农产品冷链物流基地。大力推行农产品市场准入制度，依法公布准入产品种类和条件。

（二）打造区域性农产品检验检测中心。稳妥推进业务相同或相近的检验、检测机构整合工作，逐步发展区域性综合检验检测机构，有条件的市要集中培育 1~2 个国家级、省级综合性农产品质量安全检验检测中心。依法开展产地准出和市场准入检测，强化区域内检测预警监控责任。加强各检测机构之间的交流，鼓励组建技术联盟，提升重点领域检验检测能力，实现信息共享、检测结果互认。

（三）构建区域性农产品主体功能区。依托区域农产品资源优势，科学确定主体功能区，重点建设一批水海产品加工贸易集聚区、肉食制品精深加工区、蔬果生产流通区和粮油制品仓储加工区。推动人才、项目、资金、技术等要素向主体功能区集聚，融研发、生产、销售、检测功能于一体，形成一批相互配套、功能互补的农产品企业集群，辐射带动区域经济发展，打造全国领先的优质农产品高地。

四、加快建设公共服务平台，强化示范省引领效应

（一）加快建设质量安全公共信息平台。建设山东省农产品国际标准质量安全公共服务平台，参照日本、欧盟等进口国家（地区）标准，制定全省主要出口农产品全产业链标准体系，通过信息化、标准化的紧密结合，形成责任清晰的诚信管理体系，建立起第三方认证和监管机制，打造有公信力的示范省优质农产品整体品牌。完善检验检疫、食品药品监管、工商、质监等部门农产品企业信用管理体系，实现信息共享，将信用评级结果应用于企业分类监管。实行农产品生产经营者“黑名单”和“红名单”制

度，定期向社会发布。

（二）加快建设国内外市场开拓平台。加强示范省整体宣传推介，提高山东农产品国内外市场美誉度。组织企业参加农产品国际展会，提高日本、欧盟、美国等高端农产品市场份额，大力开拓中东、非洲、南美洲等新兴市场。支持农产品企业“走出去”，积极拓展“一带一路”市场。加快推进中韩农产品质量安全示范区建设，与更多国家和地区共建示范区。不断提高省内农产品展会规模和档次，培育有影响力的山东国际食品农产品博览会。推动示范区与省内外连锁超市对接，提高国内市场份额。大力发展农产品电子商务，开展线上线下相结合的产销一体化经营。

五、强化组织保障，营造良好氛围

（一）加强组织领导。建立创建示范省部门联席会议机制，商务、检验检疫、农业、财政、海洋与渔业、林业、工商、质监、食品药品监管、畜牧兽医等部门参加，按照职能分工开展工作，各负其责、密切协作，合力推进创建工作。各市、县（市、区）政府对本地区出口农产品质量安全负总责，要强化组织领导、健全工作机制，完善工作方案、强化组织实施，建立健全责任制，对职能部门履行职责情况进行督查。未建成示范区、示范市的要加快推进建设步伐，已建成的要加快转型升级、提高运行质量，确保示范省创建各项任务目标落到实处。

（二）强化政策保障。优化整合支持外经贸发展和商贸流通业发展相关资金，突出重点，积极支持示范省创建工作。各市、县（市、区）政府要进一步加大对示范市、示范区建设的支持力度，引导社会资金积极投入农产品质量安全工作，逐步建立多元化投入机制。

（三）严格监督问责。加强对示范省创建工作的监督检查，对各市工作情况进行通报。实施示范区、示范市动态管理和退出机制，对连续 2 年抽检不合格、整改无效果和发生重大农产品质量安全事故的予以摘牌。完善责任追究制度，对监管不力、失职渎职，致使发生重大农产品质量安全事故的相关责任单位和责任人进行问责。

山东省人民政府办公厅

2014 年 7 月 29 日

附录三

山东出口食品农产品质量安全示范省评估报告

前　言

山东省是农业大省，粮食、瓜菜、水果、畜产品、水产品等主要农产品产量均居全国前列。山东也是农产品出口大省。加入世界贸易组织（WTO）以来，我国农业参与国际合作和竞争面临新形势，国外农产品贸易壁垒增多，国内食品安全越来越受到关注，确保质量安全成为农产品出口的核心问题。山东省委、省政府高度重视出口农产品质量安全工作，把提升出口农产品质量安全水平作为推动农产品出口、新旧动能转换、提高农产品国际市场竞争力的关键举措，作为加快农业供给侧结构性改革、促进农业现代化的重要手段。

为解决出口农产品质量安全问题，山东开创性提出质量安全区域化管理概念，率先提出并开展出口农产品质量安全示范区建设，并逐步发展到示范市、示范省创建阶段。山东示范区经过十年发展，已形成一定规模，省域示范功能成效明显，理论内涵和外延也在不断扩展。

为全面总结山东范区建设十年经验，查找建设中存在的问题，提出发展建议，中国质量认证中心受山东省商务厅委托，按《山东省商务厅关于做好出口食品农产品质量安全示范省考核评估暨成果总结工作的通知》（鲁商办发〔2017〕2 号）要求，开展本评估工作，并于 2017 年 6 月形成本次评估报告。

第一部分　评估概况

一、评估目的

对山东创建示范省①进行整体评估，总结示范省创建经验，查找存在问题，提出下

① 为表述简练，本评估报告中，出口农产品质量安全示范区简称示范区，出口农产品质量安全示范市简称示范市，出口食品农产品质量安全示范省简称示范省。

一步发展对策和建议，并撰写评估报告。

二、评估范围

目前，山东共有106个省级示范区，其中包含49个国家级示范区，13个示范市。本次评估对象为山东区域内所有示范区、示范市及其所属组织。

三、评估方法

采取材料评审、问卷调查、现场调研等多种方式进行评估，对收集材料进行数据分析，获得评估结论。本次评估采集数据、现场评估时间为2017年4—5月。

1. 材料评审

评估组专家对所收集的示范区建设材料、示范市和示范区汇报资料进行汇总、分析，根据示范省评估要点总结示范省创建经验。

2. 问卷调查

问卷调查对象包括所有示范区相关部门及相关组织。对示范区收集的问卷（共收回106个示范区的调查问卷，其中有效问卷95份）进行统计、分析。

3. 现场调研

按照示范区管理职责，对不少于10%的示范区进行现场调研。范围覆盖省级主管部门、示范市、国家级示范区和省级示范区。

本次现场评估省级主管部门包括山东省商务厅、山东出入境检验检疫局、山东省财政厅、山东省农业厅、山东省海洋与渔业厅，示范市有威海市、潍坊市、莱芜市、烟台市，示范区位于荣成市、乳山市、文登市（2014年撤销文登市，设立威海市文登区）、环翠区、莱阳市、安丘市、峡山区、寿光市、兰陵县、乐陵市、莱城区、钢城区、章丘市（2016年撤销章丘市，设立济南市章丘区）。

四、评估指标

根据《关于印发国家级出口农产品质量安全示范区考核实施办法的通知》（国质检食〔2014〕216号）、《关于加快推进出口农产品质量安全示范区建设的意见》（鲁政办发〔2009〕43号）、《山东省出口农产品质量安全示范区发展规划（2011—2015）》《关于创建出口农产品质量安全示范省的实施意见》（鲁政办发〔2014〕28号）等示范区工作重点和示范省发展目标，确定从以下8个方面进行评估。

1. 示范区建设状况

对示范区的产业规模、发展状态、经济水平等方面进行评估。

2. 制度建设

对示范区建设配套制度、组织保障体系、管理模式进行评估。

3. 体系建设

对示范区建设的标准化体系、农业化学投入品控制体系、可追溯体系、监控评估预警体系、安全诚信体系和多元化国际市场体系进行评估。

4. 农产品质量安全水平

对示范区农产品质量安全水平进行评估。

5. 品牌提升与影响力

对示范区内农产品区域品牌、企业自主品牌影响力进行评估。

6. 农产品竞争力

对示范区内农产品国际、国内竞争力进行评估。

7. 农业经济发展

对示范区建设对农村经济的影响、农民收入的影响进行评估。

8. 可持续发展

对示范区内农业可持续发展现状进行评估。

第二部分　基本情况

一、发展历程

2007—2017 年，示范省创建经历了区域化管理、示范区建设、示范市建设和示范省创建四个阶段（图 1）。

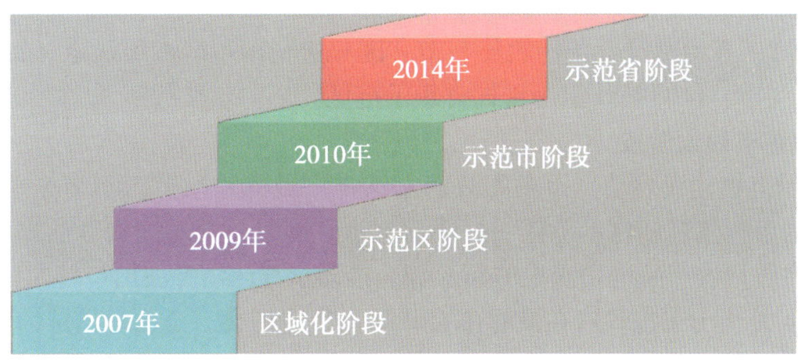

图 1　山东示范省发展历程

（一）区域化管理阶段

2007—2008 年是区域化管理阶段。这一阶段是山东积极应对国际市场压力，克服国外技术性贸易壁垒，确保出口农产品满足市场需求，逐步提出并实施区域化出口农产品质量安全管理的阶段。

2007 年，为适应日本肯定列表制度和欧盟新的食品安全卫生法规，安丘市率先试点出口农产品质量安全区域化管理，在推行“公司+基地+标准”基础上，探索“政府主导、科学指导、龙头带动、部门联动、全民行动”（简称“两导三动”）的管理方式，初步构建了出口农产品质量安全区域化管理新模式，即“安丘模式”。2007 年，时任国务院副总理吴仪到安丘市考察，对试点实施的区域化管理工作给予了充分肯定和高度评价。

2008 年 4 月，山东省政府在安丘市召开了第一次现场会，总结了“安丘模式”，提出“安丘模式”的核心是以“公司+基地+标准”为基础建立的区域农产品质量安全管理体系，真正做到了源头无污染、投入无公害、过程可追溯，有效管控农业化学投入品。会后，区域化管理模式从安丘一个市扩大到山东省 37 个主要出口农产品县（市、区），由此拉开了山东各地全面开展出口农产品区域化管理的序幕。

（二）示范区建设阶段

2009 年示范区建设启动。在区域化管理的基础上，山东在全国首次提出了按照“政府主导、部门联动、企业主体、市场运作”的工作机制，以县级行政区域为基本单元，创建出口农产品质量安全示范区的新理念。

2009 年 4 月，山东省政府在乳山市召开全省第二次现场会，总结了“乳山特色”，即“公司+基地+标准+品牌+市场”“五位一体”的出口农产品质量安全管理模式，在全省范围内大力推进实施出口农产品质量安全示范区建设。

2009 年 6 月，山东省政府出台了《关于加快推进出口农产品质量安全示范区建设的意见》（鲁政办发〔2009〕43 号），推行以企业为龙头、基地为依托、标准为核心、品牌为引领、市场为导向的“五位一体”发展模式，建立健全质量安全标准体系、农业化学投入品控制体系、质量安全可追溯体系、监控评估预警体系、企业质量安全诚信体系、多元化国际市场体系等六大体系，建设源头无隐患、投入无违禁、管理无盲区、出口无障碍的农产品出口区域。同期，山东省商务厅、山东出入境检验检疫局和山东省财政厅出台了《山东省出口农产品质量安全示范区考核管理办法》（鲁商务贸发字〔2009〕59 号），开始对符合条件的县（市、区）进行示范区考核认定。2009 年，安丘市等 12 个县（市、区）被认定为首批省级示范区。

（三）示范市建设阶段

2010 年示范市建设启动。山东省政府总结推广威海市示范区市域全覆盖经验，推动条件成熟的市整建制创建示范区、打造示范市。同时，面对国内食品安全事件频发、人民群众对高质量农产品迫切需求的新形势，推动示范区由专注出口转向国内外并重。

2010 年 4 月，山东省政府在威海市召开第三次现场会，全面总结威海市经验做法，确立了“推行国际标准、统筹两个市场、打造山东品牌、促进富民强省”的示范区建设总体要求，推动农产品质量安全从以国际市场为导向延伸到国内外两个市场兼顾发展，推动条件成熟的市整建制创建示范区、打造示范市。同年 9 月，山东省商务厅出台《关于推进连锁超市与出口农产品质量安全示范区开展对接工作的意见》（鲁商务建设字〔2010〕744 号），在全省范围内深入推进“区超对接”。2011 年，威海市建成山东省首个示范市。

（四）示范省创建阶段

2014 年示范省创建启动。在国家质量监督检验检疫总局和商务部支持下，山东省加快培育出口农产品国际竞争新优势，推动内外贸一体化发展，促进优质农产品由出口保障转向全民共享。

2014 年 7 月，国家质量监督检验检疫总局在《关于支持山东省创建出口食品农产品质量安全示范省的复函》（国质检食函〔2014〕369 号）中同意山东省在全国创建首个出口食品农产品质量安全示范省。同年 8 月，山东省政府在潍坊市召开示范省创建现场会，出台《关于创建出口农产品质量安全示范省的实施意见》（鲁政办发〔2014〕28 号），确定了“一个标准、两个市场、以外促内、统筹发展”的总体要求，明确了县、市和省级层面的中心工作，力争在全国率先创建示范省。截至 2017 年 4 月，示范省创建目标均已完成，并初见成效。

二、建设规模

截至 2017 年 4 月，山东已经创建省级示范区 106 个（图 2），覆盖了山东农产品出口县（市、区），占全省 129 个涉农县（市、区）的 82.2%，其中国家级示范区 49 个。济南、青岛、淄博、枣庄、东营、烟台、潍坊、济宁、威海、日照、临沂、德州、莱芜 13 个市建成示范市。

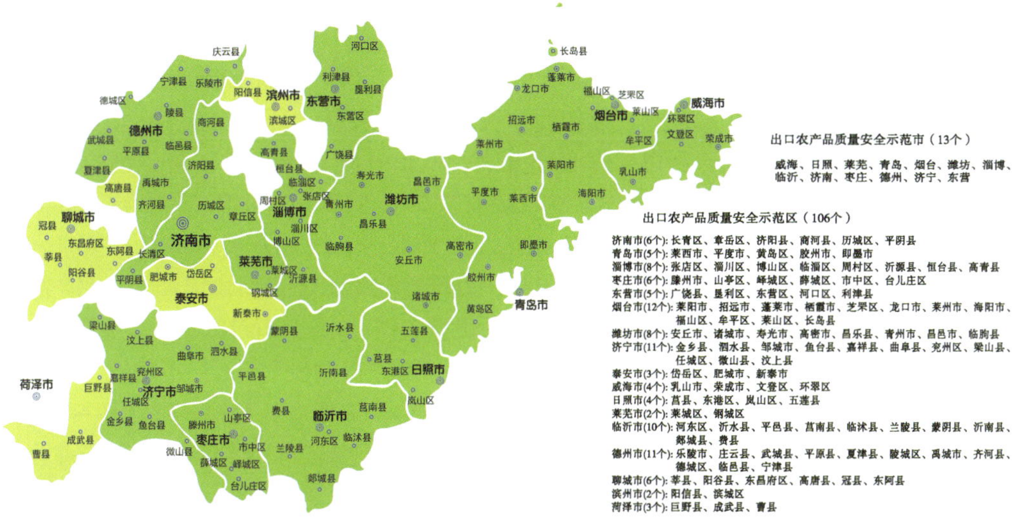

图 2　山东示范省区域分布

三、体制机制

示范省在创建过程中，建立了成熟的体制机制，确保了各项工作的顺利推进。总结起来就是“一个机制、两个平台、六大体系”。一个机制，指“政府主导、部门联动、社会共治”的示范省（市、区）运行工作机制。两个平台，指“省级质量安全公共信息和国内外市场开拓平台”“市级区域性农产品集散中心和检验检测中心”。六大体系，指示范区标准化体系、农业化学投入品控制体系、可追溯体系、监控评估预警体系、安全诚信体系和多元化国际市场体系。

第三部分　评估结论

山东出口食品农产品质量安全示范省创建工作历时十年，经历区域化、示范区、示范市和示范省4个阶段，从“安丘模式”“威海经验”到“山东示范省新模式”，层层推进、步步深入，是出口农产品质量安全管理思路再完善、理念再提升、实践再深化的过程，形成了一个系统完整、逻辑严密的科学理论，在实践中也取得丰硕成果。对示范省的评估，仅做单一的总结既不科学也不符合实际，需要从“基本成效”“综合效果”和“创建经验”三个维度客观描述。

一、基本成效

（一）建立健全完善的体制机制

山东省委、省政府高度重视示范区、示范省创建工作。自2010年起，山东省委一号文件就将推进示范区、示范省创建作为一项重要工作安排、部署。在出台创建示范区意见基础上，为确保示范省创建工作有序开展，山东省政府出台了《关于创建出口农产品质量安全示范省的实施意见》，建立以政府主导、各部门合力推动、全社会共同参与的工作机制，按照“一个标准、两个市场、以外促内、统筹发展”的总体要求，以市场为导向，以标准为基础，以品牌为引领，以可追溯为保障，加快培育出口农产品国际竞争新优势，推动内外贸一体化发展，推动优质农产品由出口保障转向全民共享。

在示范省创建过程中，加强组织领导，坚持“工作机制到位”。一是政府主导。将加快建设示范省写入政府工作报告，每年召开现场会、工作会，统一部署，统一调度，整体推进。二是部门联动。山东省政府建立了示范省创建部门联席会议机制，商务、检验检疫、农业、财政、海洋渔业等部门按照职能分工开展工作，合力推进创建工作。三是立法规范。山东省立法出台了《山东省农产品质量安全条例》，以政府令出台了《山东省农产品质量安全监督管理规定》，制定了《关于加快推进农产品品牌建设的意见》《农产品品牌建设实施方案》，强化农产品质量安全管控和品牌建设推进。四是加大政策引导。省财政对认定的每个示范区以奖代补一次性发放奖励资金100万元，累计投入扶持资金43亿元。五是实施监督考核。省内相关部门及市县政府出台了各类考核办法，推动政府与职能部门落实任务。省商务、检验检疫、财政、农业等部门制定了示范区考核管理办法，会同示范区专家组对示范区创建工作实行严格考核，实施示范区动态管理和退出机制，发生重大问题的实施摘牌。威海、烟台、济宁等市将出口农产品质量安全工作纳入县级政府目标绩效考核，各示范区纳入本地年度目标考核，确保各项工作落到实处。

（二）全面推广领先的标准体系

山东标准化建设以立足“世界眼光、国际标准、山东优势”为原则，大力推动农产品生产和管理的标准化。制定《初级农产品安全区域化管理体系　要求》（GB/T 26407），成为全国实施示范区创建的基础标准，在引领全国示范区建设上发挥了积极作用。研究制定与国际接轨的生产标准和技术操作规程，指导企业和农民按照出口目标国家的标准组织生产，基本建立了国际标准、国家标准、行业标准和地方标准相配套的质量安全标准体系。引进第三方认证机构，制定了涵盖主要出口国家地区标准，覆盖生产、加工、包装、储存、运输、消费各阶段的全产业链标准体系——《山东省农产品产业链全过程管理》系列标准。目前，已经制定了水产品、禽肉、果蔬 3 个通用标准、1 个评价标准和姜、蒜、苹果等 9 个专项指南，共计 13 个标准，在 37 家示范区企业推广应用，取得良好效果。各地市也按照“有标贯标，无标建标”的原则，积极推动标准化建设，全省各类农业地方标准、技术规范 2 300 多项，标准化基地 5 946 个；在全国率先启动耕地质量提升计划，全国规模以上生态循环农业基地达到 1 000 万亩。全省示范区企业共获得包括 ISO、GAP、HACCP 等国际标准认证 2 267 个（图 3），80%以上的出口农产品为标准化基地生产。

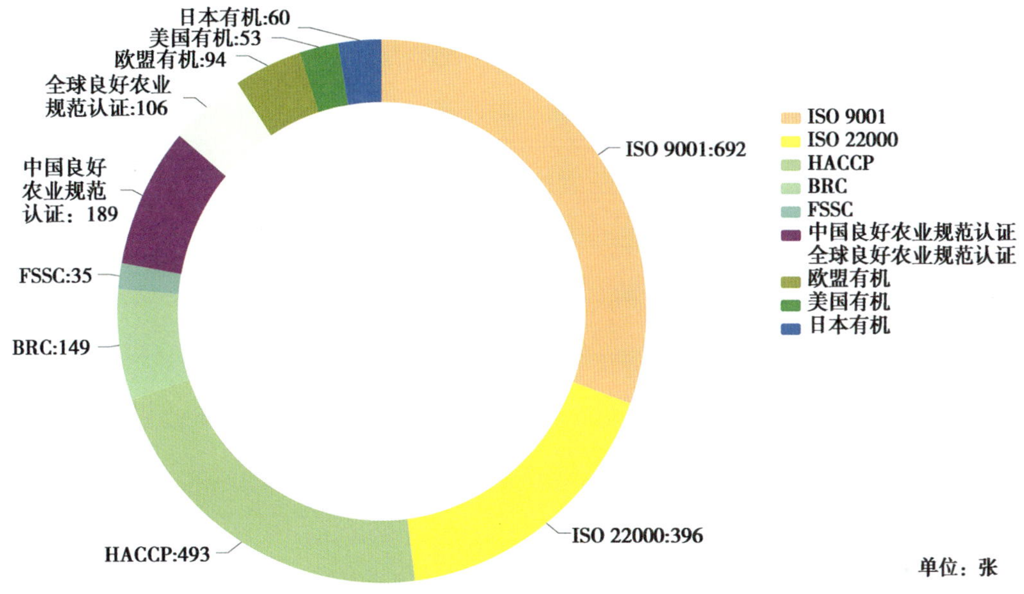

图 3　山东示范省各类认证获证情况构成

（三）源头管控农化品成效突出

山东创新农业化学投入品管理体系，通过区域化综合管理，严格高风险农药使用，清理整顿农业化学投入品销售渠道，实施农药经营告知制度，完善农资配送体系，形成了农业化学投入品“供、销、用”全程链式管理机制，化学投入品带来的食品安全问题得到有效控制，成效突出。

2014 年，山东省政府出台了《山东省农产品质量安全监督管理规定》，明确实行农药、兽药经营告知制度；建立高风险农药、兽药目录管理制度，从法规层面严格地方管理要求，明确罚责。山东省农业厅连续制定了《山东省农药监督抽查管理办法》《山东省农药经营告知管理办法》《山东省剧毒高毒农药限制区域销售使用管理办法》和《山东省高风险农药目录管理办法》等规范性文件。各地区根据当地管理特点，出台了多项地方法规及管理措施，形成了化学投入品管理的综合管理体系。

为提升管理有效性，山东开发了全省农药监管与追溯信息平台，27 000 多家农药经营店实现信息化管理，确保农兽药经营备案、销售、使用过程的全链条管理。山东各地在农兽药销售中实行实名制管理，保留购买人信息，部分地区实现了农兽药等农业化学投入品购买信息实时传输，实时管理。信息追溯体系对违规化学投入品使用形成高压态势。

在化学投入品监管的同时，加强使用宣传、培训，提升农户合法使用化学品的意识。枣庄市在 2016 年共举办农业化学投入品经营使用、出口农产品生产技术操作规程等各类培训班 30 余期，培训 1 万余人次，发放资料 4 万余份；临沂、莱芜等地通过发放明白纸，使农户了解农药使用常识，提高了农民对化学投入品规范使用的认识。

通过政府监督、生产企业自律、农户合理使用农业化学投入品等重点治理，示范区化学投入品使用量呈逐年递减趋势，2016 年农业化学投入品使用量较 2007 年减少了 32. 6%（图 4）；2016 年全省出口农产品国外通报的农兽药残留批次同比降低了 21. 1%，出口农产品国外通报率连续 6 年下降，连续 13 年没有发生系统性、区域性、行业性的食品安全问题。

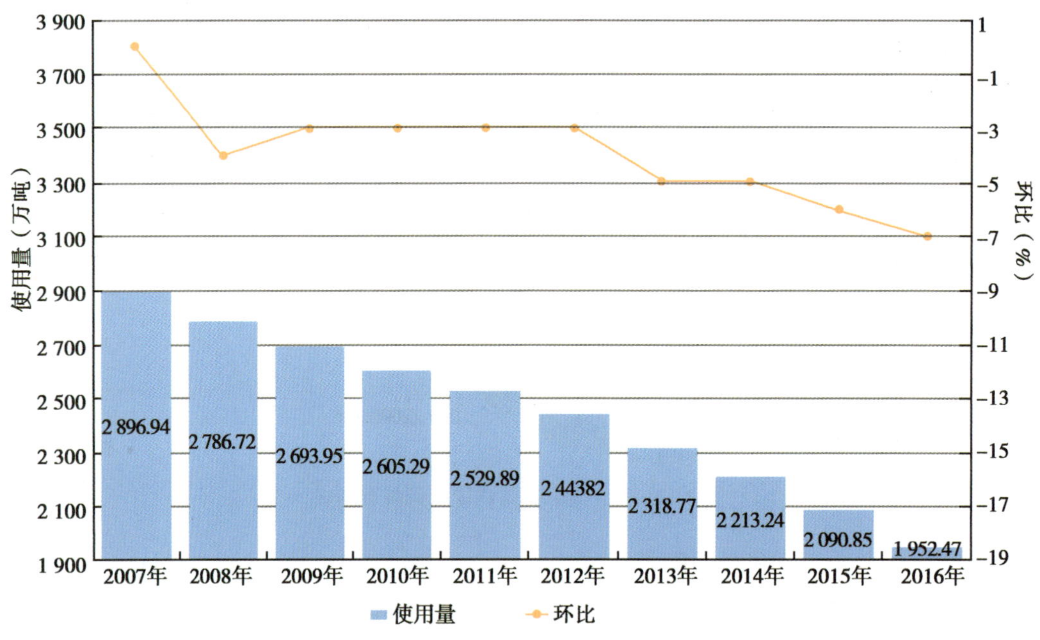

图 4　2007—2016 年山东示范省农业化学投入品使用量变化

（四）全程可追溯体系有效运行

积极推进可追溯体系，实现全过程监管。积极推进农产品质量安全检验检测体系及可追溯体系建设，整合区域内检测技术力量，由政府和企业建设了一批质量检验检测与监控追溯公共服务平台，对农业生产基地、化学投入品、标准化管理、食品加工、检验检测等重点环节实行全程监控，对农业生产、食品加工、流通等各环节实行全程可追溯。山东省被商务部批准开展国家重点产品追溯体系示范省建设。济南市建立了市、县（市、区）两级示范区追溯监管平台，建设了包括农产品基地、生产加工企业、农资经销网点和乡镇（街道）监管点在内的300多个网络信息数据上报基点，形成了市、县（市、区）和乡镇（街道）三级监测网络。临沂市通过使用质量安全监管追溯平台，能够及时发现农产品质量安全风险，安排人员进行现场处置，对重大问题进行预警通报，防止问题农产品进入市场流通。潍坊安丘市建立了产地准出、市场准入的信息化平台，实现全市所有地块、品种的全程准出溯源。威海市对农业化学投入品实施追溯码管理，为所有农资店配备“一卡通”设备，为所有农户办理了会员卡，通过刷会员卡、扫描追溯码，信息平台自动录入，真正实现产品信息全登记，流向全记录。

山东将农产品质量安全检测能力建设作为保障示范区农产品质量安全、提高农产品监管水平的重要手段。山东农业部门、商务部门、检验检疫部门每年投入专项资金支持示范区检测能力建设，建立了省、市、区（市、县）、企业“四位一体”的检测网络。各示范区还积极投入资金，整合政府、企业和社会检测资源，建立政府直管的区域农产品检验检测中心。目前各示范区均建立了县（市、区）农副产品检测中心，各镇均配备了农药残留速测设备，形成了完善的出口农产品检测监控体系。安丘市先后投资3 000多万元打造区域性检测中心，形成了以市级农产品质量检测机构为中心、镇街检测资源为主体、出口龙头企业和市场检测室为辅的市镇企业共同参与、分工协作、覆盖广泛的三级检验检测网络。

（五）社会共治的氛围逐渐形成

在省级政府部门策划、管理、监督的同时，示范区建设调动行业、协会、企业、消费者、媒体等社会各方面积极性，共治农产品安全，共创示范区建设新局面的氛围逐渐形成。

在示范区体系建设运行上，政府出台政策，各级部门在统一政策引领下按部门职能实施管理、推动；在监管活动上，建立了覆盖基层的管理体系，省、市、区（县）、村层层落实；在品牌推介上，政府搭台，企业唱戏，政府组织，协会企业参与；在宣传推动上，各级政府部门，协会、企业均利用各自渠道发挥作用。山东在示范区建设、创新上因地制宜，既保证按示范区建设总体要求完善各管理体系，又充分发挥主观能动性，结合地方域情、特点形成了各具特色的建设模式，示范区的建设不是一家独奏，已成为一曲大合唱。

二、综合效果

（一）整体提升农产品质量安全水平

示范省创建提高了农产品质量安全水平，通过对基地源头实施综合治理，减少了国际上普遍关注的农兽药残留问题。示范区建设以来，山东出口农产品检验检疫合格率稳定保持在99.95%以上，区域性、系统性和行业性重大质量安全风险得到有效控制，山东出口农产品国外通报率连续6年下降，2016年国外通报的农兽药残留批次同比降低了19.1%，国外通报批次较示范省创建之初下降了59.1%，连续13年没有发生系统性、区域性、行业性的农产品质量安全问题。

（二）加速形成农产品出口的新动能

质量安全水平的提高在带动农产品出口快速增长的同时，出口产品结构也在进一步优化，内生动力增强，新动能加速形成。

示范区建设增强了国际组织和相关国家对我国和山东农产品质量安全的信心，提升了我国农产品在国内外的影响力，山东农产品出口量持续攀升。2016 年山东农产品出口首次突破 1 000 亿元大关，达到 1 075.3 亿元，占全国出口的近 1/4，连续 18 年位居全国首位，较十年前增长了 63.8%。日本东京、大阪成功举办的山东出口农产品质量安全示范区推介活动在日本各界引起积极反响，得到了日本官方和民众的认可，增强了日本消费者对山东出口农产品的信心，开辟了输日农产品质量安全对话的官方渠道。山东已成为全国唯一可以出口欧盟和加拿大禽肉制品、出口马来西亚生禽肉、获得美国禽肉企业注册的省份，对日注册企业数量占到全国的 50%以上。示范区建设成为农产品突破贸易壁垒，出口增长的助推器。

在传统出口市场的基础上，新兴市场出口比重稳步提升。山东农产品出口的国际市场已遍布世界 200 多个国家和地区，在巩固欧美等传统市场基础上，主动加强与“一带一路”沿线国家的合作，积极开拓东盟、拉美等新兴市场。2016 年，对新兴市场出口占山东农产品出口的 38.7%，比十年前提高了 10.8 个百分点。新兴市场的蓬勃发展，弱化了山东出口农产品企业对传统市场的依赖程度，减少了山东农产品出口受国际贸易技术壁垒的影响，为山东省农产品出口平稳增长提供了保证。

随着示范区内农产品加工原料品质不断提升，原来需要从国外采购的原材料本地化供应能力增强，加工贸易出口逐步转变为一般贸易出口，2016 年山东省以一般贸易方式出口的农产品为 811.3 亿元，比 2006 年增长一倍，占全省农产品出口的比重由 2006 年的 61.7%上升至 75.5%，比十年前提高了 13.8 个百分点，见图 5。

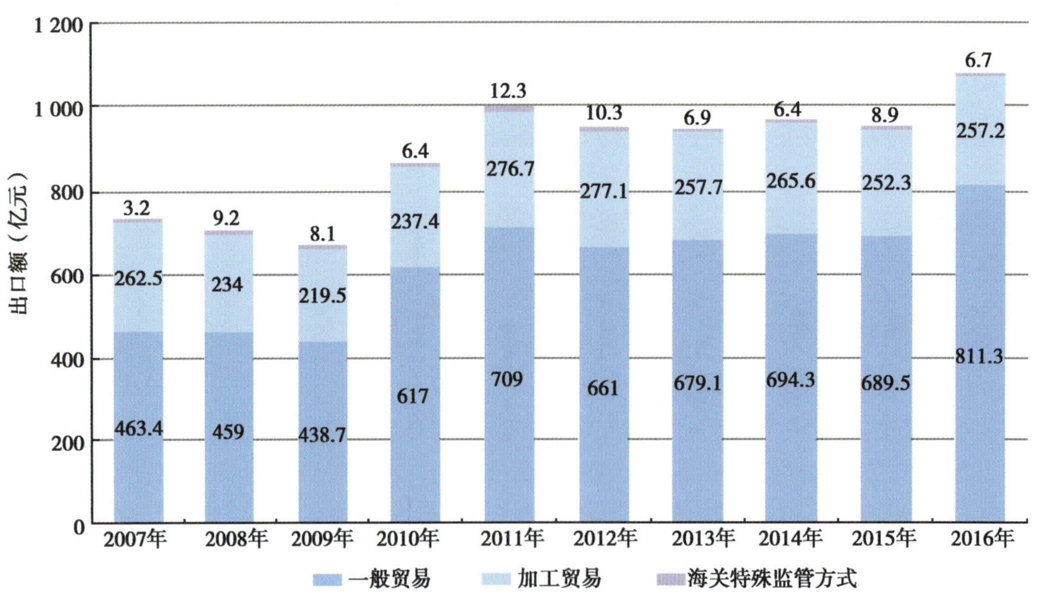

图 5　2007—2016 年山东农产品出口主要贸易方式变化分析

规模化、标准化基地的建设有效地促进农业生产要素整合流转，催化了农村民营经济、民营企业的发展。2012 年开始，山东民营企业超越外商投资企业成为农产品出口主力，2016 年民营企业出口农产品 701. 9 亿元，比 2006 年增长了 2. 4 倍，占山东农产品出口总值的比重由 2006 年的 31%提升至 65. 3%。同期，外商投资企业出口 355. 3 亿元，比 2006 年下降了 7. 7%，占山东农产品出口总值的比重由 58. 6%下降至 33%（图 6）。

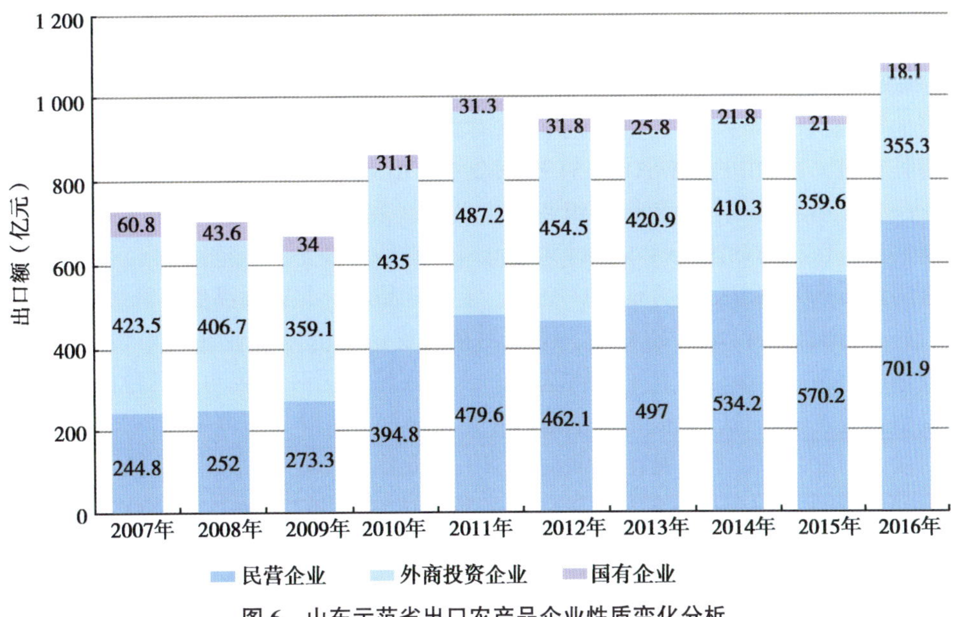

图 6　山东示范省出口农产品企业性质变化分析

示范区农产品得到国际高端市场的认可，带动精深加工产品比重大幅提高。2016 年山东水产品出口中加工品比重达到 47%，蔬菜出口产品中精深加工产品比重提高到 45. 4%，出口花生中加工品比重占到 78. 1%，较十年前提高了 21 个百分点。精深加工产品的增加，拉长了产业链条，提高了国际市场竞争优势，山东龙大、聊城凤祥等一批现代农产品加工企业，完成了由“数量型”向“质量型”的转变。

（三）显著提高出口农业组织化程度

示范区建设成为农业结构调整、食品工业升级的重要举措。一是建设了一批规模化出口种养殖基地。目前，山东省建设了全国数量最多、面积最大、种类最全的出口农产品原料种养殖基地。全省规模化、专业化、标准化、产业化果菜基地 2 226 万亩，其中出口蔬菜基地 265 万亩，占全国总数的 67%；出口水果果园 565 个，占全国总数的 19%；出口家禽养殖场 580 个，占全国总数的 32. 3%；兔肉养殖场 50 个，占全国总数的 43. 1%。二是扶持发展了一批农业龙头企业。全省规模以上农业龙头企业达到 9 300 家。备案出口食品生产企业 3 094 家，占全省食品生产企业总数的 11. 9%，占全国出口食品生产企业总数的 22. 5%，居全国第一位。农产品出口企业 4 300 家，比十年前增加了 500 家，其中出口过亿元的企业 255 家，涌现了泰祥、龙大、凤祥等一批知名企业。三是培育了一批新型农业经营主体。全省农民合作社达到 17 万家，规范化渔民合作社 1 700 家，家庭农场 5 万家。

（四）农产品内外贸一体化进程加快

山东积极打造“国内外市场开拓平台”，组织出口农产品企业参加国外、国内大型展会，提高山东农产品在国外、国内两个市场的认可度。

在国际市场开拓上，组织农产品出口企业参加法国 SIAL 食品展、日本东京食品展等境外知名展览会，山东财政部门累计安排资金 5 000 余万元对企业参展展位费、展品运输费给予补助。自 2009 年起，在商务部和中国食品土畜进出口商会支持下，已连续 8 年在国外举办了 15 次示范省（示范区）专题推介活动，遍布亚洲、欧洲、北美洲、南美洲的近 30 个国家和地区，提升了示范省的整体品牌知名度和美誉度。同时，积极推动对外交流，在 2011 年 WTO 第 51 次例会上，山东出入境检验检疫局作了示范区发展专题报告，引起世界各国和行业组织高度关注，2011 年组织 26 个国家的 32 位驻华使节考察示范区，与韩国、日本探讨共建出口农产品质量安全示范区。

在国内市场开拓上，一方面在广交会、上海食品展、北京食品展上开展示范省专题推介，另一方面积极推动区超对接、电商对接。支持示范区企业在超市设立专区、专柜，鼓励超市在示范区建立直采专供基地，开展区超专题对接活动，搭建区超对接会、采购说明会等产销平台，积极帮助示范区企业与乐购、永旺、华联等国际国内知名连锁超市对接，与麦当劳、肯德基等连锁食品加工企业建立稳定供销关系，抢占高端市场。2016 年区域性连锁超市在山东示范区内的采购额达到 74.67 亿元，是 2007 年采购额的 3 倍（图 7）。2016 年，在潍坊市召开了全国首届农商互联大会，示范区产品受到各大电商平台欢迎。示范区建设极大促进了市场对山东农产品的认可度，提升了采购商信心，提高了山东农产品市场占有率。国内市场的开拓，帮助山东农产品生产企业由出口贸易单一发展模式转变为国际市场与国内市场并重的二元发展模式，在国际贸易形势严峻的情况下为企业提供喘息之机，帮助企业重新积蓄发展动能。截至 2016 年年底，全省已有 287 家出口企业达到“三同”标准，占全国“三同”企业总数的 21%，数量位居全国第一；国家级“三同”示范企业 10 个，占全国总数的 41.7%；全省“三同”企业内销额 173.05 亿元，同比增长 17.9%。

（五）培育壮大一批农产品自主品牌

在示范省建设过程中，山东注重农产品品牌建设，积极发挥品牌引领作用。一是密集出台扶持政策。自示范省创建以来，省政府密集出台了《关于加快推进农产品品牌建设的意见》《关于印发山东省农产品品牌建设实施方案的通知》《关于加快培育国际自主品牌的实施意见》《关于加快推进品牌建设的意见》，加快推动实施农产品品牌引领战略。二是加大国际自主品牌培育。山东省鼓励出口龙头企业开展商标国际注册，打造自主品牌，收购、租赁国际知名品牌。目前，山东省已经有“姜老大”“圣泉”等多个商标获得马德里国际商标注册，出口农产品自有品牌比例连年提高（图 8），产品价格逐步提升，企业收益持续增加。截至 2017 年，山东省重点培育的农产品国际知名品牌达到 53 个，涌现出了泰祥、凤祥、佳农等一批自主品牌。三是加快推进品牌高端化。山东农产品区域公用品牌达到 300 多个（图 9），其中 20 个进入“2015 年度中国农产品区域公用品牌价值排行榜”百强，上榜数量居中国首位。区域公用品牌的建立，使当地农产品价格高于市场平均水平，安丘大姜在国际市场上的价格比同等商品高 10%

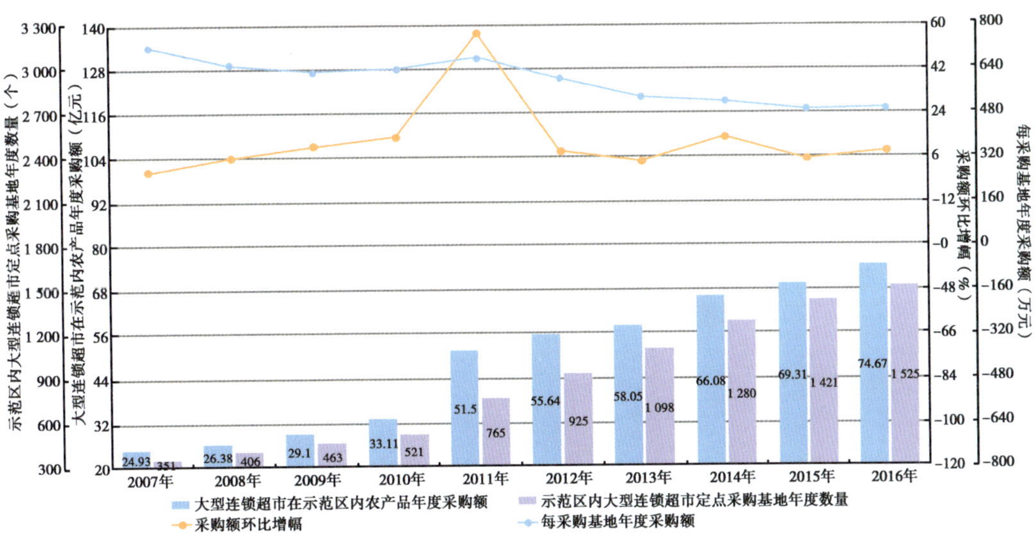

图 7　2007—2016 年区域性连锁超市在山东示范省采购分析

以上。“出口农产品质量安全示范省”“食安山东”整体品牌在国内外市场知名度和影响力显著提升。

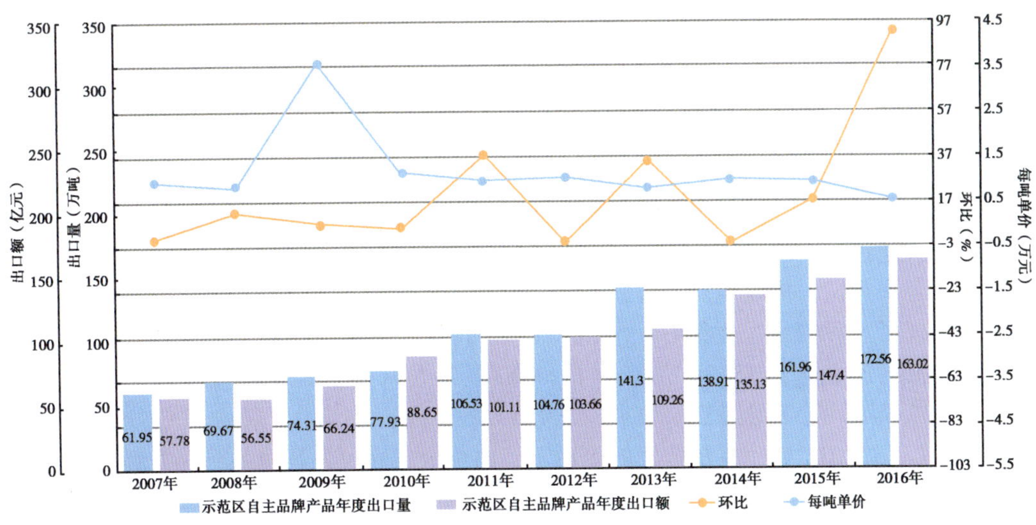

图 8　2007—2016 年山东自主品牌农产品出口量分析

（六）助力农业供给侧改革步伐加快

示范省创建中，山东始终着眼于国际标准，立足于满足国内国外两个市场需求，倒逼省内农业生产加工和农产品质量安全水平的提升。2010 年示范市建设中，强调推行国际标准、统筹两个市场，在示范区推广日本、美国和欧盟等发达国家地区的标准满足国内市场需求；2014 年示范省创建时，强调一个标准、两个市场，制定了涵盖主要出口国家地区标准—《山东省农产品产业链全过程管理》系列标准，在全省推广应用。

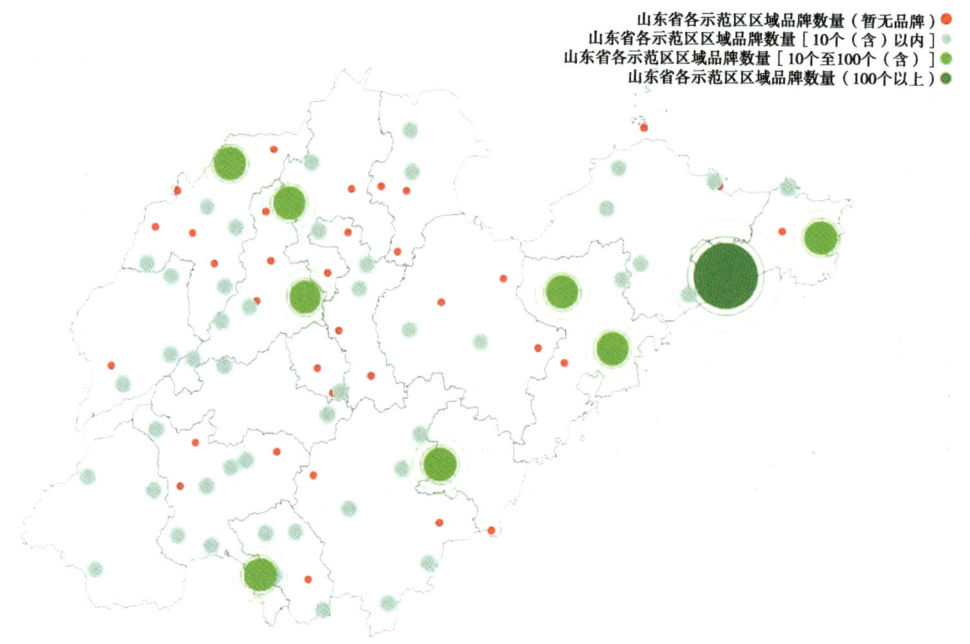

图 9　山东示范省品牌建设分布

推行“一标两市”，无论是国际标准，还是涵盖国际标准的山东标准，实质就是加快实施国内外市场一体化战略，主动对接国际高标准经贸规则，倒逼国内农业供给侧改革，提供有效供给，实现发展成果全民共享。随着山东农产品质量信誉不断提升，山东农产品已经实现了从“山东成果”到“全国共享”，山东农产品供应全国市场的比重提高到30%左右。

（七）农民增收农业增效的成果显著

示范区建设在一定程度上推动了农业向规模化、产业化经营转变，提高了农民的质量意识与合作意识，推动生产企业、基地和农户形成了利益共同体，有利于稳定生产与销售，实现了“种得好、卖得好”，对提高农民收入带动作用明显。山东农产品出口占农业总产值的比重达到 15.3%，带动了 1 900 多万人就业，对农民增收的贡献率达到 25%。2007 年示范区农民人均收入为 6 076.9 元，当年山东农民人均收入为 4 685.3 元，到 2016 年，在示范区的带动下，山东全省农民人均收入已提升到了示范区内农民人均收入水平，示范区对农民增收效果明显（图 10）。2010 年，威海农产品进入了日本永旺、韩国乐天等跨国公司采购网络，农产品出口增加 2.7 亿美元。其中，生姜收购价格实现翻番，出口价格上涨 43%，带动农民增收 5 亿元；出口苹果基地每亩增收 2 400 元。而龙大集团公司每年需要各种蔬菜原料 10 万吨左右，可使 1 万多户农户受益。一个公司带动每个农民人均增加收益可达 3 000~4 000 元。示范省建设将示范区的发展从拉动区域性经济增长，提高农民收入转变为一项惠及山东全省经济发展和全体农民的普惠性工程。

（八）生态优先绿色发展的成效初显

示范区建设在保证农产品安全的同时，促进了生态效益的提升。在示范区建设过程

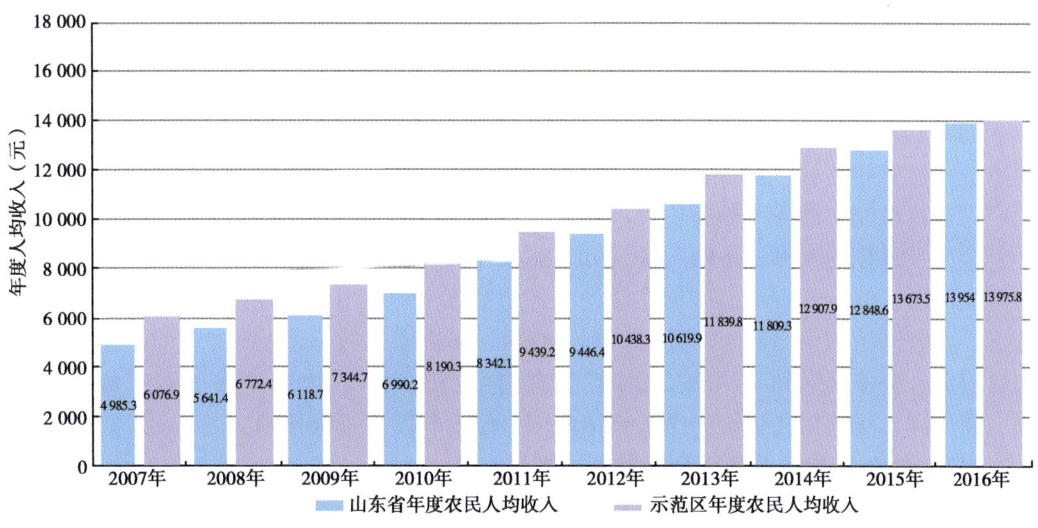

图 10　山东示范省农民收入增长情况分析

中，加大对化学投入品使用的监管力度，在提高农产品安全水平的同时，大幅降低了化学投入品使用总量。数据显示示范区内化学投入品的使用量从 2007 年的 2 896. 94 万吨下降至 2016 年的 1 952. 47 万吨，化学投入品使用减少接近 1 000 万吨。为提高农业规模化、专业化生产，山东农业部门牵头启动实施了耕地质量提升“六大工程”，推广了水肥一体化、测土配方施肥、绿色生物防控等节本增效技术，开展了农业废弃物综合利用和面源污染治理。全省示范区配方施肥面积 347 万公顷，绿色防控面积 300 万公顷，占耕地总面积的 40%以上，农作物秸秆综合利用率和畜禽粪便处理利用率分别达到 87%和 73%。示范区的建设从客观上实现了对环境的保护，满足了人们对绿水青山的需求。

山东示范区积极利用加工副产品、废弃物开发新产品，降低了加工污染物排放。荣成泰祥食品利用水产品加工中废弃鱼骨等废弃物，研发出一款鱼骨酱产品，既增加了企业效益，又减少了废弃物排放。在乐陵中谷淀粉，企业积极探索新技术，将制糖中剩余的废渣、废液再开发，制成焦糖色糖浆，降低了加工中污水排放量，取得了良好的生态效益。

三、创建经验

（一）始终坚持政府主导部门协作的运行机制

示范省工作能够坚持十年如一日整体推进并取得长足成效，这与始终坚持政府主导、部门协作的运行机制密不可分。

山东省自上而下各级政府和有关部门，从县处级领导、厅局级领导，直至分管省长、主要领导，对示范省创建的认识理解深刻，对食品安全问题高度重视，给予了强有力的支持。自 2010 年起省委一号文件就将推进示范区、示范省创建作为一项重要工作安排部署，在 2017 年省委加快农业供给侧结构性改革实施意见中，明确要求“加快建设出口食品农产品质量安全示范省”。各示范区成立了出口农产品质量安全管理工作领导小组，设立专门的有机构编制的办公室，乡镇设立农产品质量安全管理站，村级设置农产品质量安全员，建立起四级联动、全面覆盖的行政监管网络。

同时，各级地方政府主导，整合区域内的各种行政和技术资源，将部门分段监管与地方统一监管相结合，加强农产品质量安全集中统一管理。省政府建立了创建示范省部门联席会议机制，商务、检验检疫、农业、财政、海洋渔业等部门按照职能分工开展工作，合力推进创建工作。各市、县（市、区）也建立相应工作机制，定期召开会议研究解决问题，联合开展示范区创建活动。各示范区主动跳出出口界限，内外统一、双管齐下，将管理范围由出口农产品延伸到了行政区域内农、牧、渔所有农产品。农安办还与食安办、公安局做到了“三安联动”，有助于消除出口、内销产品“双重标准”问题，将国际市场禁用药物统一纳入整治范围，超前与国际标准接轨。

（二）始终坚持标准先行全程监管的推进路径

标准缺失和执行不到位是食品和农产品质量安全得不到持久保障的根本原因，高质量产品需要高标准来支撑，要获得高质量产品就必须制定出适应市场经济发展的科学标准、先进标准并有效实施。2014 年，山东省发布了《关于推进“山东标准”建设的意见》，提出农业要加强现代农业生产、生态农业等领域的标准化体系建设。山东省商务厅结合国际国内标准法规，牵头制定了《山东省农产品全过程管理通用要求》系列标准，涵盖种植、畜禽、水产等三大类及鱼、禽肉、姜、苹果、辣椒等 10 个出口农产品，构建起覆盖生产、加工、包装、储存、运输、消费各阶段的全产业链技术标准体系，在全国率先实现农产品生产过程全链条有标可依。为推动系列标准在山东省内的推广与应用，山东省采取了第三方机构评价，政府公共平台统一推介与宣传的方式，鼓励企业在生产过程中应用系列标准。山东示范区的建设走出了一条以先进标准为引领，以第三方评价为驱动，从而实现农产品全过程管理的有效路径。

（三）始终坚持统筹兼顾内外一体的发展取向

示范区的建设源于国际市场压力，始于促进出口，但没有局限于单一的外贸发展，始终坚持按照“一个标准、两个市场、以外促内、统筹发展”的方向，在培育出口农产品国际竞争新优势的同时，推动内外贸一体化，促进优质农产品由出口保障转向全民共享。不断提升国际国内整体市场质量供给水平，探索出了建立以发展质量和效益为中心，以严格的标准，统筹国内国际两个市场为主线的农产品安全现代治理体系和经济发展方式。

山东在示范区内推广普及高端标准，国际认证应用。在大力实施国际市场开发的同时，注重国内外两个市场的宣传和品牌推介，突出区域品牌的打造，促进与一线城市、大型超市实现对接。山东检验检疫、商务部门联合推进“同线同标同质”，促进山东食品、农产品内销市场的扩展。

（四）始终坚持社会共治企业自治的基本策略

示范区建设过程中始终坚持社会共治的基本策略。在政府职能部门监管的基础上，创新基层监督机制，通过发挥社会监管力量，提升企业主体自治与自律能力，有效提升示范区各项政策措施的执行力。

山东各示范区普遍推行村级监管员队伍建设，建立预算制度，给予村级监管员工作补助，发挥基层人员自主管理的积极性，补充政府监管能力的不足，实现实时监管。在基地的管理中，普遍推行三户、五户联保制度，由农户自己相互监督，保障共同利益。在各示范区鼓励成立、组建各类行业协会，合作组织，由企业自主实施相互监督管理，提升行业诚信水平。示范区内普遍制定了守信企业鼓励和失信企业惩戒等制度，营造了公平、公正的良好信用环境。

（五）始终坚持与时俱进创新发展的基本理念

在示范省建设过程中，各地因地制宜，充分结合地方域情、特点不断探索、创新示范区建设的新内涵，促进了县域、市域特色经济的发展，为示范区十年来长久不衰持续注入新的活力。示范区的发源地安丘形成了“公司+基地+标准”的“安丘模式”。威海市按内外贸并举、国内外市场统筹和推行一个标准的原则形成了“威海经验”。潍坊市充分发挥农业特别是食品产业集群优势，打造建设“中国食品谷”，营造聚集效应，加快现代食品加工产业发展。潍坊市峡山区将国家级出口农产品质量安全示范区建设与国家级有机产品认证示范区、国家级生态原产地产品保护示范区等示范区建设相结合，成为全国首个“三区”共创单位。寿光市在示范区内推广新型大棚建设，普遍应用了物联网、水肥一体化、温湿度及光照自动控制等技术，大幅提升了蔬菜生产的设施化、自动化水平，保障了蔬菜品质，降低了劳动强度。青岛市确定了绿色高端都市型畜牧业发展战略，推进病死动物处理厂专业化和畜禽粪污处理资源化，运用移动互联网、大数据、物联网、云计算等技术，推进管控智能化，率先在全国实现了病死畜禽无害化集中处理全覆盖。莱阳市在全市推广“农作物病虫绿色防控技术示范”，引进了生态调控技术，以虫治虫，推广绿色防控技术。

（六）始终坚持久久为功苦干实干的工作状态

农产品安全本身风险因素十分复杂，困扰食品安全各类问题的解决也不可能一蹴而就，农产品质量安全提升是一个长期而系统的艰巨任务，需要持之以恒，久久为功，一步一个脚印，才能不断积小胜为大胜。示范省创建不仅是质量安全监管体制机制的完善，更是一场政府职能转变与治理能力体系提升的大考验。在示范省十年的建设发展中，正是因为这些建设者们怀揣食品安全治理的坚定信念，坚持十年如一日的努力付出，才有了示范省今天的长足发展。十年来各地政府经历了多次领导换届，但历任领导干部均能将示范区建设这项工作坚持下来并不断发展创新；历届农安办主任常年奔波在示范区指挥建设第一线，带领大家一步一个脚印践行示范区发展理念；乡、镇、村级监管员始终活跃在农村一线，不敢有丝毫懈怠、麻痹，才有了示范省今日来之不易的发展成果。

第四部分　问题建议

历经十年，示范省不断在创新中谋发展、在发展中谋突破，取得了显著成效。继续深入推进示范省建设符合党的十八大精神和农业供给侧结构性改革的要求，符合人民群众对农产品安全的期盼，是落实习近平总书记对食品安全“四个最严”要求的治本之举。同时，我们也看到目前在示范省建设中还存在一些短板，示范市、示范区发展还不平衡，有些市、有些县（市、区）对示范区建设工作要求开始放松、管理出现松懈，不能根据形势变化创新发展，个别县（市、区）甚至出现农产品质量安全监管滑坡、倒退。为此建议继续做好以下六个方面工作，推动示范省建设取得更大成效。

一、持续加强标准建设，完善内外一个标准

示范省建设是基于县域经济农产品质量安全管理体系的创新，是一项系统工程。目前，区域化国家标准和示范区全产业链标准等相关标准已在山东省内实施，但仍需丰富标准体系层次和扩大标准体系覆盖面。在建立不同领域标准体系过程中，需进一步总结重点工作、管理机制、实施措施和方法等，逐步形成系统的示范省标准体系，并进一步复制、应用和推广。

目前在山东示范区内，由于内外标准差异，仍存在出口农产品企业内外销产品标准体系不统一的现象，建议在下一步工作中开展国内标准与国际标准对标工作，出台相关指导意见，帮助企业实现内外标准统一。此外还应加大力度推动出口企业参与“三同工程”，实现示范区内外销农产品同线同标同质。

二、大力培育自主品牌，引领出口农业升级

品牌体系建设已成为示范省建设的一项重要内容。发展区域公共品牌、企业品牌、产品品牌的意识已深入示范区建设各个领域。但从评估结果看，山东省未统筹考虑区域品牌标识，未制定示范区统一品牌名称，各示范区品牌意识尚显薄弱。建议各示范区应完善品牌评价体系，开展品牌使用评价，保护品牌声誉，实现优质优价。此外，农产品出口企业“有品无牌”的现象比较突出，尤其是在国内市场上品牌影响力较低，传统批发市场模式和超市在一定程度上已不适应出口企业创牌的需求。建议山东省商务部门推动出口企业、出口地区与新零售企业、新兴业态、有关行业组织、第三方机构建立战略联盟，共同帮助企业和地方打造自主品牌。

目前，山东省农产品出口企业中出口额过亿美元的企业数量仍较少，应整合有关科技、资本、国际零售和营销资源，建立企业孵化器机制，大力培育优质市场主体，通过全产业链的优质企业带动链条上各环节的供应商、农户的产品质量提升，引领山东省农业产业升级。

三、健全省级公共平台，提升公共服务水平

山东应对现有省级公共服务平台“山东农产品安全示范区公共服务平台”准确定位，进一步完善其监管和公共服务职能，提高服务效率，提升商品置信水平。第一，应充分发挥省级平台预警、监管、宣传、品牌推广等功能。目前省级平台使用主要集中在农资管理和监管信息管理，市场推广、品牌宣传等功能涉及较少。第二，省级平台应与地方监管平台实现信息共享交换机制，创新质量安全和公共安全监管模式。目前各示范区监管平台与省级平台数据尚不能进行互联互通。第三，应进一步扩大省级平台公信力

和影响力，调动公众参与质量安全和公共安全治理的积极性。一方面扩大企业参与规模，对接更多采购商及电商平台；另一方面，挖掘追溯数据在企业质量信用评价中的应用价值，完善质量诚信自律机制。

四、发挥市场机制作用，提高自治共治能力

运用市场化机制，利用国际通行第三方合格评定等手段，发挥非营利组织、行业协会、联盟、合作社等团体作用，提高多元共治能力和水平。

示范省在质量监管多元共治的过程中，行业协会等社会组织发挥了重要作用，但区域化管理仍然是一种他律机制，农产品安全归根结底需要企业和农户自律意识的提高。示范省应鼓励地方行业协会规范发展，建立行业协会会员的准入门槛，充分激活行业自律机制和农民合作机制。同时，应积极与国外接轨，利用国际通行的第三方合格评定、有效性评价制度，定期对示范区建设成效进行监督，对示范区内组织的诚信体系进行评价。

五、加强整体宣传推介，扩大示范省影响力

评估组委托“中关村大数据产业联盟”相关成员单位利用舆情分析平台对多项示范区的宣传效果进行评测。对建设主题词进行的“传播频次”分析（图 11）看出示范省建设中“五位一体”“国际推广”等工作内容在互联网上已经形成了相对突出的社会关注度。从舆情的“情感分析”结果看，“正向”加“中性”舆情占比接近 97%，已形成非常不错的互联网口碑传播状态。“示范区建设”正向引领作用已成为山东农产品引领国内国外两个市场的重要保障。

“舆情数据来源构成”（图 12）说明新媒体时代微信、微博、App 等渠道的传播力度已经超过了传统的官方新闻渠道。在整体评估过程中发现，示范区宣传目前分布在各级政府及相关部门，尚未建立专门的示范区宣传官方平台，没有形成针对示范区统一、整体的宣传渠道。建议在后续工作中，考虑发挥市场机制的作用，利用新媒体，加强整体宣传推介，打造示范省整体宣传平台，实施连续、形式多样的示范区政策、建设效果、经验交流、企业展示、专家讨论、国际推介与宣传，持续扩大示范省影响力。

六、加大政策倾斜力度，建立健全长效机制

山东省目前已经完成了 2014 年下发的《关于创建出口农产品质量安全示范省的实施意见》的创建目标。未来，山东省在现有成果下如何带领示范省继续前行，需要有持续、科学的顶层设计引领，需要有健全的长效机制保障。第一，加强顶层设计。建议将示范省发展规划的制定、实施、评审列入政府工作内容，拟定未来 3~5 年示范省发展规划，定期评审更新，设定工作目标和政策支持方向，根据发展需要不断引入新内涵，引领全省示范区、示范市发展。第二，加强示范区考核体系建设。在评估过程中发现存在个别示范区建设激情不足，重视不够的现象。建议下一步应发挥地方政府和相关部门职能，通过对示范省考核目标日常监督、动态管理，深入落实政府责任、企业责任、监管责任。第三，建立开放、创新的合作机制。进一步扩大对外开放和加强国内协

图 11　山东示范省宣传网络关键词

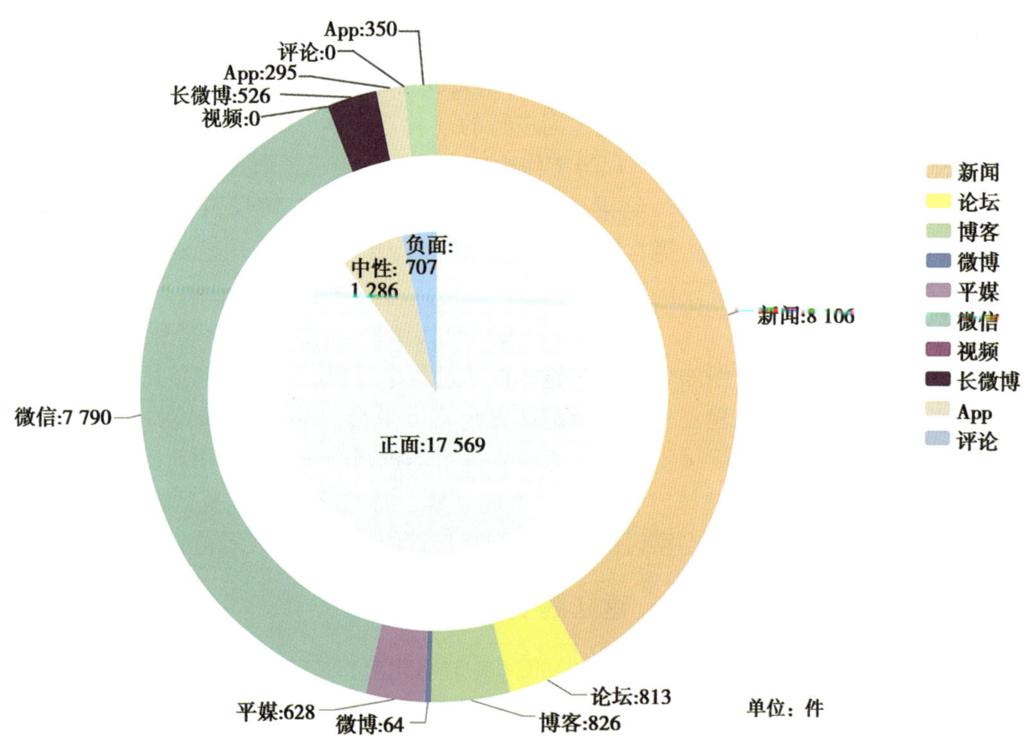

图 12　山东示范省网络主题词舆情数据来源构成

作，引入更多外脑外力，共同建设示范省。第四，加大政策倾斜力度，落实财政支持。受到地方财政实力的约束，不少示范区未能做到体系、品牌和创新同步推进。目前县级财政收入都比较紧张，财力较强的市级财政也存在由于农产品出口所占 GDP 比重不高，缺乏投入积极性的情况。建议全省统筹协调，设立示范省发展专项资金，在品牌打造、市场开拓、建设公共服务平台、开展质量安全标准培训等方面加大政策扶持力度。